开放学术与大学图书馆

2012—2022年
中国高校开放获取论文发展蓝皮书

谢 琳 朱文佳 叶佳慧 金淑霏 朱 莉◎著

复旦大学出版社

图书在版编目(CIP)数据

中国高校开放获取论文发展蓝皮书:2012—2022 年/谢琳等著. —上海:复旦大学出版社,
2024.4
(开放学术与大学图书馆)
ISBN 978-7-309-17091-7

Ⅰ.①中… Ⅱ.①谢… Ⅲ.①高等学校-论文-信息获取-研究报告-中国-2012-2022 Ⅳ.①
G642.477

中国国家版本馆 CIP 数据核字(2023)第 232606 号

中国高校开放获取论文发展蓝皮书(2012—2022 年)
谢 琳 等 著
责任编辑/黄 丹

复旦大学出版社有限公司出版发行
上海市国权路 579 号 邮编:200433
网址:fupnet@fudanpress.com http://www.fudanpress.com
门市零售:86-21-65102580 团体订购:86-21-65104505
出版部电话:86-21-65642845
上海丽佳制版印刷有限公司

开本 787 毫米×960 毫米 1/16 印张 24 字数 344 千字
2024 年 4 月第 1 版
2024 年 4 月第 1 版第 1 次印刷

ISBN 978-7-309-17091-7/G·2550
定价:108.00 元

如有印装质量问题,请向复旦大学出版社有限公司出版部调换。
版权所有 侵权必究

目录 CONTENTS

前言 …………………………………………………………………… 1
  研究背景 ……………………………………………………………… 1
  研究方法 ……………………………………………………………… 2
  相关概念 ……………………………………………………………… 2
  数据来源 ……………………………………………………………… 6

第一章 中国开放获取论文发展趋势 ………………………………… 1
  1.1 中国开放获取论文发展总体情况 ……………………………… 7
    1.1.1 中国开放获取发文量迅速增长 …………………………… 8
    1.1.2 中国的不同类型开放获取论文 CNCI 值不均衡 ………… 9
  1.2 中国开放获取论文的国际地位 ………………………………… 11
    1.2.1 中国开放获取论文增长速度与全球持平 ………………… 11
    1.2.2 中国开放获取论文 CNCI 值近四年高于全球均值 ……… 12
    1.2.3 中国是支付开放获取论文 APC 费用最多的国家 ……… 12
    1.2.4 全球主要发文国家比对 …………………………………… 13
  1.3 中国开放获取论文详情分析 …………………………………… 15
    1.3.1 中国开放获取论文的主要学科分类 ……………………… 16
    1.3.2 中国开放获取的主要发文期刊 …………………………… 17

1.3.3　中国开放获取论文的主要发文机构类型 ················ 18

第二章　中国高校开放获取论文发展趋势 ····················· 21
　2.1　中国高校的开放获取发文量迅速增长 ····················· 24
　2.2　中国高校不同类型开放获取论文发展不平衡 ··············· 26
　2.3　中国高校开放获取论文的主要发文学科分布 ··············· 28
　2.4　中国高校开放获取论文按地域分布 ······················· 32
　　　2.4.1　按行政区划分 ···································· 32
　　　2.4.2　中国大陆及港澳台地区比对 ························ 37
　2.5　中国高校开放获取论文按机构分布 ······················· 41
　2.6　中国高校开放获取论文影响力分布 ······················· 44

第三章　中国高校机构群开放获取现况 ······················· 47
　3.1　中国大陆及港澳台地区顶尖高校 ························· 49
　3.2　中国大陆高校 ··· 54
　　　3.2.1　双一流高校 ······································ 54
　　　3.2.2　C9 联盟 ··· 69
　　　3.2.3　E9 联盟 ··· 76
　3.3　中国香港地区高校 ····································· 84
　3.4　中国澳门地区高校 ····································· 90
　3.5　中国台湾地区高校 ····································· 91

附录 ··· 97

前言 FOREWORD

研究背景

随着开放获取论文数量的不断增长,学术出版领域的出版模式也在发生变化。转换协议进一步推进,出版成本的补偿方式正从期刊层面的订阅和许可阅读转向按单篇论文支付的出版协议。中国也在积极探索和实践这一转变。然而,作为中国最主要的发文群体,高校在开放获取方面的发展状况却鲜有深入研究。因此,本书的目标是探究中国高校开放获取的发展情况,旨在通过对不同类别文章的分析,了解不同开放类型对学科差异、发文质量等方面的影响,以期进一步为学术生态的健康发展提供参考和建议。

首先,本书将研究开放获取论文在不同学科领域数量上的差异。通过对各个学科的开放获取论文数量进行统计和比较,可以了解不同学科领域对开放获取的接纳程度和应用情况。这将帮助我们深入了解学科对于开放获取的积极程度,并为相应学科领域的开放获取发展提供参考依据。

其次,本书将关注高校开放获取论文的发文质量。通过对不同类别的文章进行定量和定性的分析,可以评估开放获取论文在学术界的影响力和质量水平。本书特别关注不同开放类型对发文质量的影响。这种质量评估有助于了解学术研究在开放获取模式下的优势和挑战,促进开放获取发展迈向更高质量的方向。这里的开放类型主要包括绿色开放获取和金色开放获取等，本书将研究它们对学术论文发表质量的影响。

再次，本书估算了各个高校的 APC 费用，通过客观的数据比较，可以横向和纵向了解不同高校的特点及开放获取的发展程度。

不同维度的客观数据可以为高校和学术界相关政策的制定提供科学依据。

研 究 方 法

文献综述：通过对现有文献进行系统性的综合分析，收集和整理相关研究成果，以了解关于高校开放获取发展的已有知识和观点。

数据统计和分析：收集开放获取论文的数量、质量指标以及相关数据，并进行定量分析和统计。其中，使用 Excel、R 语言、Tableau 等软件进行数据处理和可视化，以揭示高校开放获取发展的趋势、差异以及相关因素。

案例研究：本研究选取了 136 所具有代表性的高校作为研究对象，对其开放获取的发展情况进行详细的调查和分析。通过案例研究，可以深入了解不同高校在开放获取方面的发文量、发文质量、优势学科以及与之相关的 APC 费用等情况。

相 关 概 念

开放获取(Open Access,简称 OA)：致力于实现公共基金资助产生的科研成果的立即全面开放，有利于打破传统订阅出版的封闭性和垄断性，促进科研成果大规模传播和共享，从而促进科学素养的提升和科学研究的创新。开放获取从早期的个别学科设立网站发表论文，到部分期刊转为 OA 期刊(Open Access Journal,OAJ)，再到一些机构建立 OA 仓储(Open

Repositories and Archives),先后经历了三个阶段,目前已进入"先发表,后评审"的新模式和新阶段,今后会发展到多维论文的阶段。①

绿色 OA(Green OA):即开放获取仓储(OA Repository or Archive),是作者将已出版或未出版的文献自存储到机构库、知识库等平台以供免费获取。常见的 OA 仓储如 arXiv. org、麻省理工的 DSpace、中国科技论文在线(http://www.paper.edu.cn)等。

金色 OA(Gold OA):即开放出版(Open Access Publishing),指论文在经过同行评议后立即发表在开放获取期刊上。读者无需支付订阅费用就可以在网络上免费获取并阅读这些期刊中的所有内容。开放出版可分为以下类型:完全开放出版(Full OA),发表在期刊上的全部为 OA 论文,期刊无需订阅;复合开放出版(Hybrid OA),发表在期刊上的有 OA 论文和非 OA 论文,期刊仍需订阅;延期开放出版(Delayed OA),期刊最新出版内容需要订阅,出版一段时间后的内容可免费获取,期刊的延迟免费获取时间从 6 个月到 24 个月不等。本书中的金色 OA 论文特指发表在完全开放出版(Full OA)期刊上的论文,该期刊无需订阅,发表在其上的论文全部为 OA 论文。

混合 OA(Hybrid OA):本书中的混合 OA 论文是指发表在复合开放出版(Hybrid OA)期刊上的 OA 论文,该期刊仍需订阅,发表在其上的论文部分为 OA 论文。

本书所称的"金色 OA"和"混合 OA"在很多场合都被称为"金色 OA"。这两种模式的论文都是在正式发表后立即在期刊网站或出版商的平台上公开获取,这是最主要的开放获取模式。它们的区别在于论文发表的期刊是否完全开放出版。这两种模式的出版成本通常与论文处理费(Article Processing Charge,APC)相关。

---

① 中国科技论文在线. 开放获取(Open Access)的种类. [EB/OL]. (2020-12-03)[2023-11-09]. https://mp.weixin.qq.com/s?__biz=MzA5OTI1NDUyMw==&mid=2649746489&idx=1&sn=dee1c45a44b55fd54b9c884b664260bb&chksm=889e65adbfe9ecbb9bd95948650423c4c25b50660b1b8c7555478d9f6bb38b92e549bc3758d3&scene=27.

本书中,绿色 OA、金色 OA、混合 OA 论文的分类来源于科睿唯安数据库 InCites 中的 OA 分类,有时将这三类论文简称为绿色论文、金色论文、混合论文。InCites 将不同类型的 OA 论文分为金色论文、混合论文、绿色论文和免费阅读论文。界定如下:金色论文是指在 Directory of Open Access Journals(DOAJ)上列出的期刊中发表的论文。DOAJ 也被称为"开放存取期刊目录",是由瑞典隆德大学创建的国际知名学术期刊数据库,也是目前世界上最大的仅收录开放获取期刊的数据库。混合论文则是指具有 Creative Commons 共享许可但其发表期刊未被 DOAJ 收录的论文,这些论文多数是发表在复合开放出版期刊上的。绿色论文是指自存储在机构或知识库等平台免费提供的论文。免费阅读论文是指出版商网站上的免费阅读或公共访问的文章,这类文章没有明确许可,可能是由于促销等原因临时开放的,具有不稳定性,在本书中不单独讨论这种开放类型。一篇 OA 论文可能具有多个 OA 类型属性,例如同时属于金色论文和绿色论文。本书在某些统计标准中提到的"仅绿色论文",是指那些归为绿色论文,且不属于其他 OA 类型的论文。

论文处理费(Article Processing Charge,APC):在完全开放出版(Full OA)和复合开放出版(Hybrid OA)中,论文经同行评议录用后,大部分期刊需要收取论文处理费(Article Processing Charge,APC),以支持期刊的持续运行。APC 的支付有多种不同模式:作者支付,通常由发表 OA 论文的通讯作者利用研究项目经费或资助机构、研究机构专门提供的开放获取资助经费支付 APC;机构支付,由研究机构(通常通过图书馆)与出版社签订协议为本机构通讯作者发表 OA 论文支付 APC,出版社也把这种方式称为机构会员模式;抵扣支付,由机构支付给出版社的期刊数据库订阅费,抵扣其通讯作者发表 OA 论文的 APC,称为抵扣模式(Offsetting Mode);联盟资助,由学科领域的 OA 出版资助联盟对发表相应学科领域 OA 论文的期刊支付 APC,如高能物理开放出版资助联盟(SCOAP3)。

预警期刊:2018 年 5 月 30 日,中共中央办公厅、国务院办公厅印发《关于进一步加强科研诚信建设的若干意见》,强调要建立健全学术期刊管理和预警制度,支持相关机构发布国内和国际学术期刊预警名单,并实行动态跟踪、及时调整。将罔顾学术质量、管理混乱、商业利益至上,造成恶劣影响的学术期刊列入黑名单。本书预警期刊名单的来源包括2019年至今中国科学院、中国科技信息研究所、JCR镇压期刊、Jeffrey Beall-掠夺性期刊、吉林大学第一医院、中南大学湘雅二医院、中山大学一附院、浙江大学附属第一医院、上海交通大学医学院、华南理工大学医学院、东南大学附属中大医院、徐州医科大学、华东政法大学13个国内外平台发布的预警期刊名单。

学科规范化引文影响力(Category Normalized Citation Impact,CNCI):本书的该指标定义来自科睿唯安公司的InCites数据库,一篇文献学科规范化的引文影响力是通过其实际被引次数除以同文献类型、同出版年、同学科领域文献的期望被引次数获得的。它能够消除出版年、学科领域与文献类型差异造成的影响,不仅可以用以实现跨学科论文学术影响力的比较,并且可以将论文与全球平均水平进行对比:如果CNCI>1,说明该论文的学术表现超过了全球平均水平,反之则说明该论文的学术表现低于全球平均水平。本书以CNCI指标为基础评价各校发文质量。

学科领域分类:本书以InCites提供的中国国务院学位委员会学科分类(SCADC)作为分类依据,该分类包括教育部110个二级学科中的77个学科,即China SCADC Subject 77 Narrow。

热点论文:来自InCites数据库,指过去两年在SCI、SSCI发表的论文(仅限Article和Review),最近两个月期间同一ESI学科论文的被引次数(限SCIE,SSCI & AHCI中的索引期刊的引文,不限类型)由高到低进行排序,排在前0.1%的论文。

高被引论文:来自InCites数据库,指过去十年在SCI、SSCI发表的论文(仅限Article和Review),按照同一年同一ESI学科论文的被引次数(限SCIE,SSCI & AHCI中的索引期刊的引文,不限类型)由高到低进行排序,排在前1%的论文。

数 据 来 源

本书正文即第一章至第三章的数据来源于科睿唯安 InCites 数据库,采集时 InCites 数据集的更新日期为 2023 年 7 月 28 日,这些数据包含了截至 2023 年 6 月 30 日的 Web of Science 标引内容。其中,中国指的是中国大陆及港澳台地区。这些数据收集的时间范围为 2012 年至 2022 年,仅包括由通讯作者或第一作者发表的文章。这些章节考察的开放获取形式主要包括绿色 OA 和金色 OA,将论文分为绿色论文、金色论文和混合论文,定义见上述相关概念。

本书附录中的高校论文数据来自 InCites 数据库,包括中国 136 所高校。在选择这些高校时,涵盖了原"211"高校以及港澳台地区发文量在本地区居前 50% 的相关高校。这些数据收集的时间范围为 2012 年至 2022 年,仅包括由通讯作者或第一作者发表的文章。具体的数据采集时间为 2023 年 1 月,总计 4 416 968 条数据。由于金色开放获取是期刊论文最普遍可控的开放获取类型,附录主要考察这种类型,将 OA 论文分为金色论文和混合论文。附录中忽略各校转换协议政策,仅根据 APCheck 估算了大陆高校的 APC 费用以供参考。

本书论文处理费(Article Processing Charge,APC)数据来源于中科院"APCheck"平台。

第一章

中国开放获取论文发展趋势

第一章　中国开放获取论文发展趋势

开放获取(Open Access,简称 OA)发展的历史可以追溯到 20 世纪 90 年代。传统的学术出版模式限制了知识的获取和传播,学术研究成果只能通过付费订阅才能够获取。为了解决这一问题,学术界开始寻求一种新的模式来促进科学知识的共享和交流。

在互联网的发展下,学术界开始探索以开放获取的方式发布研究成果,使其免费对公众开放。arXiv 是一个面向全社会的开放获取预印本平台,由美国量子物理学家 Paul Ginsparg 于 1991 年创建。该平台旨在为研究者提供一个免费、开放的在线论文存储和分享的平台。arXiv 的设立标志着开放获取运动的起源。

最初,arXiv 主要关注物理学领域,后来逐渐扩展到数学、计算机科学、生物学、金融学等多个学科领域。研究者可以在 arXiv 上提交并分享他们的论文预印本,其他研究者可以免费下载、阅读和引用这些预印本。arXiv 的开放获取模式提供了一个快速、广泛传播科研成果的途径,受到学术界的广泛认可和使用。

2001 年,arXiv 的管理和运营权转交给康奈尔大学图书馆。康奈尔大学图书馆负责维护平台的技术和内容,并确保论文的长期保存和可访问性。

作为开放获取运动的先驱,arXiv 为学术界的信息共享和学术交流提供了一个创新和开放的平台。其模式的成功以及广泛的应用启发了后来的开放获取倡议和平台,推动了开放获取的发展和推广。arXiv 的创建是开放获取运动的里程碑事件,为学术界提供了一个重要的开放获取平台,促进了科学知识的共享和传播。

随着技术的进步和开放获取概念的普及,学术界在 21 世纪初积极提倡开放获取。布达佩斯公开宣言(2002 年)和柏林宣言(2003 年)是开放获取运动的两大里程碑性宣言，提出了开放获取的原则和目标，呼吁科研成果的免费公开。

布达佩斯公开宣言的核心原则是，通过数字技术和互联网，促进科学研究和学术成果的广泛传播，使知识对全球社会更加开放和可访问。宣言提倡科研成果的开放获取，包括免费在线访问、免费使用、免费传播，并鼓励学术界、研究机构和政府采取积极措施来支持和促进开放获取。

柏林宣言进一步强调了开放获取的原则和目标。宣言认为，开放获取不仅是将科学和学术成果免费向公众开放，还要保证这些成果的长期保存、广泛使用和合理引用。宣言鼓励学术界采用开放获取的方式进行科研成果的出版，并为实现开放获取提供了具体的指导和操作原则。

这两个宣言的提出，为开放获取运动奠定了基础，并得到了全球的广泛响应和支持。它们明确了开放获取的目标，并为学术界、出版商、政府和研究机构提供了指导，以促进科学知识的开放共享和全球学术交流。

2018年，欧洲研究委员会（ERC）牵头发起的Plan S计划宣布，要求2020年起接受ERC资助的研究成果在期刊上以开放获取形式发表，即要求研究者选择在开放获取期刊发表成果，或将研究成果发布在开放存取的存储库中。Plan S计划的推出引发了全球范围内对开放获取的关注和探讨，许多国际研究机构和基金机构纷纷支持并参与其中，以推动开放获取的发展。该计划旨在实现科学成果的广泛可及性和知识共享，加速科学创新和研究的进展。然而，Plan S计划也面临一些挑战和争议，例如，如何保障可持续性，如何确保研究者的权益和出版者的利益等问题，需要各方共同协调解决。

开放获取发展至今已经取得了很多进展，为学术界提供了更加开放和可持续的知识传播平台。未来，还需要进一步推动全球范围内的开放获取，以促进科学知识的流通和共享，从而推动科学研究和创新的进一步发展。

随着数字化时代的快速发展和科学研究合作需求的增加，全球范围内对OA论文的需求也日益增强。OA论文不仅可以促进科学知识的共享和传播，也有助于提高研究的可见性和影响力。在中国，OA论文已经成为当前科研发展的重要趋势和政策导向。

在政策方面,中国对OA论文的支持力度不断加大。2014年,中国科学院和国家自然科学基金委员会规定,通过基金资助所产生的科研成果需存储到相应的知识库中,并在一定期限内实现开放获取[①]。这些政策的推行使得越来越多的科研人员和机构积极投身于OA论文的发表和分享,也标志着中国在开放科学领域的进步。

中国的高校和科研机构纷纷成立了自己的开放获取平台和数据库。以中国科学院为例,2010年开发上线的中国科学院科技期刊开放获取平台,提供了大量OA论文和科研数据资源,以方便科研人员进行查阅和引用。此外,很多高校图书馆也建立了"学位论文库",将毕业生的学位论文以开放获取的方式进行发布,为全社会的科研人员提供了更多的研究参考资料。

此外,中国的学术期刊也积极探索开放获取出版模式。国内一些有影响力的学术期刊已经采取了开放获取的方式,鼓励作者在发表论文时选择开放获取的刊物。还有一些学术期刊通过实行混合出版模式,既保留传统的订阅收费模式,又提供开放获取的选择,使得更多的读者能够获取到相关的研究成果。

总结起来,近年来中国在OA论文方面取得了显著的进展。政府对OA论文的重视以及各高校、科研机构开放获取平台的自发成立,为科研人员提供了更多的开放获取资源。同时,学术期刊界的改革也为OA论文的发表提供了更多的选择和可能性。可以预见,未来中国OA论文的发展趋势将更加充实和多样化,为科学研究的共享和创新注入更多活力。

在具体分析中国高校开放获取论文的发展情况之前,首先要了解中国OA论文的发展趋势,这对于各个学术研究领域、科研人员、决策者、出版商等都具有重要的意义。

① 推动学术交流。OA论文有利于促进学术交流,提高科学研究的可见性和影响力。了解发展趋势可以更好地推动OA论文的传播和应用。

[①] 张明妍,徐婕,王飒等.我国开放获取科技期刊和论文出版现状与趋势研究[J].今日科苑,2021(09):1-11.

② 提高学术质量。OA论文的质量对于学术发展至关重要。了解发展趋势可以更好地掌握学术质量的变化情况,及时发现和解决问题,促进学术质量的提高。

③ 促进科研成果的转化和应用。OA论文可以促进科研成果的转化和应用,对于科技创新和经济发展都具有重要意义。了解发展趋势可以更好地掌握科研成果转化的方向和趋势,为决策提供参考。

④ 推动学术出版行业的改革和发展。OA论文的兴起也促进了学术出版行业的改革和发展。了解发展趋势可以更好地把握行业发展的方向和趋势,为学术出版行业的健康发展提供支持。

开放获取在中国的发展趋势主要体现在以下几个方面:

① 政策推动。中国政府和科研资助机构已经认识到开放获取的重要性,开始从政策层面推动开放获取的实施。例如上面提到的,已有很多政策在一定范围内对开放获取的规则作出了一些规定。

② 开放获取平台建设。中国已经开始建立自己的开放获取平台,例如中国科学院文献情报中心建设的OA期刊服务平台、中国科研论文开放仓储库,以及教育部下属的科技发展中心主办的中国科技论文在线等[①]。这些平台为科研人员提供了发表、传播和利用OA论文的渠道。

③ 学术出版机构转型。越来越多的学术出版机构开始倡导开放获取,推动学术资源向开放共享的方向迈进。一些传统的出版机构也逐渐加入开放获取行动,并探索新的商业模式,例如引入付费作者出版、混合模式出版等,促进论文开放获取的普及。

④ 学术社交平台和科研社区的发展。随着科技的不断进步,越来越多的学者选择在学术社交平台和科研社区上分享他们的研究成果。这些平台提供了一个便捷的交流和共享环境,使开放获取的论文更容易被发现和获取,加速了开放获取科学的发展。

⑤ 开放获取资源的扩展。除了学术论文,开放获取的范围也在逐渐扩

---

① 中国科学院大学图书馆. 开放获取(Open Access)资源推荐[EB/OL]. (2022-11-06)[2023-11-09]. https://mp.weixin.qq.com/s/XW_Xnvvcw-TAYmh3IfziXg.

大到研究数据和其他科学资源。政府、机构和学者都在积极支持开放共享科研数据，以促进科学研究的可重复利用性和跨学科合作。

⑥ 国际交流与合作的推动。中国积极参与国际开放获取行动，与其他国家和地区分享经验、资源和最佳实践案例。通过国际交流与合作，推动中国 OA 论文的广泛应用。

⑦ 学术评价机制的改变。随着开放获取的推广，学术评价体系也开始逐步接受 OA 论文。一些学术评价机构已经开始将 OA 论文纳入评价指标，这将对开放获取的发展起到积极的推动作用。

⑧ 科研人员的认识提高。随着开放获取的推广，越来越多的科研人员开始认识到开放获取的重要性，并积极参与到开放获取的实践中来。这将进一步推动开放获取的发展和普及。

综上所述，中国开放获取机制正在逐步走向成熟。随着政策、平台、学术评价等方面的不断完善，以及科研人员的积极参与，中国的开放获取事业将会迎来更加广阔的发展前景，将继续朝着政策支持、技术创新、学术社交、数据开放和国际合作的方向持续发展。这一发展势头将为科学研究提供更为便捷和高效的资源共享环境，推动学术界的创新和进步。本章将在介绍中国开放获取论文发展总体情况后，从金色论文、混合论文和绿色论文这三个最常见的开放获取途径的角度，详细阐述这一发展趋势。

1.1 中国开放获取论文发展总体情况

在开放获取政策的推动、科研机构和高校的倡导、开放获取平台的建设、国际合作与交流之下，中国的开放获取论文整体发展趋势是积极的。

本节将从发文数量和发文质量的角度来看中国开放获取论文发展总体情况。就中国 OA 论文而言，金色 OA 论文在数量上发展速度最快，但学科规范化引文影响力（CNCI）仍有提升的空间。绿色 OA 论文的数量稳定增长，并在所有开放获取类型中具有最高的 CNCI 值。而混合 OA 论文的发文数量目前较少,其CNCI值介于金色和绿色之间。需要指出的是,在2022年,绿色OA论文的发文数量略有下降。从国际对比的角度来看,中国的金色OA论文的发文占比超过了国际平均水平。而且,在近三年内,金色、绿色和混合OA论文的CNCI值明显高于全球平均水平。

1.1.1 中国开放获取发文量迅速增长

由图1-1-1可知,从发文量来看,中国开放获取论文数量的增长趋势,与中国总论文数量的增长趋势大体一致,都是逐年增长,并且呈现指数增长趋势,开放获取论文的增长速率(约为20%)高于总论文数量的增长速率(约为10%)。截至2022年,中国的OA论文数量已经达到366 231篇,占2022年总论文数量的44.9%。在近11年,从2012年到2022年,中国总论文数增长了1.5倍,中国OA论文的数量增长了5倍之多。从2012年时的18.4%到2022年时的44.9%,OA论文在中国总论文数量中的占比也增长了近2倍。

图1-1-1 中国总发文量和OA论文发文量逐年发展趋势

从不同类型的中国OA论文的发展趋势来看,中国的金色OA论文逐年增长趋势最为显著,中国的混合OA论文也是逐年增长,而中国的绿色混合OA论文增长平稳,且在2022年有所下降,可见图1-1-2。

金色论文的迅速增长得益于科研机构和研究者的积极参与和推动。他们逐渐认识到OA论文能够扩大研究成果的影响力、促进合作与交流,并因此选择将自己的研究成果以开放获取的方式发表。一些国内高校和研究机构也鼓励和支持研究人员在金色开放获取期刊上发表论文。

图 1-1-2 中国不同类型的 OA 论文逐年发展趋势

然而,金色论文的快速增长也引起了一些诟病。其中主要的问题之一是金色开放获取期刊的质量和可信度参差不齐。由于开放获取的特点,创建并经营开放获取期刊比较容易,导致了一些低质量期刊的涌现。这些低质量期刊可能缺乏严格的学术质量控制和专业的审稿程序,从而产生论文质量欠佳、缺乏学术价值等问题。这一现象给金色论文带来了一定的消极影响,需要保持警惕,并采取措施确保开放获取期刊的质量和可信度。此外,金色开放获取期刊存在一些发表费用(Article Processing Charges,APC)的问题。一些低质量期刊可能会滥用发表费用,以牟取暴利为目的,给学术界带来一些负面影响。需要注意的是,不是所有金色开放获取期刊都存在这个问题,但在选择期刊时,应关注期刊的声誉和质量控制机制,以避免学术资源的浪费。

1.1.2 中国的不同类型开放获取论文 CNCI 值不均衡

学科规范化的引文影响力(CNCI 值)是指在特定学科领域中,一篇论文所获得的引用次数除以同文献类型、同出版年、同学科领域文献的期望被引次数。不同学科领域对于引用次数的影响可能存在差异,因此学科规范化的引文影响力可以帮助在全球范围内比较和评价不同学科领域内论文的学术水平,如果 CNCI 值超过 1,就代表学术表现超过全球平均水平。因此,学科规范化的引文影响力可以用来衡量发文质量。

如图 1-1-3 所示,中国绿色 OA 论文的平均规范化引文影响力高于混合 OA 论文和金色 OA 论文。自 2017 年以来,金色 OA 论文的平均规范化引文影响力开始低于所有 OA 论文的平均值和所有中国论文的平均值。绿色 OA 论文在 2017 年至 2019 年之间达到了质量的高峰,而混合 OA 论文在 2020 年达到了 CNCI 峰值。然而,近两年来,这两者的发文质量均有所回落。

图 1-1-3　中国不同类型论文的平均 CNCI 值逐年发展趋势

总体而言,中国绿色 OA 论文的平均规范化引文影响力高于混合 OA 论文,而混合 OA 论文的平均规范化引文影响力则高于金色 OA 论文。这表明绿色 OA 论文的影响力在中国学术界中更为突出,而混合 OA 论文的影响力也相对较高。相比之下,金色 OA 论文的影响力相对最低。

1.2 中国开放获取论文的国际地位

根据 Web of Science、Scopus 等数据库的统计,近年来,中国学者发表的科研论文数量居世界前列,部分学科的论文数量甚至位居第一。这种大规模的科研产出让中国在 OA 论文方面也很受国际关注。凭借着海量的科研产出、开放获取政策的支持、学术期刊的影响力以及开放获取平台的发展,中国学术界在开放获取方面正逐渐成为重要参与者和贡献者。

1.2.1 中国开放获取论文增长速度与全球持平

如图 1-2-1 所示,中国 OA 论文占比的增长速度与全球持平,但不同开放类型论文占比的增长趋势与全球存在差异。从不同 OA 类型论文的占比来看,中国除了金色 OA 论文以外,其他类型的 OA 论文占总数的比例均低于全球相应值。然而,中国金色 OA 论文占比的增长速度非常快,与全球占比

图 1-2-1 不同类型 OA 论文占比趋势(中国 VS 全球)

逐渐拉开差距。这说明中国在金色OA论文占比方面领先于全球其他国家。

1.2.2 中国开放获取论文CNCI值近四年高于全球均值

前文已概述了中国OA论文的学科规范化引文影响力的整体情况,其中绿色OA论文表现最佳,混合OA论文次之,而金色OA论文则相对最低。

图1-2-2显示了全球平均值与中国OA论文发文质量的比对。从图中可以看出,中国的金色和混合OA论文的CNCI值在2019年后都超过了全球平均值,显示出中国在OA论文方面取得了进展。与此同时,中国绿色OA论文的CNCI值从2014年开始就一直显著领先于全球平均水平。因此,从发文质量来看,中国OA论文在不同分类中也处于较高水平。

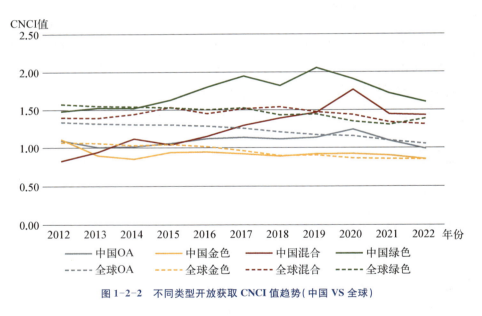

图1-2-2 不同类型开放获取CNCI值趋势(中国 VS 全球)

然而,由于金色论文数量过多且整体发文质量较低,这导致中国的OA论文作为一个整体而言,平均发文质量偏低,除2020年以外,始终低于全球平均水平。

1.2.3 中国是支付开放获取论文APC费用最多的国家

相关学者估算了2015—2020年6个发文量较多的国家向12个主要出

版商支付的 APC 总金额[1],据测算,中国是支付 OA 论文(含金色 OA 和混合 OA)APC 费用最多的国家,总金额超过了 12 亿美元,其次是美国。我国为金色 OA 论文支付的 APC 费用总额增速最为迅猛,2020 年支付的 APC 费用约为 2015 年的 4.6 倍。

从 APC 费用来看,中国金色 OA 论文支付费用高于美国,而混合 OA 论文支付费用低于美国。

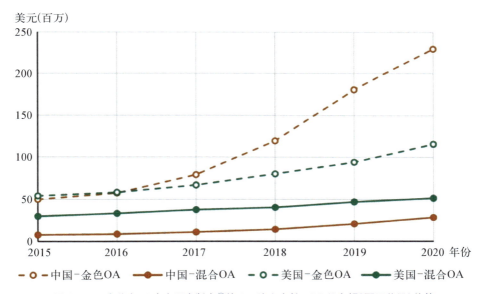

图 1-2-3 中美在 12 个主要出版商[2]的 OA 论文支付 APC 总金额(百万美元)趋势

1.2.4 全球主要发文国家比对

美国、中国、英国、德国和意大利是全球发文数量最多的五个国家,表 1-2-1 和表 1-2-2 详细列出这五个国家不同类型论文对应的发文量和篇均 CNCI 值。图 1-2-4 比较了这五个国家的 OA 论文的 CNCI 值和发文量指标,

---

[1] Zhang, L., Wei, Y., Huang, Y. et al. Should open access lead to closed research? The trends towards paying to perform research. *Scientometrics* 127, 7653-7679 (2022).

[2] 12 个出版商包括:Springer Nature、MDPI、Public Library Science、Frontiers Media Sa、Elsevier、Wiley、IEEE、Oxford Univ Press、Taylor & Francis、Hindawi、Sage、Amer Chemical Soc。

每一列表示一个国家的情况,点的大小表示发文量,点圆心纵坐标的值表示该类别论文的平均 CNCI 值,用以表征该类论文的发文质量。

金色 OA:中国的金色 OA 发文数量最高,为 1 269 523 篇,位居首位,占比也是最高的,有 21.8%。但 CNCI 值最低,仅为 0.9,低于全球平均水平。美国在金色开放获取方面的发文数量为 765 986 篇,位居第二,占比为 10.8%,CNCI 值为 1.22,仅次于英国的 1.31。英国、德国和意大利在金色开放获取方面的发文数量较低。

混合 OA:美国的混合 OA 发文数量最高,为 281 640 篇,其 CNCI 值仅次于英国 1.78。而中国发文为 132 233 篇,不足美国的一半,而 CNCI 值为五国最低。

绿色 OA:中国的绿色 OA 论文质量位于五国之首,但总量较少,仅为 247 841 篇,低于美国的 984 017 篇和英国的 324 548 篇。

表 1-2-1 发文最高的五国各类论文 2012—2022 年发文量(篇)

国家	所有论文	金色 OA	混合 OA	绿色 OA
美国	7 104 170	765 986	281 640	984 017
中国	5 818 677	1 269 523	132 223	247 841
英国	1 590 784	195 135	172 628	324 548
德国	1 494 476	234 616	127 732	154 429
意大利	1 076 826	212 179	47 821	125 111

表 1-2-2 发文最高的五国各类论文 2012—2022 年篇均 CNCI 值

国家	所有论文	金色 OA	混合 OA	绿色 OA
美国	1.24	1.22	1.74	1.77
中国	1.02	0.90	1.34	1.82
英国	1.29	1.31	1.78	1.65
德国	1.07	1.16	1.39	1.57
意大利	1.07	1.15	1.45	1.47

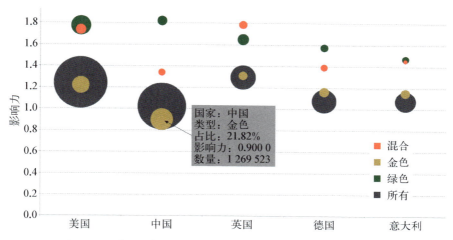

图 1-2-4　发文最高的五国不同类型 OA 论文发文数量及 CNCI 值比对

图 1-2-4 表明了除了中国的金色论文外，其他国家或其他类型的开放获取论文在 CNCI 值方面，与本国所有论文作为一个整体比较，表现出了提升或相当的趋势。

中国在不同 OA 类型论文中的差异化表现明显。虽然中国在金色 OA 论文数量上取得了世界领先的地位，但其 CNCI 值明显低于中国的整体水平，显示出其研究影响力相对较弱。与此相反，中国的绿色 OA 论文虽然数量不是最多的，但其高质量和影响力使其在学术界中获得了认可。中国的混合 OA 论文质量明显高于金色 OA，但从全球范围来看，在数量和质量方面都有提升的空间。

为了进一步提升中国的 OA 论文水平，中国需要关注金色 OA 论文的研究影响力、绿色 OA 论文的发表数量，以及混合 OA 论文的数量和质量。通过加强质量控制、增加发表数量，中国可以全面推动开放获取发展，并为学术界和研究社区的进步作出更大的贡献。

1.3　中国开放获取论文详情分析

从 2012 年到 2022 年，中国的 OA 论文总量达到了 1 894 747 篇。接下来,本节将从学科、期刊和机构等角度来进行分析。

中国的OA论文涉及众多学科领域,其中包括医学健康、自然科学、工程技术、社会科学、人文科学等多个学科。这表明中国学者在各个学科领域都积极开展研究并作出了重要贡献。然而,OA论文的学科分布存在一定的差异。特别是,医学和生物学相关领域的OA论文数量占据了总量的30%,显示出医学和生物学研究方面的开放获取力度。

从期刊角度看,中国的OA论文发表在各类国内和国际期刊上。根据数据分析,可以看到中国的开放获取发表期刊的情况显示出一定的集中性,这引发了对期刊质量的关注。据统计,发文量排名前10的期刊中有9种被不同机构认定为预警期刊,这意味着部分科研成果的发表可能存在一些学术管理上的问题,对于学术质量和诚信产生了负面影响。

中国的OA论文涉及众多的研究机构、高校和医院等,这些机构对于OA论文的产出发挥着重要作用。具体而言,中国的高校、科研院所和医学机构在OA论文的发表上都扮演着关键角色。特别是中国的高校,它们是OA论文发表最主要的机构类型,根据数据统计,高校的发文总量占到了总体的77%。这表明高校在开放获取研究中发挥着非常重要的作用,承担着大量的研究工作和学术论文发表任务。

此外,科研院所和医学机构也是OA论文的重要机构,对于研究和学术传播起到了积极作用。它们通过开展研究项目、实验室工作和临床实践等,推动了学术研究的进展,并为OA论文的产出提供了坚实基础。

1.3.1 中国开放获取论文的主要学科分类

图1-3-1列举了中国OA论文数量大于10万篇的学科及其学科规范化的引文影响力,蓝色条形表示各学科的OA论文数量,橙色条形表示各学科的学科规范化影响力。其中,发文数量最多的学科是临床医学,而学科规范化影响力最高的学科则是数学。

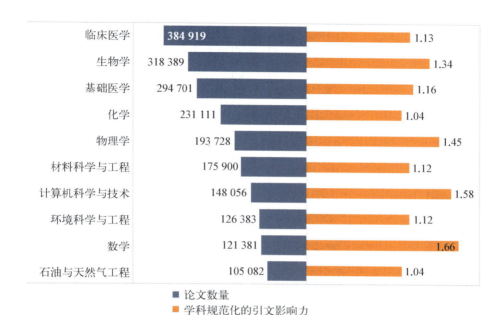

图 1-3-1　中国 OA 论文主要发文领域发文量及影响力

1.3.2　中国开放获取的主要发文期刊

图 1-3-2 列举了中国 OA 论文发文量前十的期刊及其学科规范化影响力。在排名前十的期刊中,除了 *RSC Advances* 是混合期刊外,其余都是金色期刊。除了学科规范化引文影响力最高的期刊 *Optics Express*,其余九种期刊都至少一次被列为预警期刊[①]。

此外,发文前十的期刊中有八种学科规范化引文影响力低于 1,即低于全球平均水平。这意味着我国科研人员在这些期刊上发表成果的影响力相对较弱,在学术交流中发挥的实际作用相对不足,在学术界的影响力和引用频次方面可能还存在改进空间。

---

①　预警期刊定义见第一章相关概念

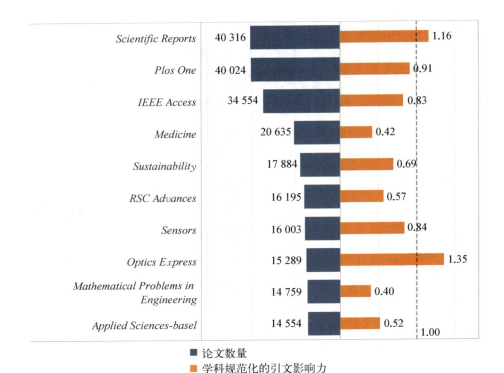

图 1-3-2　中国 OA 论文发表量前十期刊及影响力

1.3.3　中国开放获取论文的主要发文机构类型

InCites 数据库将学术主体分为以下这些机构类型：学术、学术系统、企业、全球型企业、健康系统、医疗保健系统、国家科学院、非营利组织、合作组织、研究委员会、研究所，其具体含义如下。

（1）学术：主要职能是教育、授予学位。包括大学、学院等，作为学术组织一部分的医学研究机构也应为学术机构，例如哈佛大学。

（2）学术体系：由多所大学或学院构成的系统，例如威斯康星大学系统。

（3）企业：法人实体，由董事会以及各个部门组成。

（4）全球型企业：在两个或多个国家开展业务的企业。

（5）政府：国家经营的组织。名称包含国家级、省市级，例如，中国教育部。

（6）健康系统：医院、医疗中心、治疗或诊断患者的组织。

（7）医疗保健系统：由多所医院、诊所或治疗中心组成的系统。

（8）国家科学院：协调学术研究活动和学术学科标准的组织。

（9）非营利组织：注册的慈善机构、协会、非政府组织、非临床或学术机构的医学研究会，例如世界野生动物基金会。

（10）合作组织：其他类型机构的组合，例如国际应用系统分析研究所（IIASA）。

（11）研究委员会：具有一定监督职能，为公共和专业团体提供政策建议的组织，例如加拿大社会科学和人文研究委员会（SSHRC）。

（12）研究所：主要专注于研究的组织。

中国的学术主体主要是学术（主要包括各类高校）、国家科学院（中国科学院）及健康系统、研究所等。学术和国家科学院单列，其他机构合并成一类，得出其分布，见图1-3-3。根据图中呈现的数据，高校的OA论文占比为77%，显示高校在开放获取研究中发挥着重要作用。这也反映了中国各高校在科研和学术传播方面的积极贡献。与之相比，中国科学院的OA论文占比为7%，显示出其在开放获取研究中也有着重要的作用。其他机构发文占比16%，为中国的开放获取研究提供了多元化和广泛性，推动了学术界和研究社区的发展。

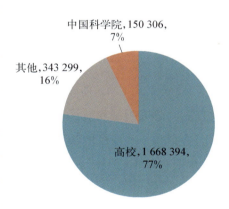

图1-3-3 中国不同学术主体的OA论文分布饼图

图1-3-4考察了不同学术主体的学科规范化影响力。通过观察近11年的数据，CNCI值整体趋势比较稳定，中国科学院的学科规范化影响力最高，而高校的学科规范化影响力最低。另外，在2020年之后，所有学术主体

的 CNCI 值都有所下降。

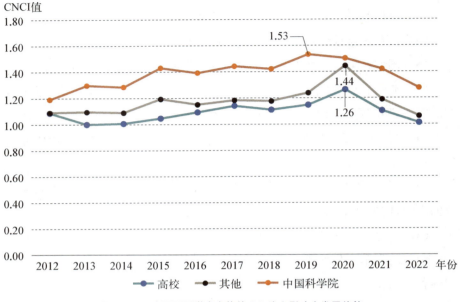

图 1-3-4　中国不同学术主体的 OA 论文影响力发展趋势

高校平均 CNCI 值较低与其体量较大有关。高校作为学术主体，发文数量庞大，研究领域和学科范围广泛，学科规范化影响力水平也不尽相同，因此，会存在一些高校的学科规范化影响力较高，而另一些则相对较低，从而导致平均 CNCI 值较低的情况，附录可查阅不同高校的逐年 CNCI 值。

第二章

中国高校开放获取论文
发展趋势

第二章 中国高校开放获取论文发展趋势

高校作为科学研究的主要阵地,了解其发文规律及趋势有重要的意义。首先,了解高校的发文规律可以帮助评估其在科学研究领域的实力和影响力。通过分析高校的发文数量、发文质量、主要发表学科、主要发表期刊等维度,可以对其在特定学科领域的研究水平有一个直观的认识。其次,研究高校的发文规律有助于揭示学科发展的方向和趋势。通过对高校发文的研究主题、发展趋势等方面的分析,可以掌握学科发展的前沿动态和研究热点,对未来的科研方向和策略进行预测和规划。此外,了解高校的发文规律还可以促进学科之间的交叉与融合。通过研究高校跨学科的合作与发文情况,可以发现不同学科间的共性和交叉点,促进学科间的合作与融合,推动科学研究的创新和跨学科的发展。最后,研究高校的发文规律和趋势对政策制定者和高校管理者也具有重要参考价值。通过了解高校的发文情况,可以制定出更加科学和有效的科研政策和资源配置策略,为高校的科学研究提供更好的支持和管理。因此,了解高校的发文规律及趋势对于科学研究的发展和规划具有重要的意义。

前文数据显示,高校发文占OA论文的77%,是开放获取发展的主力军,并且通过一系列实践行动积极推动了开放科学进程。首先,高校通过建设开放获取的机构库和数字资源平台,提供免费获取科研成果的渠道。这使得科学研究成果得以广泛传播和共享,提高了全球科研界对中国最新研究成果的了解和参与度。其次,高校鼓励研究人员将科研成果以开放获取的方式发布。通过遵循开放获取的原则,研究论文可以免费向全球科研社群开放,提高了研究成果的可见性和影响力。此外,高校还积极参与开放获取出版模式的发展,支持开放获取期刊的创办和运营。这为科研人员提供了开展开放获取研究的平台,促进了科研成果的全球交流和合作。高校还通过制定开放获取政策和倡导开放科学实践,引导科研人员以开放的态度和方法进行科学研究,推动科学知识的自由流动和共享。总之,高校作为开放获取发展的主力军,通过建设机构库、鼓励开放获取发布、支持开放获取期刊以及推动开放科学实践等多种途径,积极推动开放获取的理念和实践,为科学研究和知识传播作出了重要贡献。

同样地,高校作为开放获取发展的主力军,研究其开放获取趋势具有重要意义。首先,了解高校的开放获取趋势可以帮助评估其对开放科学研究的支持程度。通过调查高校开放获取政策、资源建设和人员培训等方面的情况,可以了解高校在推动开放获取方面的投入和努力程度。其次,研究高校的开放获取趋势有助于发现潜在的发展机遇和挑战。通过分析高校在开放获取实践中面临的问题和取得的成果,可以揭示出推动开放获取发展的可行路径和可持续发展策略。此外,研究高校的开放获取趋势还有助于推动社会对开放获取的认知和关注。通过向公众传达高校在开放获取方面的努力和成就,可以提高开放获取的知名度和认可度,扩大开放科学研究的影响力。最后,研究高校的开放获取趋势可以为政策制定者提供参考和依据。通过深入了解高校的开放获取实践和经验,可以制定出更加科学和适合的政策措施,为高校和整个科研社区提供更好的支持和指导。因此,研究高校的开放获取趋势对于推动开放获取发展和实现科学研究的共享与创新具有重要的意义。

2.1 中国高校的开放获取发文量迅速增长

中国高校的 OA 论文数量增长显著。研究人员积极参与开放获取,导致 OA 论文的数量大幅增长。越来越多的高校和研究机构认识到开放获取的重要性,并通过各种途径鼓励和支持研究人员发表 OA 论文。中国高校 OA 论文的增长不仅涉及传统的自然科学领域,还包括社会科学、人文科学等广泛的学科领域。开放获取的理念已经在更多学科的研究中得到实践和推广,推动了全球学术知识的共享和交流。中国高校的 OA 论文越来越受到国内外学术界的关注和引用。开放获取的论文更容易被其他研究者找到和阅读,进而产生更大的影响力。这反过来又进一步促进了高校研究人员投身开放获取的努力。

中国高校 OA 论文的显著增长反映了高校对开放获取的认识和支持的增加,以及国内外学术界对开放获取的认可和接纳。这一趋势对于促进科研成果的自由共享、促进学术交流和推动科学发展具有重要的意义。虽然开放获取可以提升论文的可见性和引用量,但并不意味着所有 OA 论文都具有较高的影响力。从数据显示,金色论文的平均影响力显著较低。对于金色论文的平均影响力显著较低以及一些期刊为了盈利赚取 APC 费用忽略论文质量的问题,一直存在讨论和争议。为了维持开放获取期刊的运营,一些金色期刊可能会倾向于接受更多论文并收取 APC 费用。这可能导致期刊忽略对论文质量的严格检查和审核,而只关注从论文收取的费用,这对论文影响力产生了一定的负面作用。

由图 2-1-1 及图 2-1-2 可知,中国高校的总发文量由 29.8 万(2012 年)增长到 80.4 万(2022 年),增长了 1.7 倍;而中国高校的 OA 论文发文量由 5.5 万(2012 年)增长到 35.0 万(2022 年),增长了 5.4 倍;OA 论文的占比从 19%(2012 年)增长到 44%(2022 年),增长了 1.3 倍,占比已经接近目前全球高校的 50%。而全球高校相对应的同期数据则是总发文量增长了 0.5 倍,OA 论文发文量增长了 1.6 倍,OA 论文的占比增长了 0.8 倍。这些数据表明,中国高校在科研产出和开放获取方面的增长速度超过了全球趋势。中国高校在科研投入、人才培养和学术环境改善等方面的积极努力,以及对开放获取的重视和支持,可能是这一发展的原因之一。同时,OA 论文的增长和占比的提高,也反映了中国高校对科研成果共享和学术传播的关注。OA 论文的免费获取和开放使用,有助于促进科学知识的流通和应用,推动科学研究取得更大的影响力和社会效益。

图 2-1-1　中国高校总发文量和 OA 论文发文量逐年发展趋势

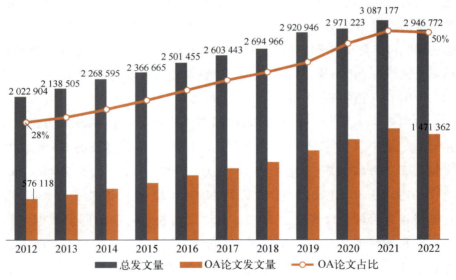

图 2-1-2　全球高校总发文量和 OA 论文发文量逐年发展趋势

2.2　中国高校不同类型开放获取论文发展不平衡

对于 OA 论文的质量和影响力始终需要持续关注和评估。不同开放类

第二章 中国高校开放获取论文发展趋势

型的论文,有显著的差异。图 2-2-2 反映了不同开放类型的论文影响力情况,绿色最高,混合次之,金色最低。而根据图 2-2-1 揭示的占比情况,金色论文占比始终最高,中国高校虽然 OA 论文的增幅超过了全球平均水平,但

图 2-2-1 不同类型 OA 论文占比(中国高校 VS 全球高校)

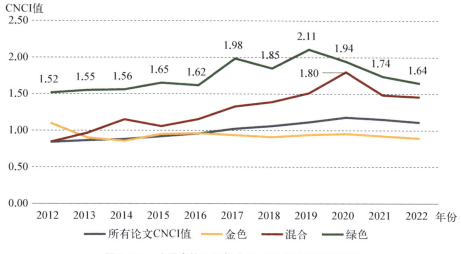

图 2-2-2 中国高校不同类型 OA 论文影响力逐年趋势

主要的增长源自影响力最低的金色论文。不同类型的 OA 论文的发展不平衡。

中国高校的金色论文占比从 2015 年起,就超过了全球高校的金色论文占比,并持续走高,截至 2022 年,中国高校的金色论文占比达到 34.5%,而全球的金色论文占比为 30.6%。

中国高校绿色论文的增长率与全球的增长率持平,截至 2022 年,中国高校的绿色论文占比 4.3%,远低于全球的对应占比 7.5%。

2012 年,中国高校混合论文占比 2.1%,全球对应占比为 2.5%,相差无几,但中国高校混合论文的增长率低于全球的增长率,截至 2022 年,中国高校的混合论文占比 2.6%,远低于全球的对应占比 7.7%。

2.3 中国高校开放获取论文的主要发文学科分布

近年来,中国高校 OA 论文的发表数量不断增加,其影响力在学术界不断增强。根据图 2-3-1 的数据,可以观察到学科的领域聚集现象。临床医学、生物学和基础医学是中国高校 OA 论文的主要阵地,其发表数量位居前三,并且这些学科的开放获取论文占比均超过了 48%。相比之下,总发文量最高的化学、物理学、材料科学与工程等学科的开放获取论文占比则相对较低,低于 24%。这意味着尽管在这些学科中发表的论文数量最多,但对于开放获取的贡献相对较低。

根据图 2-3-2 的数据,开放获取的论文数量和影响力对学科的发展具有积极的影响。开放获取提供了更广泛、更便捷的方式来获取和传播研究成果,进一步提升了学科的影响力和可见度。在计算机科学与技术、数学和物理学领域,开放获取对学科影响力的提升幅度较大。例如,计算机科学与技术的影响力从 0.92 提升到 1.61,数学的影响力从 1.04 提升到 1.62,物理学的影响力从 1.06 提升到 1.44。然而,这些学科的开放获取论文比例相对较低。

第二章 中国高校开放获取论文发展趋势

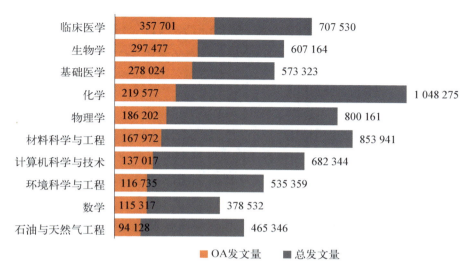

图 2-3-1 中国高校主要发文领域发文量（按 OA 论文量排序 Top10）

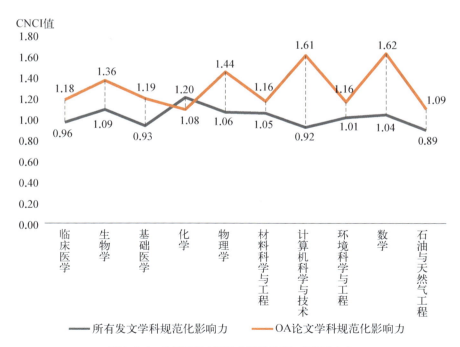

图 2-3-2 中国高校主要发文领域学科规范化影响力

另一方面,在临床医学、生物学和基础医学领域,开放获取比例最高,且对学科影响力的提升也相对较大,约为 0.2 左右。OA 论文的发表量和影响力的增长为这些学科的发展和创新提供了重要的支持。

化学和材料科学与工程是发文量最高的学科,但其开放获取比例较低。此外,开放获取的质量也存在一定的差距,材料科学仅有 0.1 的影响力提升,而化学的影响力甚至出现下降。这可能受到学科特点、商业利益和传统出版模式等因素的影响。然而,随着开放获取理念的传播和政策的倡导,期待未来这些学科能够更积极地采用开放获取模式,并在数量和质量上都得到提升。

综上所述,中国高校在 OA 论文方面取得了显著的进展,尤其是在临床医学、生物学和基础医学等学科的领域内。通过提供更多开放获取的研究成果,学术界可以进一步加强学科影响力和跨学科合作,推动学科的发展和社会进步。

考虑到最常见的三种开放获取论文类型——金色论文、混合论文和绿色论文,通过观察图 2-3-3,可以发现金色论文在 OA 论文中占据了约 80% 的比例,显示出绝对的优势地位。这也得到了图 2-2-1 的数据支持,金色论文的发展成为中国高校 OA 论文的主要推动力。

进一步观察图 2-2-2 和图 2-3-4,不仅从总体上而言,金色论文的规范化影响力相对较低,而且在每个学科内部,金色论文的影响力也较为低下。值得注意的是,金色论文和混合论文在不同学科的影响力波动较小,在生物、计算机科学和数学等学科中,绿色论文的发表具有明显的优势。

这几个学科的绿色论文影响力突出,其中一个可能的重要原因是被广泛认可和使用的 arXiv.org 网站,该网站主要收录物理学、数学、计算机科学和一些相关学科的论文。arXiv.org 是一个免费的预印本服务器,允许研究人员在正式同行评审之前分享其研究成果,它提供了非常方便的平台,让研究人员能够及时与他人分享他们的最新研究成果。该网站的开放获取性质使得研究人员可以迅速、自由地获取到最新的论文,促进了学术交流和合作。

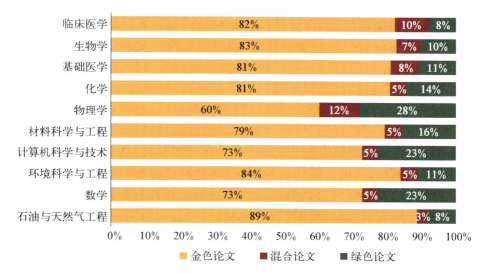

图 2-3-3　中国高校 OA 论文 Top10 学科领域的不同类型的占比

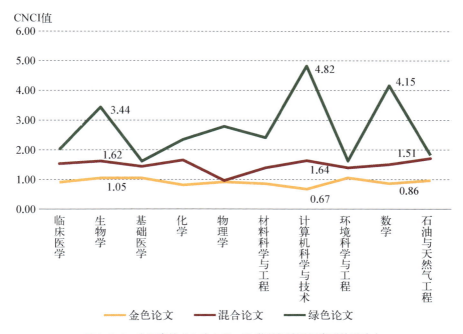

图 2-3-4　中国高校 OA 论文 Top10 学科领域不同类型的影响力

由于 arXiv.org 的受欢迎程度和使用广泛性,它在特定学科中已经成为一个重要的论文发布平台。尤其是对于物理学、数学和计算机科学等学科的研究人员来说,将论文提交到 arXiv.org 已经成为一种常见的做法。这种做法可以帮助他们快速分享研究成果,并与同行学者进行交流和反馈。

综上所述,金色论文在 OA 论文中占据了大部分的发表比例,并表现出绝对的优势。然而,从影响力的角度来看,金色论文的影响力相对较低,甚至在各个学科中都表现出类似情况。相比之下,在生物、计算机科学和数学等学科中,绿色论文的发表具有明显的优势。这些发现提示需要继续关注金色论文的质量与影响力的提升,并鼓励在各个学科中更多地推广绿色论文的发表,以进一步提高各种开放获取类型下的论文发表数量与质量,全面促进积极正向的学术交流。

2.4 中国高校开放获取论文按地域分布

2.4.1 按行政区划分

中国的高校资源地域分布存在不平衡的情况。北京、上海、广东、江苏和台湾等地的高校聚集,这与这些地区的经济实力、科研资源和人才吸引力相关。这些地区在发展早期吸引了大量的高等教育资源,进而形成了高校资源的聚集效应。而相比之下,中西部地区的高校数量相对较少,这主要是由于历史、经济和地理等因素的限制。这些地区相对较为落后,发展相对滞后,高等教育资源的积累和发展相对较少。西藏、新疆和青海等地处边远地区,地理条件相对较为复杂,经济发展水平相对较低,这限制了高等教育资源的投入和发展。由于这些地区的发展相对滞后,高校数量有限,导致当地的人才培养和科研水平相对较低。

这种高校资源地域分布不平衡带来了一定的教育公平和地区发展的问题。为了解决这个问题,中国政府一直在加大对中西部地区高校的支持力度,推动高校资源的均衡分配和地区之间的协调发展,鼓励地方政府加大对高校的投入,并采取一系列政策和措施,促进高校间的合作交流,推动资源共享,提高地方高校的教育质量和科研水平。这些努力旨在缩小地区间的差距,提高教育资源的整体均衡性和可及性。

图 2-4-1 是不同省级行政区域的高校数量 VS 发文量散点图,每个点表示一个省级行政区(共 34 个),横轴坐标为该行政区有发文的高校数量,纵轴为该行政区高校发文总量,点的大小表示该行政区平均每个高校的发文数量,点的颜色深浅表示该行政区发文的篇均学科规范化影响力(CNCI 值)。

表 2-4-1 列出了我国 34 个省级行政区的相关指标。每一行代表一个行政区的具体数值,每一列表示一个特定指标,且每个指标的前三位被高亮显示。值得注意的是,大部分高亮的数据集中在前四行上,即北京、上海、江苏和广东。这意味着这些行政区在这些指标的数值方面表现出色,具备较高的优势。

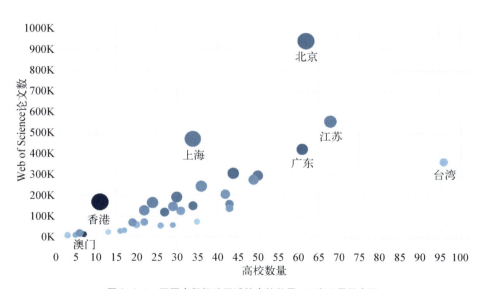

图 2-4-1　不同省级行政区域的高校数量 VS 发文量散点图

如图所示,整体上看,图中显示的散点图确实表明高校数量与发文数量之间呈正相关关系,即一个行政区高校数量越多,发文数量也越多。这是符合常理的,因为高校数量的增加意味着更多的研究机构和研究人员,这也更

中国高校开放获取论文发展蓝皮书（2012—2022年）

表 2-4-1 中国高校不同省级行政区发表论文表现

地区	高校数量	总发文量	CNCI值	OA发文量	金色论文	混合论文	绿色论文	OA论文占比	金色论文占比	混合论文占比	绿色论文占比
北京	62	941 738	1.16	317 440	193 178	25 644	49 634	33.71	20.51	2.72	5.27
江苏	68	553 156	1.08	177 527	119 134	12 556	20 143	32.09	21.54	2.27	3.64
上海	34	470 169	1.12	162 947	101 203	12 204	22 777	34.66	21.52	2.6	4.84
广东	61	420 816	1.20	159 734	106 765	11 210	20 462	37.96	25.37	2.66	4.86
台湾	96	358 305	0.82	127 529	88 333	8 545	11 604	35.59	24.65	2.38	3.24
湖北	44	305 970	1.17	101 403	68 633	6 678	11 531	33.14	22.43	2.18	3.77
浙江	50	293 991	1.12	106 236	71 706	7 122	13 493	36.14	24.39	2.42	4.59
山东	49	274 912	1.01	90 181	63 816	5 295	9 015	32.8	23.21	1.93	3.28
四川	36	243 184	1.01	80 493	56 292	5 211	8 567	33.1	23.15	2.14	3.52
辽宁	42	204 060	0.97	57 863	40 121	3 730	5 582	28.36	19.66	1.83	2.74
湖南	30	192 110	1.12	62 069	43 679	3 832	6 478	32.31	22.74	1.99	3.37
香港	11	167 566	1.58	56 338	24 807	4 597	16 781	33.62	14.8	2.74	10.01
天津	24	164 810	1.06	46 902	30 532	3 240	6 269	28.46	18.53	1.97	3.8
陕西	43	157 863	1.04	49 046	34 128	3 967	4 562	31.07	21.62	2.51	2.89
安徽	34	149 627	1.13	47 372	29 280	3 316	7 872	31.66	19.57	2.22	5.26
黑龙江	29	146 268	0.99	42 143	30 432	2 602	3 612	28.81	20.81	1.78	2.47
河南	43	137 082	0.95	49 954	37 081	2 815	3 787	36.44	27.05	2.05	2.76

第二章 中国高校开放获取论文发展趋势

续表

地区	高校数量	总发文量	CNCI值	OA发文量	金色论文	混合论文	绿色论文	OA论文占比	金色论文占比	混合论文占比	绿色论文占比
重庆	22	126 987	1.02	43 611	31 079	2 727	4 057	34.34	24.47	2.15	3.19
吉林	31	125 498	0.94	37 644	27 284	2 443	3 176	30	21.74	1.95	2.53
福建	27	118 453	1.13	40 610	27 518	2 673	4 747	34.28	23.23	2.26	4.01
河北	35	73 477	0.76	24 219	17 805	1 462	1 863	32.96	24.23	1.99	2.54
江西	22	70 537	0.94	22 719	16 732	1 265	1 812	32.21	23.72	1.79	2.57
甘肃	19	69 523	0.99	21 996	14 713	1 712	2 426	31.64	21.16	2.46	3.49
云南	20	58 798	0.85	22 059	15 167	1 557	1 893	37.52	25.8	2.65	3.22
广西	29	56 344	0.9	20 688	15 584	1 287	1 627	36.72	27.66	2.28	2.89
山西	26	55 092	0.87	17 377	12 456	1 060	1 693	31.54	22.61	1.92	3.07
贵州	17	31 913	0.86	13 444	10 176	835	987	42.13	31.89	2.62	3.09
新疆	16	28 755	0.87	11 861	8 746	707	808	41.25	30.42	2.46	2.81
内蒙古	13	23 536	0.73	8 302	6 183	547	563	35.27	26.27	2.32	2.39
海南	6	18 792	0.99	8 373	6 488	481	567	44.56	34.53	2.56	3.02
澳门	7	13 375	1.41	4 434	2 924	223	650	33.15	21.86	1.67	4.86
宁夏	5	9 387	0.89	3 565	2 710	249	202	37.98	28.87	2.65	2.15
青海	3	7 104	0.78	3 031	2 358	184	192	42.67	33.19	2.59	2.7
西藏	3	1 598	0.87	804	645	51	47	50.31	40.36	3.19	2.94

35

可能导致更多的研究成果产生。然而，北京、上海和香港这三个行政区的高校平均发文量表现特别突出。这可能与以下原因有关：北京、上海和香港都是中国重要的经济和文化中心，这些地区聚集了许多知名高校和优秀的研究机构，此外，这些高校拥有相对较多的研究资源和资金投入，在科研方面可能拥有更好的硬件设施、实验室和研究经费，从而有更多的机会取得高质量研究成果，进而具有较高的发表量和影响力。相比其他行政区，台湾的高校数量最多，有96个高校，但高校平均发文比较低，导致其总发文量还不及广东，而广东的高校为61个。

从学科规范化影响力的角度来看，香港和澳门在这一指标上表现最优，分别为1.58和1.41。这表明香港和澳门的学术研究在相关学科领域中具有较高的规范化影响力。结合这两个地区的发文量，可以看出澳门高校少（7个），发文量也较少，但学术文献规范化影响力高，属于少而精，而香港则是高校虽然少（11个），但校均发文量和规范化影响力领跑全国，属于大而强。第三位是广东，其学科规范化影响力指数为1.2。这显示广东在学科研究方面的影响力较高，虽然相对于香港和澳门稍有差距。

值得注意的是，相比之下，台湾在学科规范化影响力指标上仅为0.82，较其他省级行政区相对较低。北京、上海和江苏在该项指标上均在1.1上下，优于全球平均水平。

从开放获取的角度来看，论文的绝对数量中，北京、江苏和上海仍然位居前三。尽管如此，这些地区的OA论文占比都低于35%。而广东的OA论文占比为38%，位居前四之列，显示出相对较高的开放获取程度。另一方面，西藏、海南和青海在OA论文占比方面位居前三位。这意味着尽管论文总量相对较少，但这些地区在OA论文比例上取得了较好的表现。

分析OA论文的类别，对于争议最多的金色论文，香港的占比最小，为14.8%，北京、上海和江苏这几个学术大户均小于22%，广东为25%，占比最高的是西藏、海南和青海，都超过了33%。香港在绿色论文和混合论文的占比较高，尤其是绿色论文占比高达10%，大幅领先于其他地区，这进一步显示了香港在通过绿色开放获取渠道（如机构仓库或学术社交网络）传播研究成果方面的积极性和倾向。

2.4.2 中国大陆及港澳台地区比对

在 OA 论文类型方面,中国大陆和港澳台地区之间存在明显的差异。这种差异可以反映出不同地区的学术研究环境、政策和实践的差异。本节进一步将大陆高校作为一个整体,与港澳台的高校研究情况进行比对。

如图 2-4-2 所示,大陆、台湾地区和澳门地区的总体规律较为相似,金色论文占比很高,均超过 20%,而绿色论文质量最高,混合论文次之,金色论文则最低,并且这些不同类型论文之间的影响力存在较大差距。与上述三者相比,香港的金色论文占比较低,仅为 15%,明显较少。值得一提的是,香港是唯一一个金色论文质量高于绿色论文质量的地区,而混合论文质量高于其他类型。

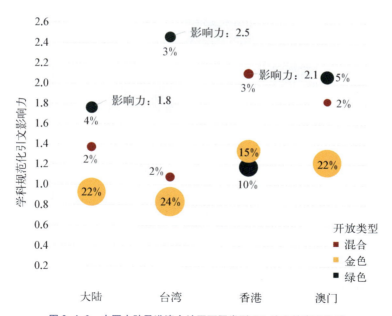

图 2-4-2 中国大陆及港澳台地区不同类型 OA 论文的表现比对

分别看不同类型的 OA 论文比对:

在 OA 论文中,金色论文都是占比最高的。其中,香港地区的金色论文占比最低,为15%,大陆、台湾地区和澳门地区的金色论文占比分别为22%、24%和22%。除香港外,其他三地的金色论文学科规范化影响力都是最低的。

混合论文在OA论文中占比都是最少的,占比差距不大。其中,香港的混合论文占比最高,为3%。混合论文的影响力都较高,其中香港的混合论文学科规范化影响力最高,为2.1。

香港的绿色论文占比为10%,远高于其他三者。但香港的绿色论文影响力也是最低的,为1.2。另外三者的绿色论文占比较少,但规范化影响力较高,都在1.8以上。台湾的学科规范化影响力最高,为2.5。

大陆及港澳台地区在OA论文发文量方面都呈向上发展的趋势,见图2-4-3。2012年时,大陆高校的OA论文占比为17.8%,而香港、澳门和台湾地区的占比分别为24.5%、22.8%和22.9%。随着近11年的发展,大陆高校的OA论文占比逐渐接近并略有超越香港和澳门地区。根据截至2022年的数据,大陆高校的OA论文占比为44.0%,而香港和澳门地区的占比分别为42.5%和43.5%。这表明大陆高校在OA论文方面的发展水平逐渐赶上了香港和澳门地区,并且在占比上略有领先。

图2-4-3 中国大陆及港澳台地区OA论文占比逐年趋势(%)

与此同时,台湾地区在 OA 论文方面发展速度明显高于其他地区。自 2017 年以来,台湾地区在 OA 论文方面取得了显著的进展。截至 2022 年,台湾地区的 OA 论文占比已经达到了 54.6%。这说明台湾地区在 OA 论文方面取得了较为显著的进展,显示了该地区对开放科学的重视和推动力度。

从开放获取类型来看:

金色论文均呈现明显的不断增长趋势,从图 2-4-4 看发展速度,显见台湾地区的发展速度最快,规范化影响力最低;而香港地区的金色论文增长速度最慢,其规范化影响力却最高;大陆和澳门地区的增长速度接近,规范化影响力方面,澳门地区高于大陆。大陆和台湾地区的规范化影响力比较平稳,都在全球平均水平以下,而香港和澳门的金色论文影响力自 2017 年以来都超过全球平均水平,并且有比较大的波动。

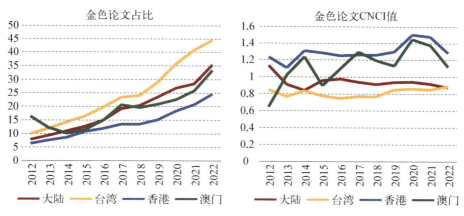

图 2-4-4 中国大陆及港澳台地区金色论文的发展趋势

混合论文的发展存在着不均衡的趋势。如图 2-4-5 所示,大陆的混合论文占比几乎没有变化,保持了相对稳定的水平。另一方面,香港和台湾地区的混合论文占比明显持续增长,香港的增长幅度更为显著,而澳门地区的混合论文占比则呈现波动式增长的趋势。

在规范化影响力方面,香港地区持续保持着平均最高的水平,而澳门地区的影响力始终波动增长,并在 2021 年突然出现了一次增长,从而超过其他地区,位居首位,2022 年又回落。其他时间段,大陆和澳门地区的影响力接近,但大陆的趋势更稳定。台湾地区的影响力持续较低,排名最末。

图 2-4-5　中国大陆及港澳台地区混合论文的发展趋势

经研究发现,就绿色论文占比而言(参见图 2-4-6),大陆及港澳台地区的缓慢增长趋势相对趋于一致,从占比来看,香港地区表现出独特的优势,占比明显高于其他三者。就规范化影响力而言,台湾地区在大部分情况下居于领先地位,大陆次之,澳门地区紧随其后,香港地区则在影响力方面相对较低。然而在 2021 年,澳门地区出现了一个突然的波动,其绿色论文的影响力一度超过其他地区,但随后又回落至原位。

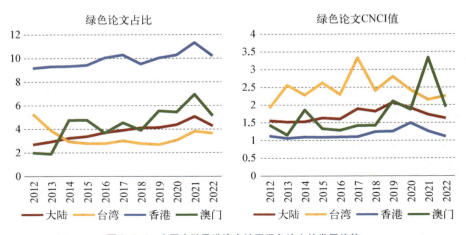

图 2-4-6　中国大陆及港澳台地区绿色论文的发展趋势

前文提到澳门在2021年的混合OA论文和绿色OA论文CNCI值出现了突变,是由于澳门的发文量相对较少,学科规范化影响力容易受到极值的影响。

具体来说,在2021年,澳门高校的混合OA论文共有60篇,其中一篇是关于新冠研究的论文,题为"Posttraumatic stress symptoms and attitude toward crisis mental health services among clinically stable patients with COVID-19 in China"。该论文的学科规范化影响力为86,而其他论文的学科规范化影响力均不超过14。由于该论文的存在,直接提升了整体影响力1.4个单位,导致了突变的出现。

而在绿色OA论文方面,2021年澳门高校共有140篇。其中两篇论文题目分别为"Intelligent Reflecting Surface-Aided Wireless Communications: A Tutorial"和"The role of information and communication technology in encountering environmental degradation: Proposing an SDG framework for the BRICS countries"。这两篇论文的影响力分别为97和65,而其他论文的影响力均不超过18。由于这两篇论文的存在,共同提升了整体影响力1.1个单位,造成了突变。

在使用均值作为指标时,尤其在样本数量较少的情况下,必须考虑可能会出现一些意想不到的误差和波动。

2.5 中国高校开放获取论文按机构分布

中国高校在2012—2022年期间共发表了5 236 597篇论文,其中OA论文为1 717 205篇,开放获取比例为32.8%。涉及OA论文的机构共有1 065个,而其中发文量超过100篇的机构有928个。中国高校在开放获取方面的情况参差不齐,各高校的开放获取比例存在差异。有些高校开放论文比例相对较高,而有些高校则还需要进一步增强开放获取的意识和实践。

通过对发文量超过100篇的928个机构进行考察,参考图2-5-1,可以观察到开放获取比例在20%—40%之间的机构数量最多。具体而言,有643

个机构的开放获取比例在20%—40%之间,占总数的70%。

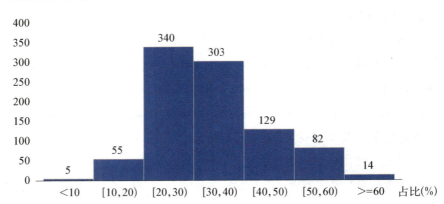

图 2-5-1　中国高校OA论文不同占比的机构分布直方图

根据表2-5-1所示的数据,按照发文总量排名前15的机构均为大陆高校。其中,OA论文占比最高的是复旦大学,达到了45%。中山大学和北京大学紧随其后,分别为44%和40%。相比之下,清华大学的OA论文占比最低,仅为27.5%。

表 2-5-1　中国高校开放获取论文情况列表(Top15)

机构名称	排名	发文总量	所有论文CNCI值	OA论文CNCI值	OA论文占比	金色论文占比	混合论文占比	绿色论文占比
所有中国高校		5 236 597	1.04	1.11	32.79	21.87	2.47	3.94
中国科学院大学	1	165 591	1.27	1.39	34.29	19.53	3.05	5.99
上海交通大学	2	127 269	1.15	1.31	37.37	22.92	3.13	5.37
浙江大学	3	125 339	1.17	1.28	36.73	23.32	2.89	5.23
清华大学	4	105 503	1.44	1.81	27.5	13.82	2.60	6.55
北京大学	5	94 402	1.29	1.47	40.46	21.54	3.96	7.38
华中科技大学	6	85 805	1.30	1.54	35.00	22.67	2.71	4.54
中山大学	7	84 298	1.20	1.27	43.89	28.02	3.74	5.25
四川大学	8	83 866	1.03	1.04	36.93	24.75	2.74	3.81
复旦大学	9	80 746	1.21	1.32	45.02	28.06	3.78	5.94
西安交通大学	10	75 482	1.08	1.15	28.93	18.35	2.47	4.03

续 表

机构名称	排名	发文总量	所有论文CNCI值	OA论文CNCI值	OA论文占比	金色论文占比	混合论文占比	绿色论文占比
哈尔滨工业大学	11	74 585	1.09	1.16	20.34	12.97	1.52	3.15
中南大学	12	74 369	1.17	1.18	37.84	27.31	2.53	3.1
山东大学	13	72 254	0.99	1.00	36.09	23.54	2.50	4.25
吉林大学	14	66 874	0.95	0.92	33.60	24.25	2.18	2.89
中国科学技术大学	15	64 727	1.43	1.72	28.05	12.74	2.53	7.99

图 2-5-2 展示了中国高校发文量排名前 15 的机构的学科规范化影响力散点图。每个点代表一个机构，总共有 15 个机构。横轴表示该机构的所有学科规范化影响力，纵轴表示该机构 OA 论文的学科规范化影响力。点的颜色深浅反映了该机构 OA 论文的占比，占比越高，颜色越深。斜对角线将图划分为两个区域，左上角表示该校开放获取论文的影响力大于所有论文的平均影响力。

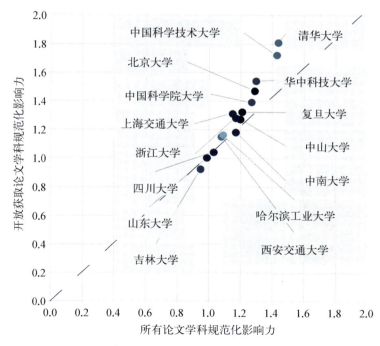

图 2-5-2　中国高校发文量 Top15 的机构学科规范化影响力散点图

根据图中所示,可以明显看出 OA 论文对于提升影响力具有积极的作用。几乎所有的机构的 OA 论文影响力均高于其对应的所有论文影响力,只有吉林大学的 OA 论文影响力略低于其所有论文的影响力。清华大学、中国科学技术大学和华中科技大学的 OA 论文的学科规范化影响力提升程度最显著,其 OA 论文的影响力分别达到了 1.81、1.72 和 1.54。

2.6 中国高校开放获取论文影响力分布

中国高校在 2012—2022 年共发表 OA 论文 1 717 205 篇,其中金色论文数量最多,约占所有 OA 论文的 70%,其次是绿色论文,约占 13%,而混合论文最少,仅约占 7%(见图 2-6-1)。表 2-6-1 列出了不同类型论文中,具有不同影响力水平的论文数量分布。

表 2-6-1　不同类型开放获取论文按影响力分布表

	总发文量	CNCI 前 1% 论文数量	CNCI 前 10% 论文数量	CNCI 前 50% 论文数量
金色论文	1 192 630	10 569	107 695	555 681
混合论文	126 256	2 624	19 383	71 436
绿色论文	219 044	7 014	42 493	135 487

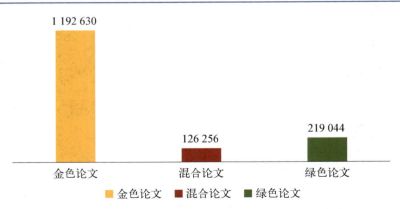

图 2-6-1　中国高校不同类型 OA 论文发文量

通过对图 2-6-2 的观察，可以直观地发现在金色论文中，影响力排名在前 1% 的论文极少，不到 1%；而排名在前 1%—10% 的论文占比为 8%，排名在前 10%—50% 的论文占比为 37.6%。而排名在 50% 以上，即影响力低于全球影响力的中位数的论文占比为 53.4%，换句话说，半数以上的金色论文的影响力低于全球影响力的中位数。

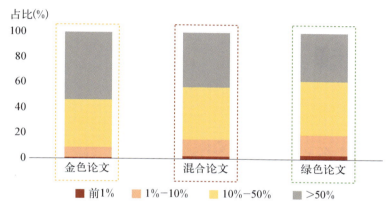

图 2-6-2　中国高校不同类型 OA 论文按影响力分布对比图

在混合论文中，影响力排名在前 1% 的论文占比为 2%，排名在前 1%—10% 的论文占比为 13%，而排名在前 10%—50% 的论文占比为 41%。排名在 50% 以上，即影响力低于全球影响力的中位数的论文占比为 43%。

在绿色论文中，影响力排名在前 1% 的论文占比为 3%，排名在前 1%—10% 的论文占比为 16%，而排名在前 10%—50% 的论文占比为 42%。排名在 50% 以上，即影响力低于全球影响力的中位数的论文占比为 38%。

综上所述，这三种类型的论文中，排名靠前的影响力较高的论文主要出现在绿色论文中，其次是混合论文，而金色论文中则相对较少。值得注意的是，超过一半的金色论文的影响力都低于全球影响力的中位数。

第三章

中国高校机构群开放获取现况

第三章 中国高校机构群开放获取现况

整体上来看,中国高校积极响应了开放获取运动,但大部分高校开放获取意识仍旧不足。截至2023年6月30日,根据InCites的数据,共有1 065所高校发表过论文。其中,约有12%的高校OA论文占比超过50%,然而仍有59%的中国高校的OA论文占比低于全球高校平均水平37%,可能尚未意识到开放获取的重要性与价值。

第二章展示了中国高校OA论文的整体发展趋势,但高校之间开放获取发展水平参差且差异较大,有必要对高校分群观察OA论文的情况,发现更多潜在规律与趋势。第二章还对中国大陆及港澳台地区整体高校OA论文占比及影响力作对比分析,但由于社会制度、经济发展、人文与地域等因素影响,中国大陆及港澳台地区教育界的学术理念、管理制度、教育资源、教育形态均存在较大的差异,因此本章节在此基础之上,从地域出发,区分中国大陆及港澳台地区,对同一地域内的高校开放获取情况做比较分析;从高校建设目标出发,对中国大陆的高校机构进一步分群,统计与分析不同高校机构群的开放获取发展情况。

3.1 中国大陆及港澳台地区顶尖高校

通过比较中国大陆及港澳台地区高校的开放获取水平,可以更加公平地评估不同地域的情况,并获得更多的洞察。由于中国大陆及港澳台地区的体制不同,政治经济发展水平和高校规模也存在较大差异,因此选择各地域顶级高校作为代表,比较它们的开放获取发展水平,可以探索学术排名与开放获取水平之间是否存在相关性,以及地域间是否存在显著差异。如果存在差异,则需要考察是什么因素影响了开放获取的发展趋势,并确定影响的方式。

因此,根据2024年QS世界大学排名(QS World University Rankings 2024: Top Global Universities),分别选择在中国大陆及港澳台地区排名第一的高校作为标杆高校,代表该区域的学术最高水平或教育资源倾斜度最高水平。具体选取的高校包括北京大学(第17名)、香港大学(第26名)、台湾大学(第69名)、澳门大学(第254名)。

从高校QS排名来看,中国大陆标杆高校——北京大学的排名最高,属于世界顶尖高校,香港大学紧随其后,台湾大学在QS50名外,澳门大学在QS200名外。与排名有关的因素包括地域的学术规模,中国大陆高等院校超过3 000家,比之港澳台地区有更优渥的学术土壤,内部的竞争与合作更易提高高校的科研声誉;而港澳台地区的政治、经济和文化体制虽然相似,但香港高校对外交流与开放度相对较高,澳门大学建校时间最晚,发展历史短,且政府对教育的支持力度相对较弱。

图3-1-1比较了中国大陆及港澳台地区标杆院校的论文发表数量、OA论文数量,以及OA论文占比的情况。

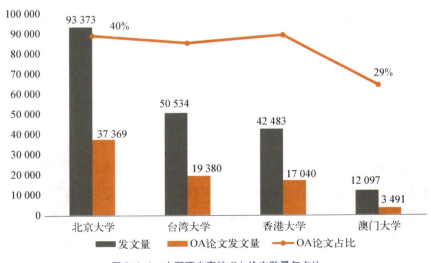

图3-1-1 中国顶尖高校OA论文数量与占比

从近 11 年来发文总数来看,北京大学论文发表数量与 OA 论文数量断层领先,是香港大学、台湾大学发文数之和,而澳门大学论文发表总数约为北京大学的八分之一,中国形成了三级梯队。横向比较港澳台地区的标杆高校,排名均在 QS 前 100 的香港大学和台湾大学发文数量相近,而排名在 200 之外的澳门大学发文数量则处于第三梯队,表明发文数量与排名之间可能存在一定相关性。横向比较 QS 排名与北京大学相近的高校,排名为 16 的耶鲁大学近 11 年发文数为 73 079 篇,排名同为 17 的普林斯顿大学近 11 年发文数为 30 124 篇,北京大学近 11 年发文数达到 93 373 篇,远超耶鲁大学与普林斯顿大学;与香港大学排名同为 26 名的新加坡南洋理工大学近 11 年发文数为 53 142 篇,香港大学发文数共 42 483 篇,同样相差较多,意味着高校科研学术达到一定水平后,发文数量级与排名没有必然关联。结合以上分析,北京大学年均发文量远超台湾大学、香港大学、澳门大学,可能的因素有中国大陆注重科研成果出版、教育资源更丰富、机构合作机会更多等。

从 OA 论文占比来看,中国大陆、台湾地区、香港地区的标杆高校表现趋同,都在 40% 上下,而澳门大学的 OA 论文占比为 29%,远低于其他三校。考虑到上文对澳门高校的分析,澳门大学开放获取运动进展缓慢,占比较低这一现象是合理的。此外,引入与北京大学排名相近的耶鲁大学、普林斯顿大学进行比较,耶鲁大学 OA 论文占比为 48%,普林斯顿大学 OA 论文占比达到 52%,如若仅考虑同等排名下的表现,北京大学近 11 年的开放获取整体水平偏低,但结合中国大陆开放获取运动起步较晚这一事实,OA 论文占比还有很大提高空间与潜力。

图 3-1-2 进一步拆分了 OA 类型,仅考虑金色 OA、混合 OA、绿色 OA 三种类型,比较了北京大学、台湾大学、香港大学、澳门大学不同 OA 类型的占比情况。

四所标杆高校的 OA 论文主要由金色 OA 论文贡献。其中金色 OA 论文占比最高的高校为澳门大学,占比达到 73%,其次是台湾大学、北京大学与香港大学,香港大学金色 OA 论文占比最少,仅为 55%。

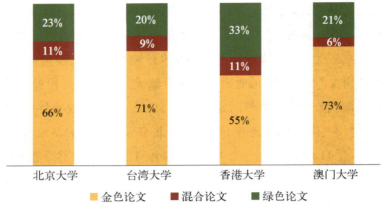

图 3-1-2 中国顶尖高校不同类型 OA 论文占比

绿色 OA 是一种提高开放获取的补充渠道，四校 OA 论文第二大来源为绿色 OA 论文。绿色 OA 论文占比最高的为香港大学，达到了 33%，北京大学、澳门大学、台湾大学绿色 OA 论文占比不相上下，均在 20%—23% 之间。

四校混合 OA 论文占比最低且水平相近，在 6%—11% 之间。一般混合 OA 论文占比普遍较低，是因为混合 OA 期刊 APC 定价要高于金色 OA。值得一提的是，金色 OA 论文占比较少的高校，混合 OA 论文占比则会相对提高一些，考虑到混合 OA 和自存档的绿色 OA 之间的差异主要在于是否学术出版，猜测这一现象可能与部分学者有发表期刊的硬性要求有关。

综合金色 OA 与绿色 OA 两种类型来看，北京大学、台湾大学、香港大学两类型相加后的占比均在 88%—91%，虽然澳门大学 OA 论文占总发表论文数的百分比最低，只有 29%，但 94% 的 OA 论文来源于金色 OA 和绿色 OA 构成。此外，北京大学、台湾大学、澳门大学金色 OA 论文占比相近，而香港大学金色 OA 论文占比远低于其他三校，其余 OA 论文主要由绿色 OA 贡献，OA 结构与其他三校有明显的不同。

图 3-1-3 分别展示了四校不同类型 OA 论文的学科规范化引文影响力情况，整体上绿色 OA 论文的 CNCI 值普遍高于金色 OA 论文的 CNCI 值，与混合 OA 论文的 CNCI 值相当，但学校之间依旧存在比较显著的差异。

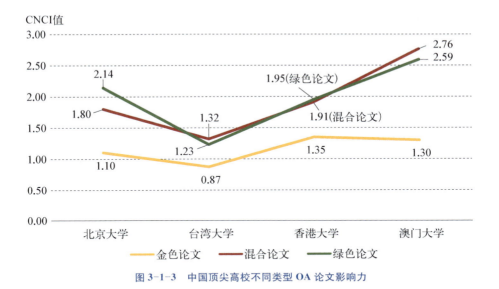

图 3-1-3　中国顶尖高校不同类型 OA 论文影响力

首先分 OA 类型来看,四校金色 OA 论文的 CNCI 值排名依次是香港大学、澳门大学、北京大学、台湾大学,金色 OA 论文的 CNCI 均值为 1.15,高于全球平均水平,由于此处选择的四所高校为标杆院校,因此即便是影响力较低的金色 OA 论文,其 CNCI 均值仍超过 1;混合 OA 论文的 CNCI 值排名依次为澳门大学、香港大学、北京大学、台湾大学,CNCI 均值为 1.95;绿色 OA 论文的 CNCI 值排名依次为澳门大学、北京大学、香港大学、台湾大学,CNCI 均值为 1.98,略高于混合 OA 论文的影响力均值,说明绿色 OA 论文 CNCI 值最高。

其次分学校来看,澳门大学金色 OA 论文、混合 OA 论文、绿色 OA 论文的 CNCI 值分别为 1.30、2.76、2.59,混合 OA 论文和绿色 OA 论文影响力分别是四校首位,金色 OA 论文影响力略低于第一名的香港大学,可能是由于澳门大学论文总数与 OA 论文数量级太小,OA 论文影响力容易受小部分高被引 OA 论文影响,而北京大学、香港大学、台湾大学具有一定论文基数,这三所学校的差异更能反映地域特征。北京大学三种 OA 论文的 CNCI 值有明显的层级,分别为 1.10、1.80、2.14,是四校中影响力梯度最显著的一所大学,且三种不同类型 OA 论文的影响力在四校中均处于中等位置。结合图 3-1-2 OA 论文数与占比情况,可以认为北京大学较好地兼顾了 OA 论文的发文量与发文质量。台湾大学 OA 论文结构与北京大学相近,但 CNCI 值分别为 0.87、1.32、1.23,OA 论文影响力是四校最低。台湾大学本身是一所实力强劲的高校,OA 论文低影响力的现象间接说明台湾地区 OA 论文或整体学术成果质量不佳。香港大学三种 OA 的 CNCI 值分别为 1.35、1.91、1.95,其金色 OA 论文影响力在四校中排名第一,大幅高于北京大学、台湾大学,虽然论文影响力在全球范围内表现优异,但绿色 OA 论文和混合 OA 论文的影响力几乎一致,有悖绿色 OA 论文影响力一般较高的判断。考虑到香港大学绿色 OA 论文发文占比异常高,可能是大量质量一般的绿色 OA 论文拉低了这一数值。

以中国大陆及港澳台地区的顶尖院校为代表,通过以上对比分析可以发现,四所高校的 OA 论文发展水平存在区域特征,与当地多因素密切相关。就开放获取发展层面,大陆高校优势在于教育、学术资源丰富,香港地区高校优势在于与国际之间的交流合作更紧密,台湾地区高校优势在于文化底蕴、学术气息浓厚,澳门地区高校则处于起步发展期。除了地域上的特征,四校 CNCI 值还会受到本校强势学科的正向影响,如医科论文开放程度更高且影响力水平更高,如果高校医学领域发展较好会大幅提高本校的 CNCI 值。因此本章会分区域展开,对中国大陆及港澳台地区高校进行分析解读。

3.2　中国大陆高校

中国大陆高校已超过 3 000 家,需要进一步分类细化,从双一流高校、C9 联盟、E9 联盟的层次展开多维度的介绍与解读。

3.2.1　双一流高校

"双一流",即建设世界一流大学和一流学科,是党和国家在新形势下提出的长期战略任务。一流大学和一流学科,是知识发现和科技创新的重要力量,是先进思想和优秀文化的重要源泉,是培养各类高素质优秀人才的重要基地,是服务经济社会发展的重要支撑。通过分析双一流高校的开放获取现状,有助于反映高水平研究成果在知识共享与交流方面的进展;另一方面,通过相关指标解读双一流高校的开放获取论文质量,可以为制定更有效的科研政策提供建议,促进高水平研究院校在学术交流方面的可持续发展。

根据2017年教育部公布的首轮世界一流大学建设名单,42所高校入选世界一流大学建设高校,分A类和B类[①]。A类高校包括北京大学、中国人民大学、清华大学、北京航空航天大学、北京理工大学、中国农业大学、北京师范大学、中央民族大学、南开大学、天津大学、大连理工大学、吉林大学、哈尔滨工业大学、复旦大学、同济大学、上海交通大学、华东师范大学、南京大学、东南大学、浙江大学、中国科学技术大学、厦门大学、山东大学、中国海洋大学、武汉大学、华中科技大学、中南大学、中山大学、华南理工大学、四川大学、重庆大学、电子科技大学、西安交通大学、西北工业大学、兰州大学、国防科技大学。B类高校包括东北大学、湖南大学、西北农林科技大学、新疆大学、云南大学、郑州大学。而在2022年,教育部公布第二轮双一流名单时统称"双一流建设高校和学科"[②],强调弱化建设高校的身份色彩,强调特色发展与内涵建设。在本研究中,相关数据的分析时间段截至2022年,新一轮学科建设的实际成效尚未显露,将继续采用首轮双一流建设中分类管理的思想,对划入双一流B类高校的6所高校在OA论文成果层面进行解读。本章节将分别讨论A类高校和B类高校的开放获取进展。

双一流A类高校

表3-2-1展示了InCites数据库中,36所双一流A类高校的基本发文概况。分别列示了已被收录的所有论文发文量、所有论文的学科规范化引文影响力、OA论文总数以及不同OA类型的论文总数。

---

① 中华人民共和国教育部研究生司."双一流"建设高校名单[EB/OL].(2017-12-06)[2023-08-26]. http://www.moe.gov.cn/s78/A22/A22_ztzl/ztzl_tjsylpt/sylpt_jsgx/201712/t20171206_320667.html.

② 教育部 财政部 国家发展改革委.关于公布第二轮"双一流"建设高校及建设学科名单的通知[EB/OL].(2022-02-11)[2023-08-26]. http://www.moe.gov.cn/srcsite/A22/s7065/202202/t20220211_598710.html

表 3-2-1　中国大陆双一流 A 类高校基本发文情况

	发文量	CNCI 值	OA 论文	OA 占比	金色论文	混合论文	仅绿色论文
上海交通大学	126 057	1.15	46 889	37%	28 857	3 652	6 734
浙江大学	124 502	1.17	45 586	37%	29 019	3 362	6 471
清华大学	104 508	1.43	28 591	27%	14 396	2 521	6 861
北京大学	93 663	1.29	37 787	40%	20 146	3 469	6 907
华中科技大学	85 335	1.30	29 797	35%	19 372	2 132	3 846
中山大学	83 627	1.20	36 601	44%	23 430	2 899	4 357
四川大学	83 005	1.03	30 624	37%	20 614	2 066	3 159
复旦大学	79 990	1.21	35 876	45%	22 426	2 817	4 736
西安交通大学	74 752	1.08	21 600	29%	13 753	1 701	2 991
哈尔滨工业大学	74 095	1.09	15 055	20%	9 632	1 007	2 301
中南大学	73 939	1.18	27 895	38%	20 213	1 666	2 272
山东大学	71 784	0.99	25 870	36%	16 903	1 623	3 036
吉林大学	66 550	0.95	22 345	34%	16 161	1 345	1 906
中国科学技术大学	63 859	1.42	17 956	28%	8 159	1 523	5 148
武汉大学	62 463	1.31	23 561	38%	15 774	1 570	2 658
天津大学	60 013	1.12	13 447	22%	7 963	968	2 458
同济大学	59 344	1.11	19 560	33%	13 105	1 323	2 272
东南大学	58 867	1.08	16 423	28%	10 949	941	2 518
南京大学	56 419	1.27	18 939	34%	10 416	1 595	3 408
北京航空航天大学	52 509	1.06	12 989	25%	7 529	1 525	2 570
华南理工大学	50 348	1.28	11 168	22%	7 262	677	1 686
电子科技大学	49 422	1.13	13 015	26%	8 591	834	2 133
大连理工大学	46 193	1.14	9 497	21%	5 570	700	1 711
北京理工大学	44 534	1.15	10 530	24%	6 758	685	1 859
西北工业大学	42 723	1.18	9 874	23%	6 104	888	1 678
重庆大学	41 916	1.16	10 461	25%	7 120	532	1 461
厦门大学	37 927	1.22	12 199	32%	7 158	911	2 067
北京师范大学	31 108	1.18	11 641	37%	6 392	943	2 328
南开大学	30 802	1.40	8 897	29%	4 992	722	1 694
国防科技大学	30 382	0.79	8 484	28%	5 965	671	1 050

续表

	发文量	CNCI 值	OA论文	OA占比	金色论文	混合论文	仅绿色论文
兰州大学	28 074	1.11	9 241	33%	5 578	891	1 361
中国农业大学	27 704	1.31	11 921	43%	7 960	1 142	837
华东师范大学	23 813	1.20	6 835	29%	3 562	499	1 497
中国海洋大学	21 105	1.03	5 829	28%	3 759	468	647
中国人民大学	10 855	1.20	2 891	27%	1 128	231	1 110
中央民族大学	2 059	0.93	638	31%	489	31	61
汇总	2 074 246	—	670 512	32%	417 205	50 530	99 789

从发文数量来看，发文量前五的高校为上海交通大学、浙江大学、清华大学、北京大学、华中科技大学。36 所高校论文数量中位数为 57 643 篇，代表了双一流 A 类高校科研产出数量的平均水平。不同高校间的发文量差距较大，发文量最多的上海交通大学、浙江大学发文数量比平均水平的 2 倍还多，而华东师范大学、中国海洋大学、中国人民大学、中央民族大学等高校的发文量则远低于平均水平，这可能与不同高校，尤其是非综合性院校的科研战略、人才培养规模与结构有关。

从发文质量来看，以 CNCI 值来反映发文影响力，排名前五的高校为清华大学、中国科学技术大学、南开大学、武汉大学、中国农业大学，均达到了 1.3 以上。在 36 所高校中，32 所高校的 CNCI 值均超过了 1，反映了这些高校在世界范围内学术成果质量具备明显优势。尚有 4 所高校的 CNCI 值没有超过 1，分别为山东大学、吉林大学、中央民族大学、中国人民解放军国防科技大学，反映了这四所高校的学术影响力尚未达到世界平均水平。作为世界一流大学建设高校，其需要进一步优化科研管理政策，重视以质量为导向的科研建设目标。

从 OA 论文体量来看，数量前五的高校为上海交通大学、浙江大学、北京大学、中山大学、复旦大学，均达到了 30 000 篇以上。36 所高校的 OA 论文数量中位数为 14 251 篇。OA 论文数量排最后四位的高校为华东师范大学、中国海洋大学、中国人民大学、中央民族大学,主要原因是这些学校的总发文量较低,学术成果的规模有限。

衡量开放获取程度,还需要综合 OA 论文量和总发文量。图 3-2-1 计算了 OA 论文数量占总发文量的比例,展示了我国双一流 A 类高校自 2012 年以来,学术论文开放程度逐年提高,到 2022 年,OA 论文占比已从 2012 年的 19% 提高至 41%。

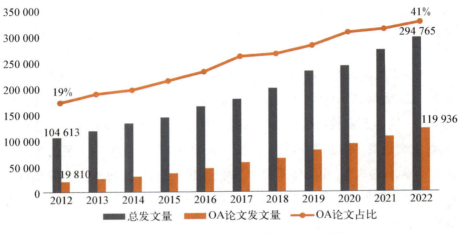

图 3-2-1　中国大陆双一流 A 类高校 OA 论文趋势

进一步地,表 3-2-1 揭示了不同高校间在开放获取进程上的差距。36 所高校所有年度论文的 OA 论文占比为 32%。复旦大学、中山大学、中国农业大学、北京大学 OA 论文占比均为 40% 以上,OA 论文与非 OA 论文数量几乎相当,反映了这些高校在科研管理中向开放获取倾斜的程度较高,如通过建设机构知识库、资助开放出版等形式促进学术成果广泛传播。而北京航空航天大学、北京理工大学、西北工业大学、华南理工大学、大连理工大学、哈尔滨工业大学等高校的总体开放获取比例则较低,为 25% 以下,这可能是因为理工科专业成果需要依靠专利等排外性知识进行商业转化,但随着开放共享的共同体理念日益扩散,学术知识库的影响力越来越高,国内理工科专业知识成果的开放趋势可能会进一步增大。

经统计,双一流 A 类高校发表 OA 论文共 675 512 篇,其中金色 OA 论文共 417 205 篇,占比 62%;仅绿色 OA 论文共 99 789 篇,占比 15%;混合 OA 论文共 50 530 篇,占比 7.5%。图 3-2-2 仅考虑金色 OA、混合 OA 和绿色 OA 这三种类型的 OA 论文,进一步展示了各高校不同类型 OA 论文的占比情况。中国人民大学、中国科学技术大学、清华大学的绿色 OA 论文占比较高,

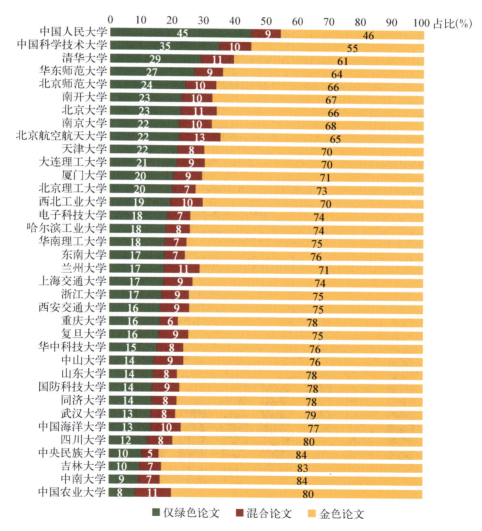

图 3-2-2 中国大陆双一流 A 类高校不同类型 OA 论文占比

分别达到了45%、35%、29%。中南大学、中国农业大学的绿色OA论文占比较低，不足10%。36所高校的混合OA论文占比相较均衡，基本维持在7%—11%之间。中央民族大学、中南大学、吉林大学、中国农业大学的金色OA论文占比较高，达到了80%以上。基于前文描述，不同类型的OA论文在公开时滞期、出版费用、出版期刊的开放程度等方面有所差异。在双一流A类高校中，绿色OA论文的CNCI值最高，金色期刊可能由于缺乏严格的学术评审，论文质量参差不齐，不论是在中国范围内还是全球范围，金色OA论文都表现出较低的引文影响力。因此，在科研管理与评估层面，不同高校应注意制定科学合理的开放策略，倡导高质量的金色期刊发表以保证金色OA论文的质量与引文影响力。

从学科分布来看，图3-2-3统计了我国双一流A类高校OA论文的学科分布，列示了发文数量最高的10个学科，从发文量和发文质量两个角度分析。双一流A类高校OA论文很大一部分集中在医学或医学相关领域，临床医学和基础医学这两个学科占所有OA发文总量的37%，这与全球范围内医学界对知识共享与开放科学的重视有关，高校科研工作者愿意将医学领域的知识成果以开放的形式分享。另外，生物学、物理学、化学等基础理论研

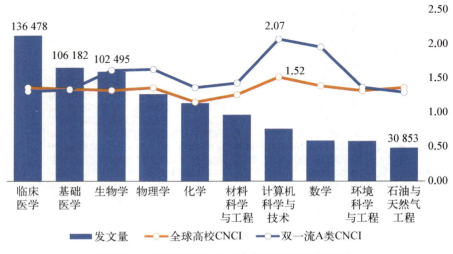

图3-2-3　中国大陆双一流A类高校OA论文学科分布

究也有较多 OA 论文，有助于科学共同体内部加速知识传播，促进理论研究的发展与创新。

在发文质量方面，以上 10 个学科的 CNCI 值均大于 1，说明双一流 A 类高校的学术成果质量在全球范围内较有优势，尤其是计算机科学与技术，达到了 2.07，明显高于全球高校的 CNCI 值（1.52），说明我国该机构群在计算机领域的 OA 论文受到更多关注，影响力较高，其他学科如生物学、物理学、化学等同样存在类似情况，这也与我国建设世界一流高校和世界一流学科的总体战略目标相契合。然而，在临床医学、基础医学、石油与天然气工程学科，双一流 A 类高校的 OA 论文影响力略低于或近乎持平于全球高校，警示该类学科在提升发文数量的同时，也要注重学术成果质量，才能真正提升学科发展水平与学术声誉，为学术界带来可持续的正向反馈。

从 OA 论文的出版期刊来看，表 3-2-2 展示了我国双一流 A 类高校 OA 论文最多的 10 本期刊，均为金色期刊。其中，发文数量最多的是 *Scientific Reports*、*Plos One*、*IEEE Access*，均达到了 10 000 篇以上发文量。根据期刊影响因子分区来看，发文量最多的 10 本期刊中，Q1 分区 1 本（为 *Nature Communications*），Q2 分区 8 本，Q3 分区 1 本。进一步通过 CNCI 值显示，3 本期刊的 CNCI 值大于 1，7 本期刊的 CNCI 值小于 1，说明引文影响力低于全球平均水平，期刊质量不高，一定程度上可能会影响论文在科学性、严谨性、研究价值等方面的评价。双一流 A 类高校代表中国头部科学研究水平，其学术成果除了需要以开放获取的外在形式促进学术交流之外，更重要的是以高水平的学术研究本身，向学术圈作出真正有价值的贡献。

表 3-2-2　中国大陆双一流 A 类高校 OA 论文期刊分布

期刊名称	发文量	排名	JIF 分区	CNCI 值	热点论文	高被引论文
Scientific Reports	14 340	1	Q2	1.21	0	96
Plos One	12 527	2	Q2	0.94	0	39
IEEE Access	11 874	3	Q2	0.84	0	55
Optics Express	7 604	4	Q2	1.37	0	36

续 表

期刊名称	发文量	排名	JIF 分区	CNCI 值	热点论文	高被引论文
Sensors	6 404	5	Q2	0.81	0	11
Medicine	6 095	6	Q3	0.46	0	3
Nature Communications	5 414	7	Q1	4.36	26	789
Sustainability	5 224	8	Q2	0.68	2	9
Rsc Advances	5 042	9	Q2	0.55	0	10
Applied Sciences – Basel	4 978	10	Q2	0.53	3	15

值得关注的是,通过对照中国科学院、中国科学技术信息研究所、JCR镇压期刊等13个国内外平台发布的预警期刊名单,发文量前10的期刊中,有8本被列为预警期刊(除了 *Optics Express*、*Nature Communications*)。如发文量最高的 *Scientific Reports*、*Plos One* 被华南理工大学、中山大学附属第一医院列为预警期刊,发文量第三的 *IEEE Access* 被中国科学院、中南大学湘雅二医院、中国科学技术信息研究所列为预警期刊,而 *Medicine* 更是被上海交通大学医学院附属瑞金医院、浙江大学附属第一医院、中山大学附属第一医院、中南大学湘雅二医院、中国科学院等十余所国内顶尖知名医院及机构列为预警期刊,不予报销论文发表费用、不认定与论文发表相关的绩效评定与晋升。*Medicine* 自2015年起,从订阅期刊转为完全开放获取期刊,期刊影响因子逐渐从5降低至2左右。尽管OA期刊在论文投稿和审查等方面提供了一定的便利条件,但部分期刊为了赚取文章处理费,大量接收论文且不进行严格的同行评议,研究质量不高,势必导致期刊学术影响力下滑,反而对其声誉等带来不利影响。这警示一流高校的研究者要谨慎考虑学术出版的质量和学术声誉,呼吁高校科研管理机构不断完善学术评价体系,注重学术研究成果的质量,以创造既开放又真正有水平的学术交流氛围。

在10本高发文量期刊中,*Nature Communications* 表现出较高的学术出版质量,该期刊定位为跨学科的综合性期刊,涵盖了自然科学的各个领域。双一流A类高校在该期刊发表的论文CNCI值超过4,远高于世界平均水平,说明我国在交叉学科方面的研究受到了学界同行极高的重视与关注。

双一流B类高校

"双一流B类高校"一词源于教育部2017年公布的首轮世界一流大学建设名单,包括东北大学、湖南大学、西北农林科技大学、新疆大学、云南大学、郑州大学共6所高校。

表3-2-3展示了双一流B类高校基本发文情况。分别列示了已被InCites数据库收录的所有论文数量、所有论文的学科规范化引文影响力、OA论文总数以及不同OA类型的论文总数。

表3-2-3 中国大陆双一流B类高校基本发文情况

	发文量	CNCI值	OA论文	OA占比	金色论文	混合论文	绿色论文
郑州大学	41 579	1.18	16 993	41%	12 152	1 053	1 431
东北大学	34 587	0.96	7 435	21%	5 279	365	791
湖南大学	29 990	1.51	5 917	20%	3 330	391	1 097
西北农林科技大学	24 150	1.29	9 187	38%	6 528	656	589
云南大学	10 189	0.90	3 663	36%	2 320	290	416
新疆大学	7 665	0.93	2 411	31%	1 809	97	191
汇总	148 160	—	45 606	31%	—	—	—

从发文数量来看,6所高校被收录的论文量均低于双一流A类高校论文的中位数(57 643篇),学术成果相对较少,在科研规模方面还有提升的空间。在这6所高校中,郑州大学、东北大学、湖南大学的发文总量较高,排名前三,而云南大学、新疆大学的发文量则较少,年均发文量不足1 000篇,科研产出相对较低,需要通过设定合理的科研目标与科研管理制度,尤其是健全科研成果激励制度,推动科学研究过程向科研成果转化。

从发文质量来看,借助CNCI值反映发表论文的被引情况,揭示论文在学术同行中的关注度和影响力,一定程度上与学术研究的质量与价值相关。

通过表3-2-3可以看出,湖南大学、西北农林科技大学、郑州大学的CNCI值都大于1,说明这三所高校的论文影响力高于全球平均水平,有相对优势,而东北大学、新疆大学、云南大学的CNCI值都小于1,说明在全球学术交流中略处于较劣势的地位,对于学术成果数量相对较少的高校,如云南大学、新疆大学来说,可以通过寻求国内外高校、研究机构的科研合作等方式,加强学术交流,提高整体的学术影响力。而对于学术成果规模较高但质量有所欠缺的高校,如东北大学,则需要优化学术评价体系,完善科研管理制度,不仅要注重论文数量,更要注重科研质量。

从开放获取程度来看,需要综合考虑OA论文数量和占比。图3-2-4表现出我国双一流B类高校整体开放获取趋势不断提高,OA论文占比从2012年的16%到2022年的38%,尤其是2016—2017年的OA论文占比提升最快,这可能跟世界范围内开放获取相关政策、倡议的推动,学术社区的广泛呼声有关。

图3-2-4 中国大陆双一流B类高校OA论文趋势

图3-2-5展示了各个高校的开放获取进程的具体情况。郑州大学OA论文数量和比例都处于领先地位,OA论文占比达到41%,接近双一流A类高校2022年的总体水平,可见其开放获取的进程较快。同时,西北农林科技

大学、云南大学的 OA 论文占比也较高,而相比之下,东北大学、湖南大学的 OA 论文占比约在 20%,处于较低水平。在全球开放科学的整体大趋势下,可以适当加强开放科学与开放获取的宣传,提倡将科研成果传播到更广泛的受众,促进科学成果的广泛共享与持续进步。

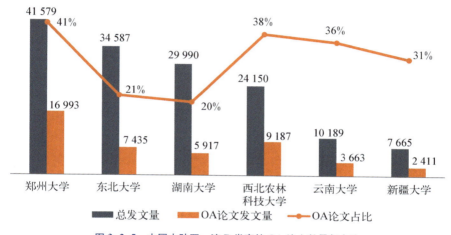

图 3-2-5 中国大陆双一流 B 类高校 OA 论文数量与占比

仅考虑金色 OA、混和 OA、仅绿色 OA 这三种不同类型的 OA 论文,图 3-2-6 和图 3-2-7 分别计算 6 所高校各 OA 类型论文数量占比和影响力。整体来看,金色 OA 论文的占比最高,基本在 70%—85% 之间,而这种类型的论文影响力最低,尤其是东北大学的金色 OA 论文的 CNCI 值仅为 0.72,但占比却高达 82%,说明有大量的论文虽然出版到开放获取期刊,但其论文质量不足、科研影响力差,提高金色开放获取发文反而对提升该校的学术声誉,促进学术交流水平无益。而绿色 OA 论文、混合 OA 论文的影响力因学校而异,郑州大学、东北大学、湖南大学的金色 OA 论文影响力较高,尤其是湖南大学的绿色 OA 论文占比较高,CNCI 值达到 2.23,在全球范围内具有较明显的影响力优势。对于西北农林科技大学、云南大学、新疆大学来说,则是混合 OA 更具有影响力的优势,这可能与不同学校在开放存储与开放出版政策上的差异有关,如是否提供领域知识库建设和倡导绿色存储,是否通过科研经费直接支持或限定出版期刊。

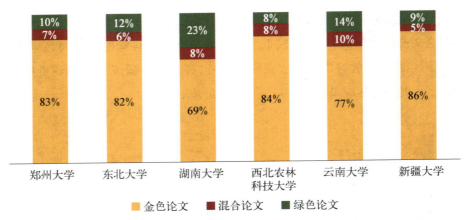

图 3-2-6 中国大陆双一流 B 类高校不同类型 OA 论文占比

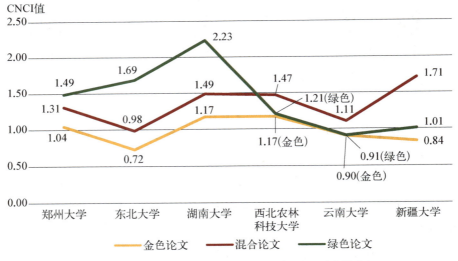

图 3-2-7 中国大陆双一流 B 类高校不同类型 OA 论文影响力

从学科分布来看,通过统计不同学科的发文数量,可以看出其学科分布情况,见图 3-2-8。不同于双一流 A 类高校以医学为主导学科,B 类高校在生物学方面的发文量比较突出。总体来看,发文量前十的学科与全国范围内的统计结果相同,也与双一流 A 类高校的统计结果相同,说明我国在开放获取发文量方面有相对比较稳定的学科规律。

然而,从发文质量方面,双一流 B 类高校的 CNCI 值虽然都大于 1,超过

第三章 中国高校机构群开放获取现况

图 3-2-8 中国大陆双一流 B 类高校 OA 论文学科分布

了全球所有机构的平均水平,但均低于全球高校的平均水平,说明作为我国高水平高校,尽管在这些研究规模较大的学科领域内取得了一定影响力,但与全球同类学术机构、同类 OA 论文相比仍显得不足。双一流 B 类高校中湖南大学、郑州大学、新疆大学正在推进化学为世界一流建设学科,而在十大发文学科中,化学、材料科学与工程的 CNCI 值与全球高校数值几乎持平,也反映出相关高校在优势学科上有较高发展潜力,有望超过世界高校平均水平,需要继续加快高质量学科建设。对于 OA 论文而言,同样需要注意研究规模与研究价值的平衡,推进重点学科冲击世界前列。

从 OA 论文的出版期刊来看,表 3-2-4 展示了我国双一流 B 类高校发表 OA 论文最多的 10 本期刊,均为金色期刊。其中,发文数量最多的是 *Scientific Reports*、*IEEE Access*、*Plos One*,发文量在 1 000 篇左右,与双一流 A 类高校发文量前三的期刊一致。根据期刊影响因子分区来看,Q1 分区 2 本,Q2 分区 8 本,热点论文与高被引论文数量较少。进一步通过学科规范

67

化引文影响力显示,7 本期刊的 CNCI 值小于 1,说明在这些期刊上发表的相当一部分论文影响力低于世界平均水平,论文质量相对不高。借助预警期刊名单,在发文量前 10 的期刊中,有 7 本被列为预警期刊(除了 Frontiers in Plant Science、International Journal of Molecular Sciences、Frontiers in Oncology),主要的预警机构包括中国科学院、中国科学技术信息研究所、中山大学附属第一医院、中南大学湘雅二医院等权威科学研究机构。科研工作者为了发文量任务选择罔顾学术质量、商业利益至上的开放获取期刊投稿,不仅对科研投入资源造成浪费,还严重背离了开放获取促进学术交流的初衷。这需要高校机构持续加强科研诚信建设,推动学术评价体系的改革,强调关注研究的质量、创新性和影响力,为学术界创造更加健康、积极的交流环境。

表 3-2-4　中国大陆双一流 B 类高校 OA 论文期刊分布

期刊名称	发文量	排名	JIF 分区	CNCI 值	热点论文	高被引论文
Scientific Reports	1 079	1	Q2	1.25	0	9
IEEE Access	995	2	Q2	0.84	0	5
Plos One	932	3	Q2	1.03	0	4
Frontiers in Plant Science	533	4	Q1	1.55	0	15
International Journal of Molecular Sciences	525	5	Q1	0.84	0	3
Sustainability	514	6	Q2	0.69	0	1
Rsc Advances	457	7	Q2	0.59	0	1
Frontiers in Oncology	414	8	Q2	0.73	0	0
Materials	397	9	Q2	0.54	0	0
Applied Sciences - Basel	394	10	Q2	0.58	0	0

此外,在这 10 本期刊中,双一流 B 类高校在 International Journal of Molecular Sciences、Frontiers in Plant Science 期刊方面发表的 OA 论文表现较好。不仅发文数量可观,而且在引用影响力方面超越了国际水平。对于这类双一流高校,特别是那些学科目标与期刊研究领域相契合的学校(例如西北农林科技大学的植物保护学科),应当着重把握开放科学为知识传播与学

术合作带来的机遇,通过扩大研究的开放性与影响力,不仅能够提升自身的学术声誉和地位,还能够加强科研成果的共享,加速创新和学术进步的步伐。

3.2.2 C9 联盟

九校联盟(C9 League 或者 China 9),简称 C9 或者 C9 联盟,是中国首个顶尖大学间的高校联盟,于 2009 年 10 月正式启动。联盟成员包括北京大学、清华大学、哈尔滨工业大学、复旦大学、上海交通大学、南京大学、浙江大学、中国科学技术大学、西安交通大学共 9 所高校。

尽管从 2016 年起,党中央、国务院提出了"双一流建设"总体战略部署,导致"C9 联盟"在官方文件中被提及的次数逐渐减少,但作为我国最早重点建设的一流大学,这 9 所学校依旧在人才培养、学科水平、办学质量、国际影响力等方面代表我国高等教育的头部水平。因此,将其作为一个机构群进行详细分析,探析我国高等教育体系的顶尖部分在开放获取方面的表现,显得至关重要且必要。

表 3-2-5 展示了 C9 基本发文情况。分别列示了已被 InCites 数据库收录的所有论文数量、所有论文的学科规范化引文影响力、OA 论文总数以及不同 OA 类型的论文总数。

表 3-2-5 中国大陆 C9 联盟基本发文情况

	发文量	CNCI 值	OA 论文	OA 占比	金色论文	混合论文	仅绿色论文
上海交通大学	126 057	1.15	46 889	37%	28 857	3 652	6 734
浙江大学	124 502	1.17	45 586	37%	29 019	3 362	6 471
清华大学	104 508	1.43	28 591	27%	14 396	2 521	6 861
北京大学	93 663	1.29	37 787	40%	20 146	3 469	6 907
复旦大学	79 990	1.21	35 876	45%	22 426	2 817	4 736
西安交通大学	74 752	1.08	21 600	29%	13 753	1 701	2 991
哈尔滨工业大学	74 095	1.09	15 055	20%	9 632	1 007	2 301

续表

	发文量	CNCI 值	OA 论文	OA 占比	金色论文	混合论文	仅绿色论文
中国科学技术大学	63 859	1.42	17 956	28%	8 159	1 523	5 148
南京大学	56 419	1.27	18 939	34%	10 416	1 595	3 408
汇总	797 845	—	268 279	34%	156 804	21 647	45 557

从发文数量来看,发文量前三的高校为上海交通大学、浙江大学、清华大学,均在100 000篇以上,9所高校的发文量中位数为79 990篇(复旦大学的发文数),不同高校之间的发文数量差异较大,如中国科学技术大学、南京大学的发文量是上海交通大学的半数左右。

从发文质量来看,依据CNCI值排名,前五的高校为清华大学、中国科学技术大学、北京大学、南京大学、复旦大学,CNCI值均在1.2以上。其中,清华大学在发文数量与质量方面都表现出色,充分展现了中国大陆顶尖科学研究水平。复旦大学无论是按照论文数还是CNCI值均排名第五,一定程度上说明其较好地平衡了研究规模与质量的关系。对比之下,发文数量排前两名的上海交通大学、浙江大学的CNCI值分别位列7、6名,科研成果规模庞大,但质量尚待提升。哈尔滨工业大学、西安交通大学则在CNCI值排序中位列8、9名,且CNCI值尚未达到1.1,反映其在国际学术环境中,顶尖大学的科研水平优势并没有获得较好的发挥,影响力仅略高于世界平均水平。

从OA论文体量来说,数量排前3名的高校是上海交通大学、浙江大学、北京大学,不同高校的OA论文数量同样差异较大,上海交通大学的OA论文数量比哈尔滨工业大学的3倍还多。

进一步地,通过OA论文数量占总发文量的比例,来衡量整体开放获取进程。图3-2-9展示了2012年至2022年OA论文占比情况,11年间,OA论文占比翻一倍,从21%跃升至42%。与之前机构群的分析相似,在2014年至2017年OA论文占比有较明显的提升。这可能由于国家自然科学基金委员会和中国科学院于 2014 年颁布相关政策,要求受资助项目科研论文实行开放获取,存储于相应的知识库中,供全社会开放获取。

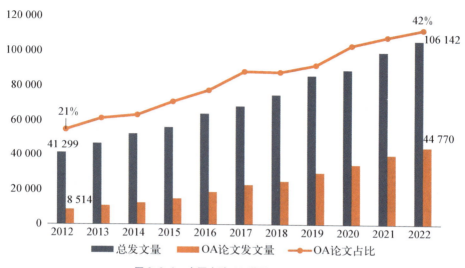

图 3-2-9 中国大陆 C9 联盟 OA 论文趋势

图 3-2-10 讨论了不同高校在开放获取进程上的差距。汇总 11 年的数据,C9 高校的 OA 论文占比为 34%。复旦大学 OA 论文占比尤其突出,为 45%,北京大学的 OA 论文占比为 40%,排名第二。而西安交通大学(29%)、中国科学技术大学(28%)、清华大学(27%)、哈尔滨工业大学(20%)则低于平均水平,这几所高校在理工科领域有明显的突出优势,在时间窗口的早期,科研工作者可能受到传统学术评价体系的影响,更愿意寻求顶级期刊、顶级会议等传统付费出版模式,加之科研成果转化依赖知识产权等限制,对于部分研究不愿意完全公开。而随着开放科学的学术氛围愈加浓厚,特定领域知识库转向完全开放或部分开放获取,如 arXiv(以物理学、数学、计算机科学、量子物理等为主要领域的预印本知识库)、PubMed Central(生命科学和医学领域的文献数据库),学者们需要更快、更广地分享研究成果,以获得同行研究人员的验证与反馈,对于开放获取的接受程度不断提高。图 3-2-11 提供了部分高校 OA 论文占比随年份的变化情况,从整体对比上基本符

合这一点。清华大学、中国科学技术大学、西安交通大学的 OA 论文占比在最新一年也超过了 30%。

图 3-2-10　中国大陆 C9 联盟 OA 论文数量与占比

图 3-2-11　中国大陆 C9 高校（部分）OA 论文占比趋势

仅考虑金色 OA、混合 OA、仅绿色 OA 这三种不同类型的 OA 论文，图 3-

2-12 和图 3-2-13 分别展示了 9 所高校这三种 OA 论文占比与影响力。就 9 所学校整体而言,金色 OA 论文数量最多,CNCI 值最低。绿色 OA 论文数量次之,CNCI 值最高。混合 OA 论文数量占比最少,引文影响力介于两者之间。混合 OA 论文的 CNCI 值高于 1,说明其影响力超过全球平均水平,而绿色 OA 论文的 CNCI 值显著较高,说明这部分存储于机构知识库、领域知识

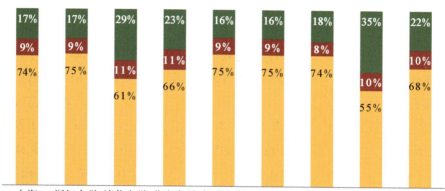

图 3-2-12　中国大陆 C9 联盟不同类型 OA 论文占比

图 3-2-13　中国大陆 C9 联盟不同类型 OA 论文影响力

库、学术社交网络上的科研成果由于访问受限较少或不受限,获得了更广泛的传播,间接提升了影响力,例如清华大学自主开发的学术社交平台 Aminer,为国内外计算机科学、人工智能相关领域的论文搜索与发现提供便利。

通过对比不同高校在三种 OA 论文类型上的差距,可以发现,清华大学和中国科学技术大学绿色 OA 论文数量占比很高,分别为 29% 和 35%,这部分论文的影响力也较高,CNCI 值超过 2.5,说明两校在世界范围内同类型论文中有十分突出的影响力优势,这也与表 3-2-5 两校所有论文 CNCI 值排名领先相吻合,反映其论文质量总体较高,且 OA 类型结构合理,绿色 OA 论文表现突出。对比之下,金色 OA 论文数量占比较高的高校有复旦大学、西安交通大学、哈尔滨工业大学、上海交通大学、浙江大学,均为 75% 左右,但 CNCI 值仅在 1 左右,几乎与世界平均水平持平,甚至哈尔滨工业大学不及世界平均水平,这与这些学校一流高校的定位存在一定的偏差,警示相关高校需要以科研质量为先,优化 OA 论文结构,选择合适的 OA 类型,在保证论文广泛传播的同时,不能忽视对科研成果质量的审查,以营造一个健康、可持续的学术交流环境。

从学科分布来看,图 3-2-14 统计了 C9 高校联盟 OA 论文的学科分布,在学科排名上,与双一流 A 类高校保持一致。由表 3-2-5 可知,C9 联盟共发表 OA 论文 268 279 篇,计算可知,临床医学、基础医学的 OA 论文占比为 38%。进一步检索世界范围内高校 OA 论文集、世界范围内高校所有论文(开放获取和非开放获取论文)集的学科分布情况,基本以临床医学、基础医学、生物学、化学、物理学等学科为主要发文学科。这表明高等院校整体十分重视临床医学和基础科学领域。前者涵盖了人类健康与医疗领域,其科研成果在实际应用中具有重要的价值和社会影响,而后者则在科学发展过程中扮演着不可或缺的基础角色。从发文影响力来看,C9 高校的 OA 论文表现出较高的质量,CNCI 值均高于全球高校和我国双一流 A 类高校,表现出其 OA 论文有一定的质量基础。其中,计算机科学与技术和数学领域的 CNCI 值尤其高,达到 2.5 以上,说明我国 C9 高校具备明显优势地位。

图 3-2-14 中国大陆 C9 联盟 OA 论文学科分布

从 OA 论文的出版期刊来看,表 3-2-6 展示了我国 C9 高校联盟 OA 论文最多的 10 本期刊,前 9 本为金色期刊,*Physical Review B* 为混合期刊。其中,发文数量最多的是 *Scientific Reports*、*Plos One*,这与我国整体水平、双一流高校的情况一致,发文量第三的期刊为 *Nature Communications*。根据期刊影响因子分区来看,Q1 分区仅占 1 本。热点论文和高被引论文总体数量不多。除了 *Nature Communications*、*Optics Express* 外的期刊 CNCI 值均不高,在 0.7—1.2 左右,对于 CNCI 值低于 1 的期刊,说明其整体发文影响力不高,较少得到学界的关注与引用。对照预警期刊名单,非预警期刊为 4 本,包括 *Nature Communications*、*Optics Express*、*Frontiers in Oncology*、*Physical Review B*,分别是综合类、光学、肿瘤学、物理学领域的学术期刊,其余 6 本为预警期刊,基本表现出发文量较大、影响因子不高、投稿接受率较高等特点,往往缺少严谨的同行评审流程,以追求经济利益为目的。作为我国高校顶尖水平的 C9 高校联盟,有必要加强在科研诚信方面的建设,规范成果发表,从而避免滥竽充数的出版对学术声誉造成不良影响。同时,需要审视自身科研管理建设,尤其是学术评价体系,避免通过开放获取、预警期刊发表等堆砌成果数量,使科研成果能够真正体现学术和社会价值,承担起我国一流大学在科研价值导向的引领作用。

表 3-2-6　中国大陆 C9 联盟 OA 论文期刊分布

期刊名称	发文量	排名	JIF 分区	CNCI 值	热点论文	高被引论文
Scientific Reports	6 641	1	Q2	1.23	0	47
Plos One	5 181	2	Q2	0.97	0	19
Nature Communications	3 206	3	Q1	4.23	10	452
Optics Express	3 159	4	Q2	1.32	0	16
IEEE Access	2 908	5	Q2	0.86	0	18
Medicine	2 083	6	Q3	0.49	0	1
Frontiers in Oncology	2 055	7	Q2	0.70	0	3
Oncotarget	2 055	7		0.77	0	1
Sensors	1 920	9	Q2	0.79	0	3
Physical Review B	1 682	10	Q2	1.00	0	24

3.2.3　E9 联盟

卓越大学联盟(Excellence 9,E9),全称卓越人才培养合作高校联盟,由 9 所工信部和教育部直属的世界一流大学中具有理工科特色的高校组成。E9 联盟主要目标是整合各大高校之间的资源优势,共同培养顶尖的理工科人才。成员包括同济大学、北京理工大学、重庆大学、大连理工大学、东南大学、哈尔滨工业大学、华南理工大学、天津大学、西北工业大学。C9 联盟聚集了中国大陆头部的综合性大学,而 E9 联盟则代表了中国大陆高校理工科的最顶尖水平,因此,在分析了顶尖综合性院校的开放获取情况后,有必要选取 E9 联盟深入探析理工科高校开放获取的发展水平与发展趋势。

第三章 中国高校机构群开放获取现况

图 3-2-15 直观展示了 2012 年至 2022 年间 E9 高校 OA 论文占比趋势，比起 C9 高校 OA 论文占比从 21% 提高至 42%，E9 高校开放获取的发展起点偏低，仅为 13%，2022 年已提高至 30%。2016 年至 2017 年 OA 论文占比有较明显的提升，同时 2020 年至 2021 年出现异常的回落。

图 3-2-15　中国大陆 E9 联盟 OA 论文趋势

表 3-2-7 展示了 E9 高校基本发文情况。分别列示了已被 InCites 数据库收录的所有论文数量、所有论文的学科规范化引文影响力、OA 论文总数以及不同 OA 类型的论文总数。

表 3-2-7　中国大陆 E9 联盟基本发文情况

	发文量	CNCI 值	OA 论文	OA 占比	金色论文	混合论文	仅绿色论文
哈尔滨工业大学	74 095	1.09	15 055	20%	9 632	1 007	2 301
天津大学	60 013	1.12	13 447	22%	7 963	968	2 458
同济大学	59 344	1.11	19 560	33%	13 105	1 323	2 272
东南大学	58 867	1.08	16 423	28%	10 949	941	2 518
华南理工大学	50 348	1.28	11 168	22%	7 262	677	1 686

续表

	发文量	CNCI 值	OA 论文	OA 占比	金色论文	混合论文	仅绿色论文
大连理工大学	46 193	1.14	9 497	21%	5 570	700	1 711
北京理工大学	44 534	1.15	10 530	24%	6 758	685	1 859
西北工业大学	42 723	1.18	9 874	23%	6 104	888	1 678
重庆大学	41 916	1.16	10 461	25%	7 120	532	1 461
汇总	478 033		116 015	24%	74 463	7 721	17 944

从发文数量来看，前四的高校为哈尔滨工业大学、天津大学、同济大学、东南大学，均在 59 000 篇以上，9 所高校的发文量中位数为 51 033 篇。哈尔滨工业大学同时隶属于 C9 联盟，其发文数在 E9 联盟远高于其他八所学校。除哈尔滨工业大学，E9 联盟中的其他高校在 2012—2022 年发文数量区间为 42 000—61 000 篇。

从发文质量来看，E9 高校发文 CNCI 值均超过 1，可见 E9 高校置于全球范围内科学研究水平毫不逊色，有一定的竞争力。CNCI 值排名前五的高校为华南理工大学、西北工业大学、重庆大学、北京理工大学、大连理工大学。华南理工大学 CNCI 值为 1.28，远高于第二名西北工业大学的 1.18，而排名较高的几所高校均以工科见长，侧面反映了工科论文影响力更高。哈尔滨工业大学、东南大学发文量虽多，但 CNCI 值均低于 1.1，还需提高发文质量。

从 OA 论文体量来说，数量排前 3 名的高校是同济大学、东南大学、哈尔滨工业大学，该排名与发文数量排名大体相同。其中同济大学发文总数中等，但 OA 论文数量最多，并大幅领先第 2 名，而天津大学整体发文数量虽多为第 2 名，OA 论文数量仅是第 4 名。

图 3-2-16 展示了 E9 高校开放获取进程的差距。2012—2022 年间，E9 高校的 OA 论文占比为 24% 左右，低于 C9 的 33%。其中，同济大学 OA 论文占比最高，为 33%，东南大学 OA 论文占比为 28%，排名第二，天津大学(23%)、西北工业大学(23%)、华南理工大学(22%)、大连理工大学

(21%)、哈尔滨工业大学(20%)均低于 E9 高校平均水平。可以看到,哈尔滨工业大学发文数量多,但学科影响力和开放获取论文占比较低。此前对 C9 进行分析时,认为理工科高校整体开放进度较慢,OA 论文占比低于综合类高校,主要是因为早期不愿意完全公开部分研究,随着开放科学进程加快,逐步接受开放获取运动,E9 高校的开放情况与趋势侧面验证了这一猜测。

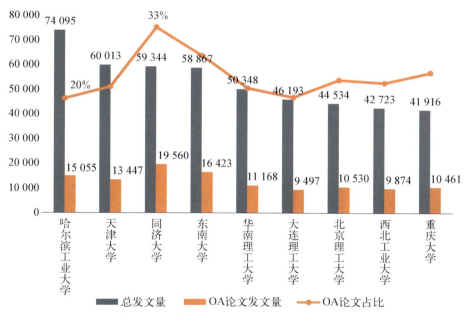

图 3-2-16 中国大陆 E9 联盟 OA 论文数量与占比

图 3-2-17 展示了 E9 高校 OA 论文占比的变化趋势,提高速度最快的为同济大学(从 18.0%提升至 41.7%)与华南理工大学(从 9.5%提升至 29.5%),大连理工大学开放获取的起步情况在 E9 高校中位于中等,但发展速度最慢(从 11.9%提升至 23.4%),近 11 年其 OA 论文占比仅提高了 11.5%,目前 OA 论文占比在 E9 高校位于最后一名。

仅考虑金色 OA、混合 OA、仅绿色 OA 这三种不同类型的 OA 论文,图 3-2-18 和图 3-2-19 分别展示了 E9 高校三种 OA 论文的数量占比与影响力。

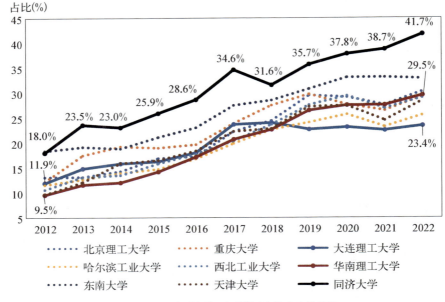

图 3-2-17 中国大陆 E9 联盟 OA 论文占比趋势

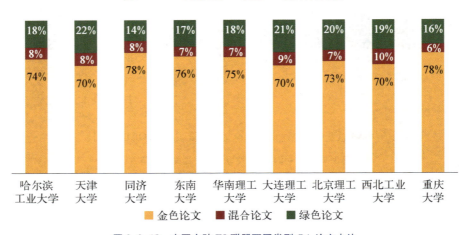

图 3-2-18 中国大陆 E9 联盟不同类型 OA 论文占比

E9 高校的 OA 情况与 C9 相似,也呈现金色 OA 论文占比高、影响力低,绿色 OA 论文影响力最高,混合 OA 论文占比最少的特征。E9 高校金色 OA 论文数量最多,数量占比在 70%—78% 之间,相比 C9 会更集中于金色 OA 期刊;绿色 OA 论文数量次之,占比 14%—22% 之间;混合 OA 论文数量占比在

6%—10%之间。九所高校的金色 OA 论文 CNCI 值基本与 1 持平,部分高校略低于 1,说明其影响力接近世界高校平均水平,而绿色 OA 论文的 CNCI 值虽然不如 C9,在世界范围内仍处于较高水平。

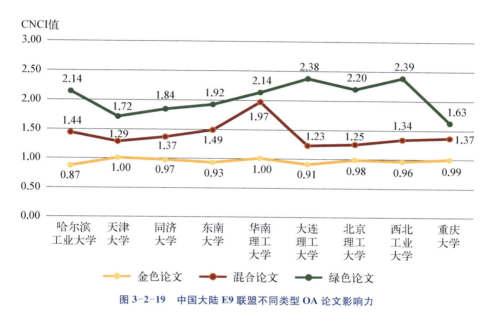

图 3-2-19　中国大陆 E9 联盟不同类型 OA 论文影响力

虽然 E9 高校不同 OA 类型占比上有相同的结构(金色论文占比最高,绿色论文占比次之,混合论文占比最低),但不同高校 OA 论文的影响力仍存在差异。哈尔滨工业大学在 CNCI 值的表现上并没有体现中国大陆顶尖高校的水准,其金色 OA 论文 CNCI 值不仅低于世界平均水平,在 E9 高校中也是最低的,而绿色 OA 论文和混合 OA 论文的 CNCI 值在 E9 高校中仅是中等水平。天津大学金色 OA 论文影响力在 E9 高校中表现较好,但绿色 OA 论文、混合 OA 论文都低于 E9 高校平均水平,重庆大学与天津大学有相同的问题,可以考虑优化调整论文发表相关政策,引导提升学术成果质量。华南理工大学、西北工业大学分别在混合 OA 论文、绿色 OA 论文的 CNCI 值排序中获得第一名,可以结合两校在开放获取发展中的政策,分析如何在保障发文量的基础上提高 OA 论文影响力。

从学科分布来看,图 3-2-20 统计了 E9 联盟 2012—2022 年间 OA 论文的学科分布,OA 论文发文数前十名的学科囊括理科、工科、医科,论文主要集中在化学、材料科学与工程、物理学三个学科。由于 OA 论文引用优势,一般基础理论学科不涉及研究成果或技术保密,发文更倾向于开放获取的形式。其他学科如计算机科学与技术、生物学、石油与天然气工程、临床医学等发文数量都比较相近,虽然 E9 高校均是理工科强校,但医学领域 OA 论文数量依旧排进了学科前十,主要是医学领域比其他领域更重视知识的免费获取与及时传播,使得其开放运动不断加速。

图 3-2-20　中国大陆 E9 联盟 OA 论文学科分布

从发文影响力来看,E9 高校的 OA 论文表现出较高的质量,大部分学科 CNCI 值高于全球高校水平。其中,计算机科学与技术、数学、生物学的 CNCI 值尤其高,达到 1.6 以上;石油与天然气工程、临床医学、基础医学、信息与通信工程四个学科的 CNCI 值明显低于全球高校,这几个学科还需要不断提高发文质量。

从 OA 论文的出版期刊来看,表 3-2-8 展示了我国 E9 高校联盟 OA 论文最多的 10 本期刊,10 本期刊均为金色期刊,与 C9 发文期刊前十名有 50%

的重合。E9 高校发文最多的 OA 期刊前十名中没有 Q1 分区期刊,大部分为 Q2 分区,发表的 OA 论文中没有热点论文,虽有高被引论文但数量较少。除了 *Optics Express*、*Scientific Reports* 外,其他期刊的 CNCI 值均低于 1,说明 E9 高校大多数 OA 论文刊登的期刊影响力都较低,较少得到学界的关注与引用。对照预警期刊名单,非预警期刊仅 1 本,为 *Optics Express*,其余 9 本为预警期刊,与 C9 相比,预警期刊数更多。

表 3-2-8 中国大陆 E9 联盟 OA 论文期刊分布

期刊名称	发文量	排名	JIF 分区	CNCI 值	热点论文	高被引论文
IEEE Access	4 409	1	Q2	0.84	0	11
Sensors	2 105	2	Q2	0.84	0	6
Applied Sciences - Basel	1 892	3	Q2	0.52	0	0
Optics Express	1 891	4	Q2	1.41	0	13
Scientific Reports	1 821	5	Q2	1.25	0	13
Energies	1 765	6	Q3	0.39	0	3
Sustainability	1 531	7	Q2	0.64	0	0
Materials	1 486	8	Q2	0.56	0	1
Mathematical Problems in Engineering	1 486	8		0.41	0	1
Rsc Advances	1 379	10	Q2	0.59	0	5

前文分析了中国大陆双一流 A 类高校、双一流 B 类高校、C9 联盟、E9 联盟的 OA 论文情况,图 3-2-21 对比了四个机构群在 2012—2022 年间 OA 论文占比的增长趋势,可以看到四个机构群的增长走势相近,增长幅度存在差异。C9 发展起点高,增长势头迅猛,近 11 年增长了 21.6%;E9 联盟受到学科特征影响,起点最低,且增长幅度在四个机构群中仍是最后一名,只有 17.5%;双一流 A 类在 2019 年逼近 C9,但后续增长势头不足;双一流 B 类整体发展水平低于双一流 A 类,但增长势头较好,B 类高校 OA 论文占比 11 年间增长了 22.2%,在四个机构群中是第一名。

图 3-2-21 中国大陆不同高校联盟 OA 论文占比发展趋势

3.3 中国香港地区高校

香港八大公立大学指香港政府资助的八所高等教育机构,综合水平远超香港其他高校,因此,本节选取香港八大公立大学代表中国香港地区高校,其中 7 所学校被 2024 年 QS 世界大学排名记录。八所院校分别为香港大学(26 名)、香港中文大学(47 名)、香港科技大学(60 名)、香港理工大学(65 名)、香港城市大学(70 名)、香港浸会大学(295 名)、岭南大学(641—650 名)、香港教育大学(无排名)。有 5 所高校位于 QS 排名前 100 名,可见香港高校整体实力远超澳门与台湾地区。同时,这八所高校分别与中国大陆顶级学府合作,成立"沪港大学联盟""京港大学联盟"等多家高校联盟,与大陆高校有着密切的交流合作。

表 3-3-1 展示了香港高校基本发文情况,分别列示了已被 InCites 数据库收录的所有论文数量、所有论文的学科规范化引文影响力、OA 论文总数以及不同 OA 类型的论文总数。结合图 3-3-1 可以对比中国香港地区高校开放获取进程的差距。

第三章 中国高校机构群开放获取现况

表 3-3-1 香港高校基本发文情况

	发文量	CNCI 值	OA 论文	OA 占比	金色论文	混合论文	仅绿色论文
香港大学	42 285	1.47	17 302	41%	7 769	1 677	4 444
香港中文大学	35 399	1.7	13 263	37%	6 026	1 199	3 034
香港理工大学	30 625	1.58	10 989	36%	4 656	685	4 570
香港城市大学	24 912	1.59	5 982	24%	2 978	507	1 647
香港科技大学	19 261	1.81	6 006	31%	2 014	552	2 615
香港浸会大学	8 107	1.44	2 528	31%	1 435	214	509
香港教育大学	4 847	1.46	1 073	22%	503	107	205
岭南大学	1 585	1.25	329	21%	110	37	111
汇总	167 021	—	57 472	34%	25 491	4 978	17 135

图 3-3-1 香港高校 OA 论文数量与占比

从发文数量来看,前三名高校为香港大学、香港中文大学、香港理工大学,都是排名较高的学校,而排名低的香港浸会大学、香港教育大学、岭南大学近 11 年发文数不到 10 000 篇,尤其岭南大学年均发文仅 100 余篇,港校之间科研水平的差距比较明显。此外,香港高校发文数普遍低于大陆,8所高校的发文量中位数为22 086篇,与双一流B类高校发文数相近。

从发文质量来看,8所港校发文CNCI值均超过1,CNCI值排名前五的高校为香港科技大学、香港中文大学、香港城市大学、香港理工大学、香港大学。排名较高的几所港校没有明显的学科偏好,有以理工为特色的高校,也有以文科为优势学科的高校。发文数最少、影响力最低的岭南大学CNCI值也达到了1.25,影响力最高的香港科技大学CNCI值甚至达到了1.81,同期大陆C9影响力最高的清华大学CNCI值是1.42,可见港校在全球研究成果竞争力远超大陆,整体质量都很高。本章3.1节提出香港高校与国际交流合作更紧密,可以解释中国香港地区高校CNCI值普遍较高的现象。

从OA论文体量来说,数量最多的三所高校是香港大学、香港中文大学、香港理工大学,OA论文数量排名与发文数量排名基本一致。香港理工大学与香港科技大学QS排名相近,且香港科技大学排名更前,但发文数量、OA论文占比都低于香港理工大学,主要是因为香港科技大学以理工科为主,而香港理工大学优势学科不仅包括理工科,还包括了设计类、管理类等学科,发文多且倾向于发表在OA期刊上。

2012—2022年间香港高校的OA论文占比为34%,与C9相仿。其中,香港大学OA论文占比最高,为41%,香港中文大学和香港理工大学紧随其后,OA论文占比分别为37%、36%,香港城市大学(24%)、香港教育大学(22%)、岭南大学(21%)远低于港校平均水平。可以看到香港高校OA论文占比主要是被香港大学拉高的。

仅考虑金色OA、混合OA和仅绿色OA这三种不同类型的OA论文,港校有一个明显特征,金色OA论文占比为54%(由表3-3-1计算),远低于大陆、澳门地区、台湾地区,香港地区高校学者呈现更愿意选择绿色OA的特征。图3-3-2和图3-3-3分别展示了香港高校三种OA论文的数量占比与影响力。

从论文数量上来看,八所港校的OA论文依旧以金色OA论文为主,但比例波动较大,在39%—67%之间浮动,绿色OA论文同样存在一定波动,在24%—51%之间浮动。香港高校的绿色OA论文占比远高于大陆、澳门地区、台湾地区，与香港地区机构库建设发展良好相关，除岭南大学，7 所香港高校都开发了学术机构知识库，最早的开发于 2003 年。对于香港学术界，没有学术出版压力的情况下，绿色 OA 是更便捷的选择。

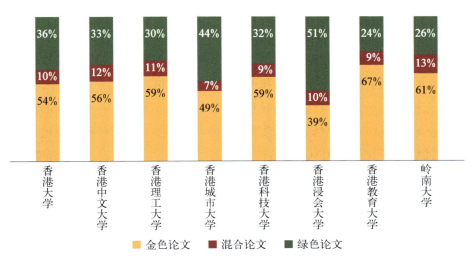

图 3-3-2　香港高校不同类型 OA 论文占比

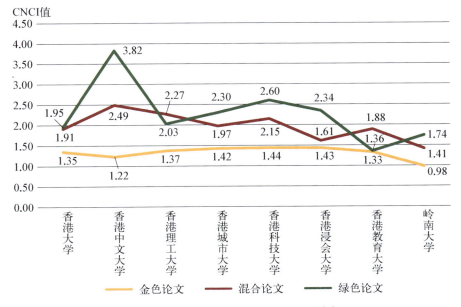

图 3-3-3　香港高校不同类型 OA 论文影响力

大部分香港高校的 OA 类型结构为金色 OA、绿色 OA、混合 OA，数量占比大致为 5∶3∶1，而香港城市大学和香港浸会大学 OA 类型结构与其他院校不同，前者金色 OA 和绿色 OA 比例对半，后者绿色 OA 论文占比过半，远超金色 OA 论文，这可能与学校的优势学科、开放获取政策等因素有关。

从论文质量上来看，香港高校 OA 论文影响力都较好。除了岭南大学，其他香港高校金色 OA 论文的 CNCI 值均高于 1.2，优于大陆 C9 高校的表现，而港校绿色 OA 论文影响力和混合 OA 论文影响力整体差异较小，与大陆的三种 OA 类型 CNCI 值有明显梯度的表现不同。香港中文大学的绿色 OA 论文与混合 OA 论文影响力均是八校榜首，绿色 OA 论文的 CNCI 值达到 3.82，混合 OA 论文的 CNCI 值达到 2.49，远超大陆 C9 高校，与其教育实力、国际合作、强势学科有关。香港理工大学、香港教育大学的绿色 OA 论文影响力要低于混合 OA 论文，香港大学两者影响力几乎持平，香港理工大学以工程类、管理类学科见长，香港教育大学以教育学、心理学、社会学等学科见长，而香港大学排名较高的学科涉及牙科、教育培训、社会学、地理学、文学、法学等；教育学、文学、管理学都有发文量多被引少的特征，可能会拉低三所学校 OA 论文的 CNCI 值。其他几所香港高校引文影响力表现与 C9 高校相仿。

从学科分布来看，图 3-3-4 统计了香港高校 2012—2022 年间 OA 论文的学科分布，OA 论文发文数前十名的学科以医学为主，集中在临床医学、生物学、基础医学三个学科，近 11 年间临床医学发文数超过 12 000 篇，断层领先于其他学科，再次佐证了前文对医学领域开放获取进展较快的判断，说明这一点与地域无关。除了医学，物理学表现强势，其他学科如化学、计算机科学与技术、材料科学与工程、公共卫生与预防医学、环境科学与工程等学科发文数都比较相近。虽然上文发现香港中文大学科研成果数量、质量都表现优秀，但整体上港校 OA 论文学科依旧以理、工、医为主。

从发文影响力来看，港校 OA 论文均比较优质，发文 Top10 学科 CNCI 值均远超全球高校水平。其中，数学学科 CNCI 值尤其高，达到 6.2；计算机科学与技术、物理学、生物学同样表现出众，CNCI 值均在 3 以上，体现了港校在基础科学与计算机领域中强劲的科研实力。大陆高校可以优先考虑与港校在这几个领域深化科研交流,加强科研合作,提高本校学术水平与影响力。

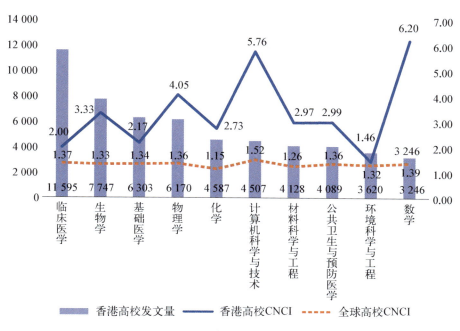

图 3-3-4　香港高校 OA 论文学科分布

从 OA 论文的出版期刊来看,表 3-3-2 展示了香港高校 OA 论文最多的 10 本期刊,均是金色期刊。其中,发文数量最高的是 *Plos One*、*Scientific Reports*,与大陆发文期刊重合度较高。根据期刊影响因子分区来看,Q1 分区有 3 本,说明港校发文质量普遍较好,但热点论文极少。大部分期刊论文的影响力不高,有部分期刊的发文质量与全球平均水平有较大差距,如 *Hong Kong Medical Journal* 是香港当地创办的期刊,其影响力最低,仅 0.46;*Nature Communications* 影响力最高,达到 4.77,香港高校在该期刊的发文数量中等,但产出了 2 篇热点论文,93 篇高被引。对照大陆的预警期刊名单,有 5 本期刊被列为预警期刊,分别是 *Plos One*、*Scientific Reports*、*International Journal of Environmental Research and Public Health*、*Ieee Access*、*Sustainability*,均为被多家机构认定为需要科研人员谨慎选择的出版物。其余非预警期刊,除了由香港当地创办的 *Hong Kong Medical Journal*,其余以生物学、物理光学、心理学为主。

表 3-3-2　香港高校 OA 论文期刊分布

期 刊 名 称	发文量	排名	JIF 分区	CNCI 值	热点论文	高被引论文
Plos One	1 235	1	Q2	0.97	0	1
Scientific Reports	1 209	2	Q2	1.28	0	11
International Journal of Environmental Research and Public Health	768	3		1.03	0	4
Nature Communications	577	4	Q1	4.77	2	93
Hong Kong Medical Journal	433	5	Q2	0.46	0	0
Optics Express	400	6	Q2	1.42	0	2
Frontiers in Psychology	382	7	Q1	1.18	0	0
International Journal of Molecular Sciences	375	8	Q1	0.86	0	7
Ieee Access	368	9	Q2	1.07	0	2
Sustainability	340	10	Q2	0.80	0	0

3.4　中国澳门地区高校

通过 InCites 数据库检索 2012—2022 期间有发文的高校，发现中国澳门地区的高校共出现 7 所，近 11 年总发文量为 18 601 篇。澳门大学、澳门科技大学是科研成果产出的主要力量，具体信息见表 3-4-1。其余 5 所高校每所高校的总发文量均低于 1 000 篇，总体数量较少，本节不做进一步分析，关于澳门大学的开放获取情况可见 3.1 节。

表 3-4-1　澳门高校（部分）基本发文情况

	发文量	CNCI 值	OA 论文	金色论文	混合论文	绿色论文
澳门大学	12 164	1.48	3 527	2 217	176	636
澳门科技大学	4 860	1.27	1 931	1 358	93	210

第三章 中国高校机构群开放获取现况

3.5 中国台湾地区高校

通过 InCites 数据库检索 2012—2022 期间有发文的高校,发现中国台湾地区共出现 96 所,近 11 年总发文量为 358 305 篇。根据 2024 年 QS 世界大学排名,本节将选取排名前 10 的高校,代表台湾地区综合水平最高的 10 所高校。分别为台湾大学(69 名)、台湾阳明交通大学(217 名)、台湾成功大学(228 名)、台湾清华大学(233 名)、台湾科技大学(387 名)、台北科技大学(431 名)、台湾师范大学(431 名)、台湾中山大学(505 名)、台湾政治大学(567 名)、台北医学大学(577 名)。10 所高校总发文量达到 182 396 篇,占总发文量的 51%,有较好的代表性。

表 3-5-1 展示了台湾 10 所高校基本发文情况,分别列示了已被 InCites 数据库收录的所有论文数量、所有论文的学科规范化引文影响力、OA 论文总数以及不同 OA 类型的论文总数。

表 3-5-1 中国台湾地区高校基本发文情况

	发文量	CNCI 值	OA 论文	OA 占比	金色论文	混合论文	仅绿色论文
台湾大学	50 632	0.93	19 526	39%	11 386	1 502	3 114
台湾阳明交通大学	33 620	0.82	13 072	39%	8 572	1 202	1 276
台湾成功大学	27 434	0.78	9 007	33%	6 371	567	756
台湾清华大学	17 390	0.92	4 417	25%	2 417	412	965
台北医学大学	13 191	0.84	7 239	55%	5 479	320	371
台湾科技大学	11 161	0.93	2 187	20%	1 622	85	257
台湾中山大学	9 957	0.80	2 908	29%	2 175	161	271
台北科技大学	8 771	0.82	2 332	27%	1 799	138	110
台湾师范大学	7 076	0.92	2 126	30%	1 464	197	226

续表

	发文量	CNCI 值	OA 论文	OA 占比	金色论文	混合论文	仅绿色论文
台湾政治大学	3 164	0.79	607	19%	306	55	124
汇总	182 396	—	63 421	35%	—	—	—

从发文数量看,发文量前五的高校为台湾大学、台湾阳明交通大学、台湾成功大学、台湾清华大学、台北医学大学,发文数量均达到了 13 000 篇以上。其中排名最高的台湾大学,总发文数量超过了 50 000 篇,这一数值超过了大陆双一流 B 类高校最高的发文量,但不及双一流 A 类高校的中位数(57 643 篇),这可能由于台湾地区高校在科研人才规模、学术研究氛围等与大陆高校存在一定差异。

从发文质量来看,台湾大学、台湾科技大学、台湾师范大学、台湾清华大学的引文影响力排名较高,在 0.92 及以上,但其数值小于 1,说明其引文影响力相比世界平均水平略显不足。其余高校的 CNCI 值在 0.9 以下,说明台湾高校整体学术论文的质量欠佳。

从 OA 论文体量来说,数量前三的学校有台湾大学、台湾阳明交通大学、台湾成功大学,与发文总量的排名一致。从图 3-5-1 展示的 OA 论文占比来看,台北医学大学比例最高,达到了 55%,甚至超过了大陆所有双一流高校的 OA 论文占比,主要是由于该校作为医科专门类高校的特殊定位。基于前述分析,医学领域的开放获取进展迅速,OA 论文占比较高,因此该校的开放获取进程远超其他学校。

仅考虑金色 OA、混合 OA 和仅绿色 OA 这三种不同类型的 OA 论文,图 3-5-2 和图 3-5-3 分别展示了三种 OA 论文的数量占比和影响力情况。金色 OA 论文数量占比最高,比例波动较大,在 63%—89% 之间浮动,混合 OA 论文和绿色 OA 论文数量占比不高,也存在一定波动。另外,大部分台湾高校绿色 OA 论文占比明显高于混合 OA 论文占比,有个别学校两者占比接近,台北科技大学的绿色 OA 论文占比 5%,少于混合 OA 论文占比(7%),这

第三章 中国高校机构群开放获取现况

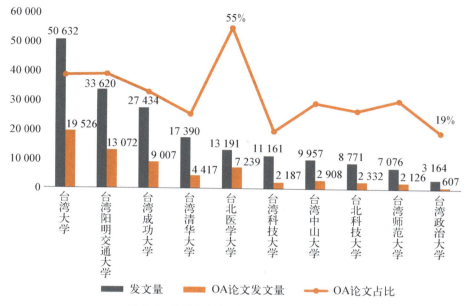

图 3-5-1 中国台湾地区高校 OA 论文数量与占比

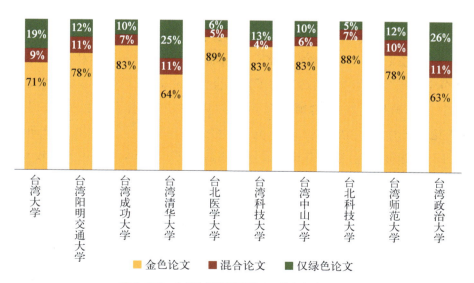

图 3-5-2 中国台湾地区高校 OA 论文各类型占比

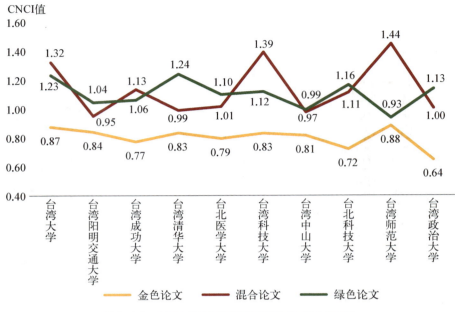

图 3-5-3　中国台湾地区高校不同类型 OA 论文影响力

可能与学校的开放获取政策、机构知识库的完备程度等管理和技术条件上的因素有关。

从论文质量上来看，金色 OA 论文引文影响力最低，数值均低于 1，混合 OA 论文和绿色 OA 论文影响力略高，但不同学校间的影响力相对大小不同。部分学校绿色 OA 论文的影响力不及混合 OA 论文，如台湾大学、台湾成功大学、台湾科技大学、台湾师范大学，这可以从出版主体角度去考虑，混合 OA 论文发表于订阅期刊中，只有其中一部分论文可以开放获取，这类期刊由于处于过渡阶段，通常有相对成熟的出版管理，论文推广和可见性较高。而绿色 OA 论文主要是存储于机构知识库或者领域知识库中，其传播依赖于知识库本身的完备度与声誉，有可能在学术社区中难以被发现，进而导致影响力有限。

从学科分布来看，图 3-5-4 统计了台湾高校 OA 论文的学科分布。发文数量前三的学科与大陆各高校群的情况一致，为临床医学、生物学、基础医学。而其他发文量较高的学科基本以理工科为主，相比大陆增加了公共卫生与预防医学、交叉学科两个领域,反映了台湾学者在跨学科领域的合作较多,与其特有的学术氛围与人才培养模式有关。从引文影响力来看,整体影响力较低,公共卫生与预防医学、计算机科学与技术的 CNCI 值略高于世界平均水平,但仍低于世界同类型高等院校。这需要高校积极关注 OA 论文影响力的提升,继续鼓励跨学科合作,以及加强学界交流与合作,提升科研质量与学术声誉。

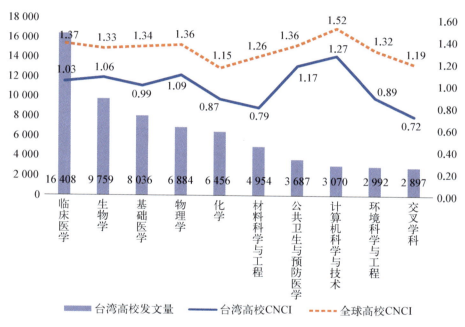

图 3-5-4　中国台湾地区高校 OA 论文学科分布

从 OA 论文的出版期刊来看,表 3-5-2 展示了台湾高校 OA 论文最多的 10 本期刊,除了 Journal of The Chinese Medical Association 为混合期刊外,其余均是金色期刊。其中,发文数量排前两名的是 Plos One、Scientific Reports,另外,IEEE Access、Optics Express 也是发文较多的期刊,这与大陆高校的发文情况相似。根据期刊影响因子分区来看,Q1 分区仅占 1 本。高被引论文极少。各期刊论文的影响力不高,有部分期刊的发文质量与全球平均水平有较大差距,如 Applied Sciences - Basel。对照大陆的预警期刊名单,有 6 本期刊被列为预警期刊，分别是 Plos One、Scientific Reports、IEEE Access、International Journal of Environmental Research and Public Health、Sensors、Applied Sciences-Basel，被中国科学院、中国科学技术信息研究所、中山大学附属第一医院等不同机构认定为需要科研人员谨慎选择的出版物。剩余4本非预警期刊中，2本期刊均由当地医学组织台湾医学会创办，分别是 Journal of The Formosan Medical Association、Journal of The Chinese Medical Association，前者2016年加入了开放获取行列，这一举措极大地提升了科研成果的可见性和透明度。然而，除了诸如发文的便利性和数量等外在指标之外，更需要关注学术影响力这一内在指标，加强科研合作，产生更为丰富、全面的研究成果，从而推动学术进步。

表3-5-2 中国台湾地区高校OA论文期刊分布

期刊名称	发文量	排名	JIF分区	CNCI值	热点论文	高被引论文
Plos One	2 694	1	Q2	0.79	0	6
Scientific Reports	2 598	2	Q2	0.93	0	8
Journal of The Formosan Medical Association	1 133	3	Q2	0.97	0	4
International Journal of Molecular Sciences	1 077	4	Q1	0.71	0	7
IEEE Access	833	5	Q2	0.75	0	1
Journal of The Chinese Medical Association	829	6	Q2	0.77	0	3
Optics Express	800	7	Q2	1.07	0	2
International Journal of Environmental Research and Public Health	735	8		0.70	0	1
Sensors	709	9	Q2	0.90	0	1
Applied Sciences-Basel	632	10	Q2	0.43	0	1

附录

附　录

本附录收集了中国大陆及港澳台地区共计 136 所高校的数据,选择的高校包括原"211"高校以及港澳台地区发文量在本地区居前 50% 的相关高校。数据收集的时间范围为 2012 年至 2022 年,仅包括由通讯作者或第一作者发表的文章。

附录统计了每个高校每年发表的论文数量,并按不同的开放获取类型进行了分类。同时还统计了每个高校的学科规范化引文影响力,以衡量其学术影响力。此外,附录还对每个高校发表的论文进行了主要学科领域的分类,分类标准采用 InCites 提供的中国国务院学位委员会学科分类 China SCADC Subject 77 Narrow 作为分类依据。

对于中国大陆的高校,根据 APCheck 网站提供的数据,估算了每个高校的年度 APC 费用,即作者支付给开放获取期刊的文章处理费用。其中,APCheck 网站未能提供的数据,本书以论文所属学科的均值作为测算依据。

为确保准确性和一致性,本书中所标注的每个高校的英文名均来源于 InCites 数据库。推荐读者使用该数据库的搜索功能进行核对,以获取更新的信息。

这些数据将有助于了解中国大陆及港澳台地区高校的研究产出和学术影响力,以及学科领域的分布情况。同时,对于中国大陆高校,还可以了解其开放获取出版的情况及费用情况。

中国高校开放获取论文发展蓝皮书（2012—2022年）

中国大陆

A

1. 安徽大学 Anhui University ······ 107

B

2. 北京大学 Peking University ······ 109
3. 北京工业大学 Beijing University of Technology ······ 111
4. 北京航空航天大学 Beihang University ······ 113
5. 北京化工大学 Beijing University of Chemical Technology ······ 115
6. 北京交通大学 Beijing Jiaotong University ······ 117
7. 北京科技大学 University of Science & Technology Beijing ······ 119
8. 北京理工大学 Beijing Institute of Technology ······ 121
9. 北京林业大学 Beijing Forestry University ······ 123
10. 北京师范大学 Beijing Normal University ······ 125
11. 北京体育大学 Beijing Sport University ······ 127
12. 北京外国语大学 Beijing Foreign Studies University ······ 129
13. 北京邮电大学 Beijing University of Posts & Telecommunications ······ 131
14. 北京中医药大学 Beijing University of Chinese Medicine ······ 133

C

15. 长安大学 Chang'an University ······ 135
16. 重庆大学 Chongqing University ······ 137

D

17. 大连海事大学 Dalian Maritime University ······ 139
18. 大连理工大学 Dalian University of Technology ······ 141
19. 电子科技大学 University of Electronic Science & Technology of

  China ………………………………………………………………… 143
20. 东北大学 Northeastern University — China ………………………… 145
21. 东北林业大学 Northeast Forestry University — China …………… 147
22. 东北农业大学 Northeast Agricultural University — China ………… 149
23. 东北师范大学 Northeast Normal University — China …………… 151
24. 东华大学 Donghua University ……………………………………… 153
25. 东南大学 Southeast University — China ………………………… 155
26. 对外经济贸易大学 University of International Business &
  Economics …………………………………………………………… 157

F

27. 福州大学 Fuzhou University ………………………………………… 159
28. 复旦大学 Fudan University ………………………………………… 161

G

29. 广西大学 Guangxi University ……………………………………… 163
30. 贵州大学 Guizhou University ……………………………………… 165

H

31. 哈尔滨工程大学 Harbin Engineering University ………………… 167
32. 哈尔滨工业大学 Harbin Institute of Technology ………………… 169
33. 海南大学 Hainan University ………………………………………… 171
34. 合肥工业大学 Hefei University of Technology …………………… 173
35. 河北工业大学 Hebei University of Technology …………………… 175
36. 河海大学 Hohai University ………………………………………… 177
37. 湖南大学 Hunan University ………………………………………… 179
38. 湖南师范大学 Hunan Normal University ………………………… 181
39. 华北电力大学 North China Electric Power University ………… 183

40. 华东理工大学 East China University of Science & Technology ········· 185
41. 华东师范大学 East China Normal University ················· 187
42. 华南理工大学 South China University of Technology ········· 189
43. 华南师范大学 South China Normal University ··············· 191
44. 华中科技大学 Huazhong University of Science & Technology ········· 193
45. 华中农业大学 Huazhong Agricultural University ············· 195
46. 华中师范大学 Central China Normal University ············· 197

J

47. 吉林大学 Jilin University ································· 199
48. 暨南大学 Jinan University ································ 201
49. 江南大学 Jiangnan University ····························· 203

L

50. 兰州大学 Lanzhou University ····························· 205
51. 辽宁大学 Liaoning University ···························· 207

N

52. 南昌大学 Nanchang University ··························· 209
53. 南京大学 Nanjing University ····························· 211
54. 南京航空航天大学 Nanjing University of Aeronautics & Astronautics
 ·· 213
55. 南京理工大学 Nanjing University of Science & Technology ········· 215
56. 南京农业大学 Nanjing Agricultural University ·············· 217
57. 南京师范大学 Nanjing Normal University ·················· 219
58. 南开大学 Nankai University ······························· 221
59. 内蒙古大学 Inner Mongolia University ···················· 223
60. 宁夏大学 Ningxia University ····························· 225

Q

61. 青海大学 Qinghai University ······ 227
62. 清华大学 Tsinghua University ······ 229

S

63. 山东大学 Shandong University ······ 231
64. 陕西师范大学 Shaanxi Normal University ······ 233
65. 上海财经大学 Shanghai University of Finance & Economics ······ 235
66. 上海大学 Shanghai University ······ 237
67. 上海交通大学 Shanghai Jiao Tong University ······ 239
68. 上海外国语大学 Shanghai International Studies University ······ 241
69. 石河子大学 Shihezi University ······ 243
70. 四川大学 Sichuan University ······ 245
71. 四川农业大学 Sichuan Agricultural University ······ 247
72. 苏州大学 Soochow University — China ······ 249

T

73. 太原理工大学 Taiyuan University of Technology ······ 251
74. 天津大学 Tianjin University ······ 253
75. 天津医科大学 Tianjin Medical University ······ 255
76. 同济大学 Tongji University ······ 257

W

77. 武汉大学 Wuhan University ······ 259
78. 武汉理工大学 Wuhan University of Technology ······ 261

X

79. 西安电子科技大学 Xidian University ······ 263

80. 西安交通大学 Xi'an Jiaotong University ………………………… 265
81. 西北大学 Northwest University Xi'an ……………………… 267
82. 西北工业大学 Northwestern Polytechnical University ………… 269
83. 西北农林科技大学 Northwest A&F University — China ……… 271
84. 西藏大学 Tibet University …………………………………… 273
85. 西南财经大学 Southwestern University of Finance & Economics — China …………………………………………………… 275
86. 西南大学 Southwest University — China ………………………… 277
87. 西南交通大学 Southwest Jiaotong University …………………… 279
88. 厦门大学 Xiamen University ………………………………… 281
89. 新疆大学 Xinjiang University ………………………………… 283

Y

90. 延边大学 Yanbian University ………………………………… 285
91. 云南大学 Yunnan University ………………………………… 287

Z

92. 浙江大学 Zhejiang University ………………………………… 289
93. 郑州大学 Zhengzhou University ……………………………… 291
94. 中国传媒大学 Communication University of China …………… 293
95. 中国地质大学 China University of Geosciences ……………… 295
96. 中国海洋大学 Ocean University of China ……………………… 297
97. 中国科学技术大学 University of Science & Technology of China, CAS …………………………………………………………… 299
98. 中国矿业大学 China University of Mining & Technology ……… 301
99. 中国农业大学 China Agricultural University ………………… 303
100. 中国人民大学 Renmin University of China …………………… 305
101. 中国人民解放军国防科技大学 National University of Defense

Technology — China ·········· 307

102. 中国人民解放军海军军医大学（第二军医大学）Naval Medical University ·········· 309

103. 中国人民解放军空军军医大学（第四军医大学）Air Force Military Medical University ·········· 311

104. 中国石油大学 China University of Petroleum ·········· 313

105. 中国药科大学 China Pharmaceutical University ·········· 315

106. 中国政法大学 China University of Political Science & Law ·········· 317

107. 中南财经政法大学 Zhongnan University of Economics & Law ·········· 319

108. 中南大学 Central South University ·········· 321

109. 中山大学 Sun Yat Sen University ·········· 323

110. 中央财经大学 Central University of Finance & Economics ·········· 325

111. 中央民族大学 Minzu University of China ·········· 327

112. 中央音乐学院 Central Conservatory of Music ·········· 329

中国台湾地区

113. 长庚大学 Chang Gung University ·········· 331

114. 高雄医学大学 Kaohsiung Medical University ·········· 333

115. 台北科技大学 National Taipei University of Technology ·········· 335

116. 台北医学大学 Taipei Medical University ·········· 337

117. 台湾成功大学 National Cheng Kung University ·········· 339

118. 台湾大学 National Taiwan University ·········· 341

119. 台湾科技大学 National Taiwan University of Science & Technology ·········· 343

120. 台湾清华大学 National Tsing Hua University ·········· 345

121. 台湾阳明交通大学 National Yang Ming Chiao Tung University ·········· 347

122. 台湾医药大学 China Medical University Taiwan ·········· 349

123. 台湾中山大学 National Sun Yat Sen University ·········· 351

124. 台湾中兴大学 National Chung Hsing University ·················· 353

125. 台湾中央大学 National Central University ·················· 355

126. 亚洲大学（台湾）Asia University Taiwan ·················· 357

中国香港地区

127. 香港城市大学 City University of Hong Kong ·················· 359

128. 香港大学 University of Hong Kong ·················· 361

129. 香港教育大学 Education University of Hong Kong（EdUHK）·········· 363

130. 香港浸会大学 Hong Kong Baptist University ·················· 365

131. 香港科技大学 Hong Kong University of Science & Technology ·········· 367

132. 香港理工大学 Hong Kong Polytechnic University ·················· 369

133. 岭南大学 Lingnan University ·················· 371

134. 香港中文大学 Chinese University of Hong Kong ·················· 373

中国澳门地区

135. 澳门大学 University of Macau ·················· 375

136. 澳门科技大学 Macau University of Science & Technology ············ 377

中国大陆

1. 安徽大学 Anhui University

1.1 发文量按年分布

论文类型	2012	2013	2014	2015	2016	2017	2018	2019	2020	2021	2022
混合	6	9	21	15	12	14	8	19	37	15	18
金色	37	69	82	60	98	149	154	246	207	281	364
其他 OA	33	48	49	50	65	59	64	99	111	158	120
所有论文	416	552	704	690	852	925	1 054	1 304	1 376	1 713	1 619

1.2 学科规范化引文影响力(CNCI)按年分布

论文类型	2012	2013	2014	2015	2016	2017	2018	2019	2020	2021	2022
混合	1.62	0.73	0.69	0.66	0.70	0.81	1.04	1.13	0.75	1.01	0.59
金色	0.54	0.41	0.53	0.88	0.84	0.84	1.02	1.07	1.03	0.93	0.74
其他 OA	1.69	1.47	0.83	1.84	1.76	4.32	2.24	1.50	3.09	2.09	1.93
所有论文	0.91	0.94	0.82	0.96	0.91	1.17	1.01	1.19	1.30	1.29	1.18

1.3 APC 费用按年分布(万元)

论文类型	2012	2013	2014	2015	2016	2017	2018	2019	2020	2021	2022
混合	11.5	14.1	36.9	27.1	21.2	24.8	14.5	34.7	72.1	27.9	27.9
金色	59.4	108.8	126.2	84.7	143.1	202	217.1	357.5	294.9	415.4	539.1
合计	70.9	122.9	163.1	111.8	164.3	226.8	231.6	392.2	367	443.3	567

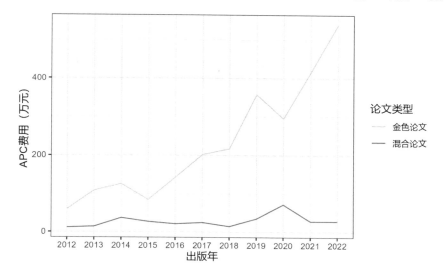

FL1-1 APC 费用逐年折线图

1.4 研究主题分布

FL1-2 混合论文研究主题分布

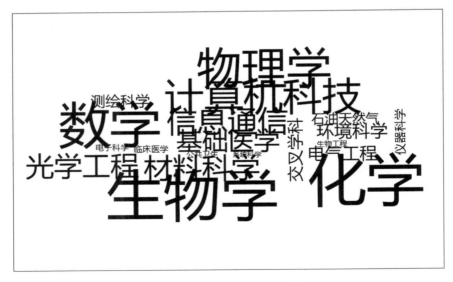

FL1-3 金色论文研究主题分布

2. 北京大学 Peking University

2.1 发文量按年分布

论文类型	2012	2013	2014	2015	2016	2017	2018	2019	2020	2021	2022
混合	114	146	207	212	239	264	355	364	443	438	341
金色	387	589	673	995	1 306	1 657	1 718	2 104	2 685	3 198	3 420
其他 OA	797	826	854	944	1 207	1 323	1 358	1 384	1 460	1 542	904
所有论文	4 849	5 639	5 951	6 442	7 483	7 955	8 510	9 527	9 997	10 490	9 210

2.2 学科规范化引文影响力(CNCI)按年分布

论文类型	2012	2013	2014	2015	2016	2017	2018	2019	2020	2021	2022
混合	1.76	1.78	1.50	1.90	1.51	1.72	1.50	2.07	1.87	1.97	2.66
金色	1.58	1.14	1.02	1.12	1.20	1.35	1.28	1.30	1.12	1.03	0.81
其他 OA	1.35	1.93	1.67	1.94	1.91	2.04	2.34	2.47	3.12	2.60	1.48
所有论文	1.20	1.30	1.21	1.29	1.39	1.48	1.51	1.51	1.49	1.37	1.09

2.3 APC 费用按年分布(万元)

论文类型	2012	2013	2014	2015	2016	2017	2018	2019	2020	2021	2022
混合	204.6	282.5	402.6	409.5	441.5	499.7	656.2	729.6	930.2	947	764
金色	557.3	840.6	968.6	1 481	2 014.6	2 634.5	2 873.4	3 527.4	4 516.9	5 470.4	5 968.5
合计	761.9	1 123.1	1 371.2	1 890.5	2 456.1	3 134.2	3 529.6	4 257	5 447.1	6 417.4	6 732.5

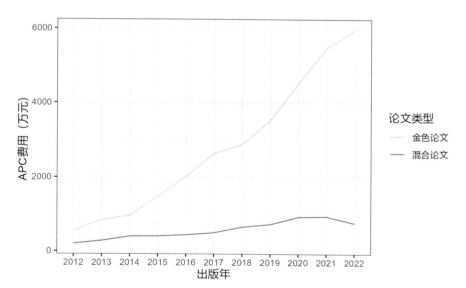

FL2-1　APC 费用逐年折线图

2.4 研究主题分布

FL2-2 混合论文研究主题分布

FL2-3 金色论文研究主题分布

3. 北京工业大学 Beijing University of Technology

3.1 发文量按年分布

论文类型	2012	2013	2014	2015	2016	2017	2018	2019	2020	2021	2022
混合	13	25	35	22	26	20	19	16	24	38	49
金色	65	97	139	129	230	270	329	455	547	578	653
其他 OA	32	67	36	66	96	121	129	122	153	155	105
所有论文	956	1 144	1 203	1 178	1 482	1 632	1 994	2 376	2 582	3 004	2 960

3.2 学科规范化引文影响力（CNCI）按年分布

论文类型	2012	2013	2014	2015	2016	2017	2018	2019	2020	2021	2022
混合	1.29	0.35	1.03	0.51	0.70	1.40	1.10	0.63	1.46	0.83	1.27
金色	1.42	0.75	0.61	1.13	0.80	0.87	0.87	0.74	0.65	0.70	0.98
其他 OA	0.86	0.67	0.60	0.62	0.92	1.36	1.50	1.25	1.07	1.27	1.65
所有论文	0.73	0.71	0.83	0.83	0.92	1.04	1.02	1.08	0.97	1.06	1.06

3.3 APC 费用按年分布（万元）

论文类型	2012	2013	2014	2015	2016	2017	2018	2019	2020	2021	2022
混合	22.1	47.8	66.5	36.9	45.7	37.8	28.1	27.6	42.8	69.2	105
金色	97	128.2	212	196.8	338.2	409.5	476.9	661	767.8	820.6	979.8
合计	119.1	176	278.5	233.7	383.9	447.3	505	688.6	810.6	889.8	1 084.8

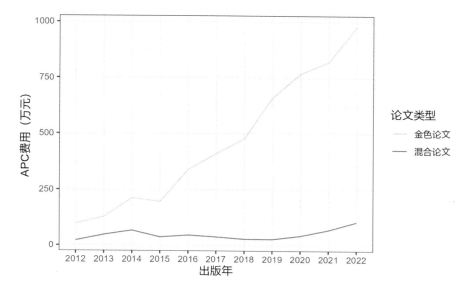

FL3-1 APC 费用逐年折线图

3.4 研究主题分布

FL3-2 混合论文研究主题分布

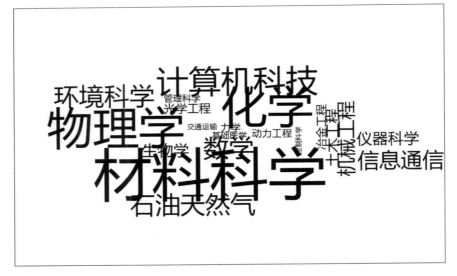

FL3-3 金色论文研究主题分布

4. 北京航空航天大学 Beihang University

4.1 发文量按年分布

论文类型	2012	2013	2014	2015	2016	2017	2018	2019	2020	2021	2022
混合	77	104	98	110	102	119	131	130	196	149	169
金色	158	244	253	331	446	609	905	1 005	1 005	969	1 082
其他 OA	109	135	170	205	296	376	393	436	405	498	321
所有论文	2 597	2 863	3 329	3 579	3 970	4 554	4 930	5 200	4 699	5 019	4 490

4.2 学科规范化引文影响力(CNCI)按年分布

论文类型	2012	2013	2014	2015	2016	2017	2018	2019	2020	2021	2022
混合	1.18	0.92	1.12	1.32	1.99	1.87	1.60	1.83	1.70	1.77	1.83
金色	0.92	0.61	0.68	0.78	0.92	0.93	0.90	0.88	0.80	0.73	0.71
其他 OA	0.99	1.35	1.50	1.33	1.57	1.50	3.04	2.66	2.07	2.25	2.32
所有论文	0.79	0.84	0.91	1.00	1.14	1.29	1.40	1.40	1.20	1.27	1.16

4.3 APC 费用按年分布(万元)

论文类型	2012	2013	2014	2015	2016	2017	2018	2019	2020	2021	2022
混合	113.7	156.6	155	167.6	153	185.8	205.1	215.1	321	247.7	303
金色	244.4	357.3	390	502	668.6	858	1 311.7	1 399.7	1 441.8	1 427.4	1 643.1
合计	358.1	513.9	545	669.6	821.6	1 043.8	1 516.8	1 614.8	1 762.8	1 675.1	1 946.1

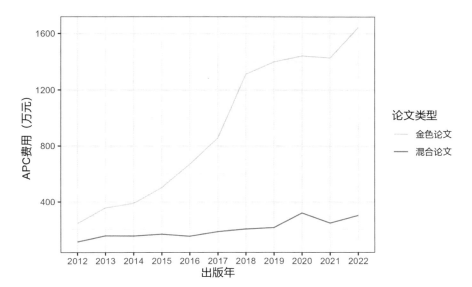

FL4-1 APC 费用逐年折线图

4.4 研究主题分布

FL4-2 混合论文研究主题分布

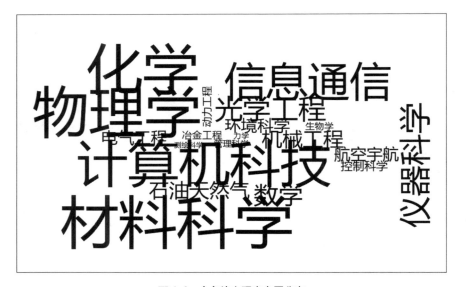

FL4-3 金色论文研究主题分布

5. 北京化工大学 Beijing University of Chemical Technology

5.1 发文量按年分布

论文类型	2012	2013	2014	2015	2016	2017	2018	2019	2020	2021	2022
混合	12	23	26	25	20	22	20	22	37	30	26
金色	47	28	65	78	93	193	189	276	326	323	346
其他 OA	36	48	47	60	67	96	112	122	157	159	104
所有论文	1 064	1 208	1 408	1 381	1 535	1 777	1 907	2 213	2 328	2 407	2 295

5.2 学科规范化引文影响力(CNCI)按年分布

论文类型	2012	2013	2014	2015	2016	2017	2018	2019	2020	2021	2022
混合	0.24	0.69	0.99	1.22	1.33	0.97	1.16	2.04	1.06	2.39	0.60
金色	0.91	0.85	1.24	1.88	1.21	1.04	1.36	1.26	1.11	1.27	1.27
其他 OA	0.60	0.85	1.41	1.62	1.68	2.56	1.86	1.92	1.45	1.56	1.64
所有论文	0.99	1.03	1.23	1.29	1.31	1.42	1.54	1.57	1.42	1.49	1.32

5.3 APC费用按年分布(万元)

论文类型	2012	2013	2014	2015	2016	2017	2018	2019	2020	2021	2022
混合	23.9	49.6	53.9	47.9	37.7	52.3	42.6	48.6	76.9	60.7	57.8
金色	80.5	43	102.4	121	143.9	256	259.7	382.2	459.4	478.1	543.2
合计	104.4	92.6	156.3	168.9	181.6	308.3	302.3	430.8	536.3	538.8	601

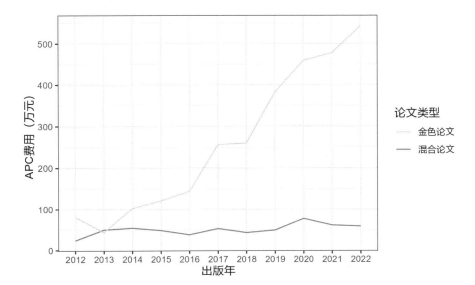

FL5-1 APC费用逐年折线图

5.4 研究主题分布

FL5-2　混合论文研究主题分布

FL5-3　金色论文研究主题分布

6. 北京交通大学 Beijing Jiaotong University

6.1 发文量按年分布

论文类型	2012	2013	2014	2015	2016	2017	2018	2019	2020	2021	2022
混合	7	34	48	19	17	22	20	39	37	33	30
金色	103	159	246	215	211	360	488	650	666	584	638
其他 OA	50	64	65	98	167	166	169	168	193	184	113
所有论文	1 117	1 430	1 734	1 489	1 881	1 935	2 334	2 685	2 634	2 565	2 306

6.2 学科规范化引文影响力(CNCI)按年分布

论文类型	2012	2013	2014	2015	2016	2017	2018	2019	2020	2021	2022
混合	0.33	0.24	1.09	1.20	0.98	2.78	1.76	1.61	2.94	1.19	1.92
金色	0.91	0.50	0.73	0.54	0.90	1.02	0.72	0.71	0.60	0.62	0.73
其他 OA	1.24	1.08	1.64	1.33	1.83	1.53	1.98	1.51	1.52	1.57	2.08
所有论文	0.79	0.77	0.78	0.88	1.01	1.08	0.99	1.05	1.04	1.09	1.04

6.3 APC 费用按年分布(万元)

论文类型	2012	2013	2014	2015	2016	2017	2018	2019	2020	2021	2022
混合	10.3	64.2	82.6	33.4	30.8	37.5	32.6	68.3	65	60.6	57.6
金色	137.9	244.4	333.1	324.9	325.7	518	704	901.8	907	832.1	911.5
合计	148.2	308.6	415.7	358.3	356.5	555.5	736.6	970.1	972	892.7	969.1

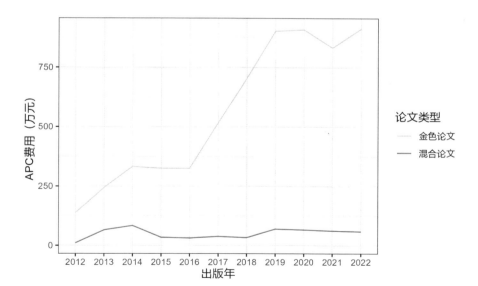

FL6-1　APC 费用逐年折线图

6.4 研究主题分布

FL6-2　混合论文研究主题分布

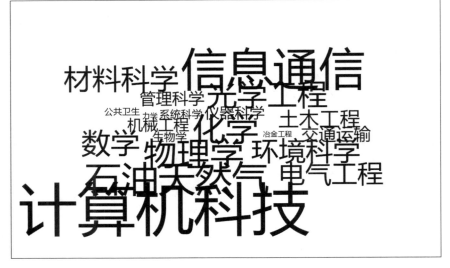

FL6-3　金色论文研究主题分布

7. 北京科技大学 University of Science & Technology Beijing

7.1 发文量按年分布

论文类型	2012	2013	2014	2015	2016	2017	2018	2019	2020	2021	2022
混合	10	21	28	37	44	49	40	31	42	31	57
金色	117	104	138	223	227	384	576	764	715	772	913
其他 OA	42	67	69	128	171	175	204	204	226	234	191
所有论文	1 799	1 828	2 033	2 173	2 369	2 659	3 109	3 746	3 681	4 044	4 063

7.2 学科规范化引文影响力(CNCI)按年分布

论文类型	2012	2013	2014	2015	2016	2017	2018	2019	2020	2021	2022
混合	0.78	1.23	0.96	0.90	1.28	1.47	2.03	1.75	1.55	0.91	1.30
金色	2.06	1.18	0.99	0.84	0.84	0.90	0.72	0.78	0.66	0.76	0.79
其他 OA	0.90	0.79	1.65	1.62	1.77	1.46	1.42	1.59	1.37	2.63	1.17
所有论文	1.14	0.87	0.92	0.93	1.13	1.15	1.17	1.10	1.11	1.21	1.10

7.3 APC 费用按年分布(万元)

论文类型	2012	2013	2014	2015	2016	2017	2018	2019	2020	2021	2022
混合	19.4	37.2	53.9	56.6	80.5	92.7	75.8	58.7	75.5	56.2	106.3
金色	184.8	143.5	180.5	295.3	302.5	510	756.2	1 014.4	901.9	1 026.3	1 222
合计	204.2	180.7	234.4	351.9	383	602.7	832	1 073.1	977.4	1 082.5	1 328.3

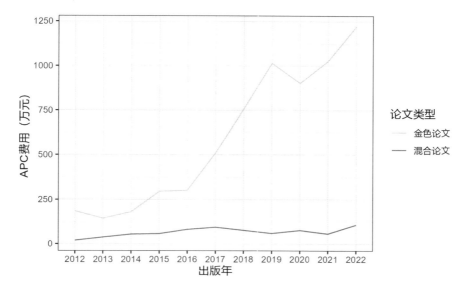

FL7-1 APC 费用逐年折线图

7.4 研究主题分布

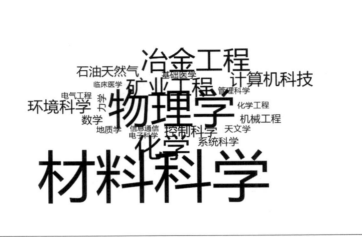

FL7-2 混合论文研究主题分布

FL7-3 金色论文研究主题分布

8. 北京理工大学 Beijing Institute of Technology

8.1 发文量按年分布

论文类型	2012	2013	2014	2015	2016	2017	2018	2019	2020	2021	2022
混合	24	34	58	45	41	68	48	64	84	69	80
金色	118	167	222	292	351	507	622	887	917	942	1 129
其他 OA	113	94	117	164	210	251	256	313	395	448	316
所有论文	1 836	2 132	2 479	2 706	3 013	3 478	3 692	4 541	4 737	5 286	5 008

8.2 学科规范化引文影响力(CNCI)按年分布

论文类型	2012	2013	2014	2015	2016	2017	2018	2019	2020	2021	2022
混合	1.11	0.82	0.73	1.27	0.92	1.01	3.03	1.55	1.62	1.09	1.22
金色	1.24	0.94	1.01	0.89	1.07	1.08	0.92	1.11	0.82	0.90	0.96
其他 OA	1.22	2.32	1.11	1.70	1.99	2.06	2.33	2.54	1.93	2.06	2.83
所有论文	0.95	0.96	0.90	0.96	1.10	1.12	1.45	1.40	1.30	1.41	1.55

8.3 APC 费用按年分布(万元)

论文类型	2012	2013	2014	2015	2016	2017	2018	2019	2020	2021	2022
混合	44	59.3	99.9	81	75.8	128.1	85.8	116.9	151.8	136.3	148.2
金色	199.2	248.8	343	436.2	542.8	763.2	909.8	1 283.3	1 285.9	1 342.8	1 663.1
合计	243.2	308.1	442.9	517.2	618.6	891.3	995.6	1 400.2	1 437.7	1 479.1	1 811.3

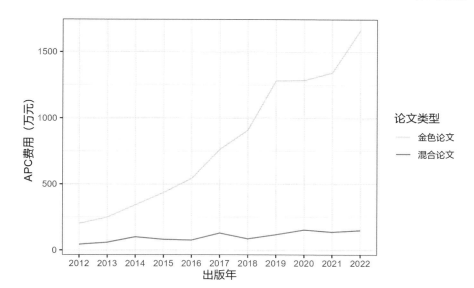

FL8-1 APC 费用逐年折线图

8.4 研究主题分布

FL8-2　混合论文研究主题分布

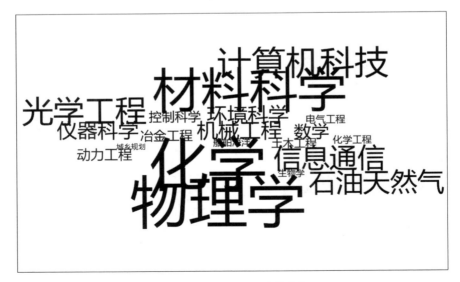

FL8-3　金色论文研究主题分布

9. 北京林业大学 Beijing Forestry University

9.1 发文量按年分布

论文类型	2012	2013	2014	2015	2016	2017	2018	2019	2020	2021	2022
混合	8	9	8	9	6	8	18	15	33	29	25
金色	55	78	107	164	194	289	323	446	460	582	677
其他OA	24	37	35	47	62	80	72	76	47	67	22
所有论文	483	543	665	737	825	861	1 005	1 265	1 237	1 444	1 403

9.2 学科规范化引文影响力(CNCI)按年分布

论文类型	2012	2013	2014	2015	2016	2017	2018	2019	2020	2021	2022
混合	1.09	1.84	0.82	0.80	2.23	0.75	1.86	1.28	1.11	1.96	2.43
金色	1.49	1.04	0.93	0.86	0.88	0.91	0.80	0.78	0.86	0.90	0.87
其他OA	0.58	0.49	0.89	0.81	0.73	0.98	1.25	1.37	1.43	1.02	1.36
所有论文	0.86	0.95	0.92	0.86	1.05	1.01	1.17	1.11	1.07	1.17	1.08

9.3 APC费用按年分布(万元)

论文类型	2012	2013	2014	2015	2016	2017	2018	2019	2020	2021	2022
混合	16.5	15.7	16.1	17.2	11.5	14.5	39.8	29.5	60.5	62.8	52.6
金色	83.3	108.4	152.3	223.5	269.8	377.2	458	621.4	636.8	852.1	1 014.2
合计	99.8	124.1	168.4	240.7	281.3	391.7	497.8	650.9	697.3	914.9	1 066.8

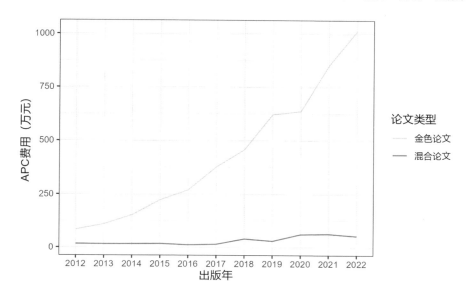

FL9-1 APC费用逐年折线图

9.4 研究主题分布

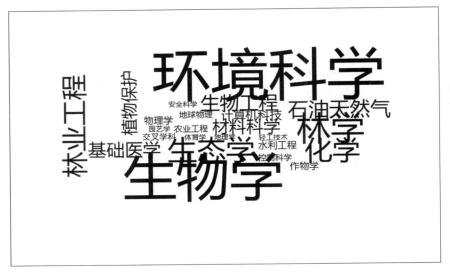

FL9-2 混合论文研究主题分布

FL9-3 金色论文研究主题分布

10. 北京师范大学 Beijing Normal University

10.1 发文量按年分布

论文类型	2012	2013	2014	2015	2016	2017	2018	2019	2020	2021	2022
混合	24	46	63	68	79	77	67	88	119	99	81
金色	222	201	307	365	418	504	540	651	738	951	1 111
其他 OA	226	292	251	317	368	357	368	431	447	456	342
所有论文	1 533	1 777	2 038	2 161	2 451	2 483	2 790	3 217	3 307	3 733	3 534

10.2 学科规范化引文影响力(CNCI)按年分布

论文类型	2012	2013	2014	2015	2016	2017	2018	2019	2020	2021	2022
混合	1.00	2.11	1.63	1.10	1.43	1.43	1.47	2.08	1.65	1.51	1.92
金色	2.61	1.85	1.28	1.14	1.36	0.98	1.30	1.07	1.05	0.95	0.97
其他 OA	1.31	1.16	1.25	1.85	1.52	1.89	1.32	1.35	1.66	1.68	1.09
所有论文	1.26	1.15	1.13	1.21	1.26	1.30	1.30	1.29	1.28	1.26	1.15

10.3 APC费用按年分布(万元)

论文类型	2012	2013	2014	2015	2016	2017	2018	2019	2020	2021	2022
混合	38.3	68.9	104.8	124.5	144.7	141.1	127.2	164	226.7	200.1	171.2
金色	352.3	281.4	434.5	520.3	646.4	756.3	838.7	962.9	1 145.8	1 503.7	1 794
合计	390.6	350.3	539.3	644.8	791.1	897.4	965.9	1 126.9	1 372.5	1 703.8	1 965.2

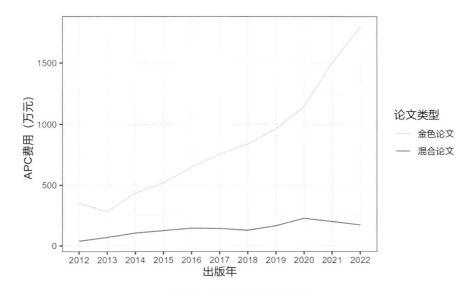

FL10-1　APC费用逐年折线图

10.4 研究主题分布

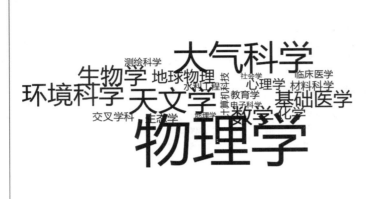

FL10-2　混合论文研究主题分布

FL10-3　金色论文研究主题分布

11. 北京体育大学 Beijing Sport University

11.1 发文量按年分布

论文类型	2012	2013	2014	2015	2016	2017	2018	2019	2020	2021	2022
混合	0	0	1	0	0	1	0	1	3	4	6
金色	4	3	2	2	5	12	8	22	32	84	192
其他 OA	1	0	2	7	4	2	3	20	5	5	6
所有论文	32	16	19	30	21	44	36	80	117	201	259

11.2 学科规范化引文影响力（CNCI）按年分布

论文类型	2012	2013	2014	2015	2016	2017	2018	2019	2020	2021	2022
混合	0.00	0.00	0.66	0.00	0.00	1.52	0.00	0.99	1.01	0.66	0.23
金色	0.60	0.32	0.52	0.35	0.64	0.96	0.73	0.78	0.92	0.57	0.38
其他 OA	0.06	0.00	0.45	0.72	0.40	0.68	0.62	2.29	0.66	0.81	0.00
所有论文	0.14	0.55	0.30	0.34	0.64	0.74	0.37	1.10	1.39	0.64	0.38

11.3 APC 费用按年分布（万元）

论文类型	2012	2013	2014	2015	2016	2017	2018	2019	2020	2021	2022
混合	0	0	1.2	0	0	2.2	0	2	4.9	6.6	12.1
金色	5	5.7	2.3	3.1	5.9	18.4	11.2	33.8	54.1	140.6	311.2
合计	5	5.7	3.5	3.1	5.9	20.6	11.2	35.8	59	147.2	323.3

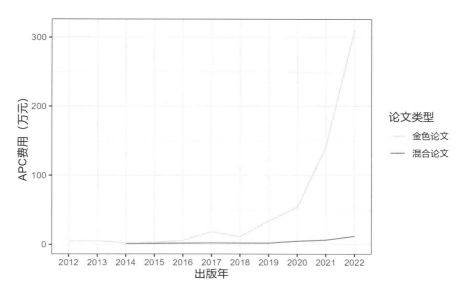

FL11-1 APC 费用逐年折线图

11.4 研究主题分布

FL11-2　混合论文研究主题分布

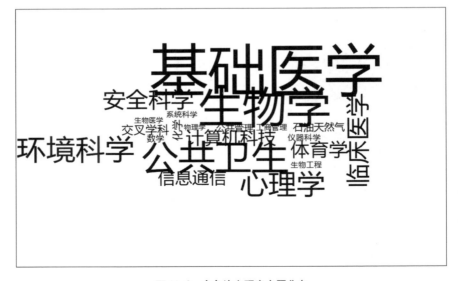

FL11-3　金色论文研究主题分布

12. 北京外国语大学 Beijing Foreign Studies University

12.1 发文量按年分布

论文类型	2012	2013	2014	2015	2016	2017	2018	2019	2020	2021	2022
混合	0	0	0	0	0	0	0	0	1	1	3
金色	0	0	0	1	1	4	6	13	11	25	42
其他 OA	0	0	3	0	1	4	9	7	3	8	5
所有论文	21	31	25	29	31	51	63	73	75	100	102

12.2 学科规范化引文影响力(CNCI)按年分布

论文类型	2012	2013	2014	2015	2016	2017	2018	2019	2020	2021	2022
混合	0.00	0.00	0.00	0.00	0.00	0.00	0.00	0.00	0.35	0.29	0.00
金色	0.00	0.00	0.00	1.02	0.41	0.52	0.38	0.41	0.36	0.34	0.84
其他 OA	0.00	0.00	1.91	0.00	1.22	2.62	1.69	3.28	0.78	3.19	2.33
所有论文	0.49	0.36	1.78	0.36	0.69	0.89	0.67	0.96	1.00	0.97	0.83

12.3 APC 费用按年分布(万元)

论文类型	2012	2013	2014	2015	2016	2017	2018	2019	2020	2021	2022
混合	0	0	0	0	0	0	0	0	2	2	5.7
金色	0	0	0	1.8	2	8.2	11.4	21.6	18.6	43.2	75.8
合计	0	0	0	1.8	2	8.2	11.4	21.6	20.6	45.2	81.5

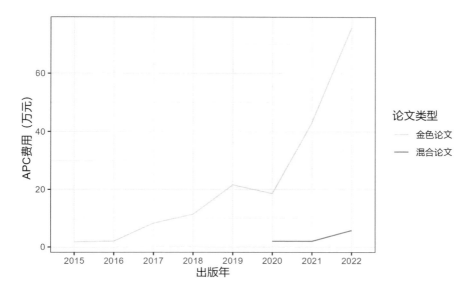

FL12-1 APC 费用逐年折线图

12.4 研究主题分布

FL12-2 混合论文研究主题分布

FL12-3 金色论文研究主题分布

13. 北京邮电大学 Beijing University of Posts & Telecommunications

13.1 发文量按年分布

论文类型	2012	2013	2014	2015	2016	2017	2018	2019	2020	2021	2022
混合	4	17	26	16	29	18	30	51	41	20	37
金色	101	113	160	181	280	369	480	729	565	449	421
其他OA	54	39	73	95	108	88	130	153	148	194	147
所有论文	1 347	1 315	1 729	1 582	2 070	2 227	2 506	2 804	2 215	2 086	1 787

13.2 学科规范化引文影响力(CNCI)按年分布

论文类型	2012	2013	2014	2015	2016	2017	2018	2019	2020	2021	2022
混合	1.26	0.65	1.43	2.43	1.43	5.84	2.51	3.88	1.32	0.76	2.57
金色	0.79	0.51	0.89	0.54	0.80	1.03	0.94	0.86	0.73	0.60	0.52
其他OA	1.33	2.29	2.37	1.76	2.01	1.37	3.47	2.92	2.11	2.07	3.71
所有论文	0.72	0.72	0.82	0.76	0.89	0.89	1.14	1.16	1.25	1.30	1.76

13.3 APC费用按年分布(万元)

论文类型	2012	2013	2014	2015	2016	2017	2018	2019	2020	2021	2022
混合	6.3	28.7	44.5	26.1	46.1	27.9	45.9	81.4	69.8	34	63.2
金色	158.5	172.2	237.3	273	388.9	508.8	656.5	976.6	756.6	633.4	604.7
合计	164.8	200.9	281.8	299.1	435	536.7	702.4	1 058	826.4	667.4	667.9

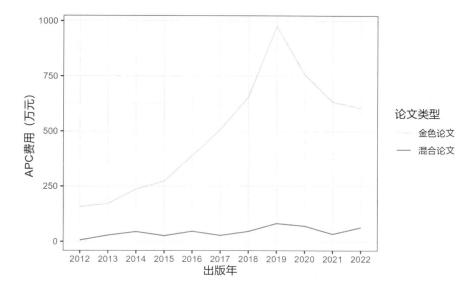

FL13-1 APC费用逐年折线图

13.4 研究主题分布

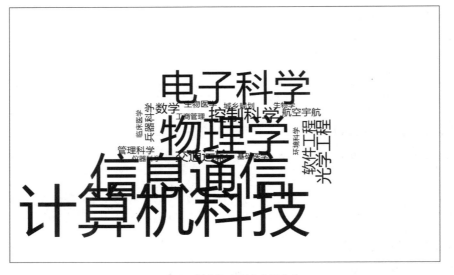

FL13-2　混合论文研究主题分布

FL13-3　金色论文研究主题分布

14. 北京中医药大学 Beijing University of Chinese Medicine

14.1 发文量按年分布

论文类型	2012	2013	2014	2015	2016	2017	2018	2019	2020	2021	2022
混合	9	19	19	9	21	19	18	32	31	34	29
金色	42	67	108	113	177	261	275	362	546	582	580
其他 OA	18	19	26	37	42	53	65	45	57	45	37
所有论文	158	252	306	366	470	543	600	705	985	989	954

14.2 学科规范化引文影响力(CNCI)按年分布

论文类型	2012	2013	2014	2015	2016	2017	2018	2019	2020	2021	2022
混合	0.86	0.50	0.51	0.45	0.70	0.75	1.88	1.17	0.88	1.17	1.75
金色	0.68	0.78	0.55	0.63	0.95	0.87	0.76	0.95	0.80	0.88	0.73
其他 OA	2.09	0.37	0.48	0.80	0.92	0.76	0.84	0.81	2.70	1.33	1.52
所有论文	0.77	0.54	0.51	0.63	0.79	0.80	0.78	0.96	0.89	0.92	0.87

14.3 APC 费用按年分布(万元)

论文类型	2012	2013	2014	2015	2016	2017	2018	2019	2020	2021	2022
混合	13.5	25.4	29.3	13.4	28.2	27.6	34.3	54.9	52.5	66.9	56.1
金色	67.9	96.6	166.5	172.8	274	412.5	453.2	579	914.1	959.6	1 002.3
合计	81.4	122	195.8	186.2	302.2	440.1	487.5	633.9	966.6	1 026.5	1 058.4

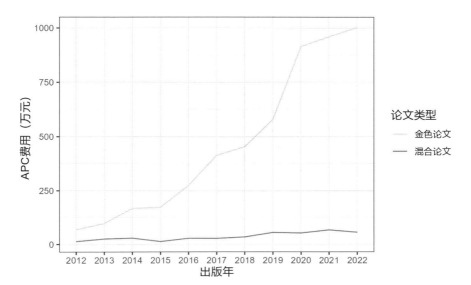

FL14-1 APC 费用逐年折线图

14.4 研究主题分布

FL14-2　混合论文研究主题分布

FL14-3　金色论文研究主题分布

15. 长安大学 Chang'an University

15.1 发文量按年分布

论文类型	2012	2013	2014	2015	2016	2017	2018	2019	2020	2021	2022
混合	0	7	4	3	4	7	5	9	14	20	33
金色	19	44	48	72	105	140	286	498	648	514	566
其他 OA	7	22	15	12	24	35	55	54	66	77	52
所有论文	484	511	454	466	633	736	1 055	1 451	1 800	1 876	1 721

15.2 学科规范化引文影响力(CNCI)按年分布

论文类型	2012	2013	2014	2015	2016	2017	2018	2019	2020	2021	2022
混合	0.00	1.74	0.13	0.47	0.66	0.93	2.29	1.47	1.59	0.84	0.88
金色	1.63	0.71	0.75	0.57	1.02	0.76	0.81	0.72	0.62	0.75	0.67
其他 OA	0.50	0.38	1.85	1.51	1.44	1.09	2.10	1.61	1.42	2.45	2.27
所有论文	0.46	0.53	0.70	0.74	0.90	1.00	1.11	1.11	1.07	1.24	1.20

15.3 APC费用按年分布(万元)

论文类型	2012	2013	2014	2015	2016	2017	2018	2019	2020	2021	2022
混合	0	12.1	6.1	5.6	6.2	11.5	7.3	14.3	25.9	35.3	61.2
金色	26.4	26.4	72.2	114.3	168.5	214.2	435.9	696.2	932.7	756.6	840
合计	26.4	38.5	78.3	119.9	174.7	225.7	443.2	710.5	958.6	791.9	901.2

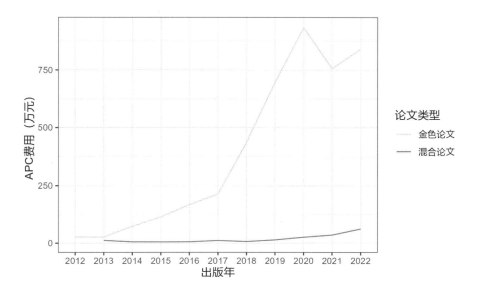

FL15-1　APC费用逐年折线图

15.4 研究主题分布

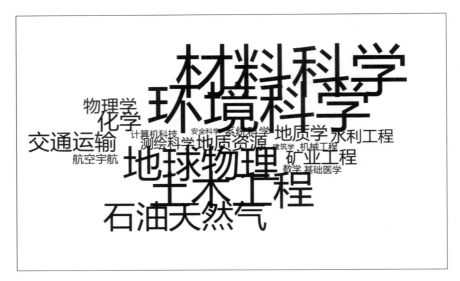

FL15-2　混合论文研究主题分布

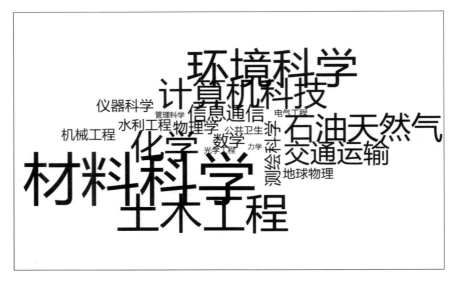

FL15-3　金色论文研究主题分布

16. 重庆大学 Chongqing University

16.1 发文量按年分布

论文类型	2012	2013	2014	2015	2016	2017	2018	2019	2020	2021	2022
混合	19	25	28	26	28	19	47	45	61	65	72
金色	117	156	232	258	323	507	713	987	974	1 020	1 304
其他 OA	86	127	130	132	209	216	278	274	302	386	260
所有论文	1 843	1 774	2 015	2 270	2 773	3 096	3 815	4 533	4 923	5 666	5 607

16.2 学科规范化引文影响力(CNCI)按年分布

论文类型	2012	2013	2014	2015	2016	2017	2018	2019	2020	2021	2022
混合	0.68	0.61	0.95	0.56	1.51	2.99	1.21	1.93	1.41	4.41	1.17
金色	1.32	0.82	0.65	0.92	0.91	1.00	0.95	0.96	0.97	1.08	1.21
其他 OA	0.90	0.99	0.67	1.46	1.31	1.33	1.44	1.94	1.61	1.72	1.55
所有论文	0.76	0.91	0.95	1.09	1.19	1.21	1.28	1.34	1.36	1.45	1.44

16.3 APC费用按年分布(万元)

论文类型	2012	2013	2014	2015	2016	2017	2018	2019	2020	2021	2022
混合	32.6	44.1	45.7	43.8	51.8	32.1	74.2	79.9	113.3	117.2	125.4
金色	178.6	217.8	333.5	376.9	450.7	709.4	1 020.7	1 375.9	1 363.8	1 476.6	1 933
合计	211.2	261.9	379.2	420.7	502.5	741.5	1 094.9	1 455.8	1 477.1	1 593.8	2 058.4

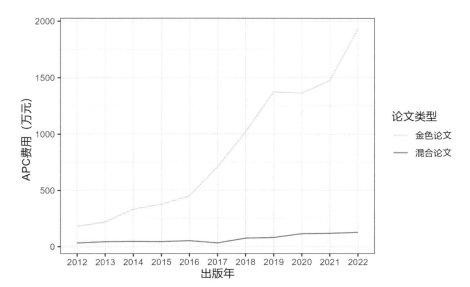

FL16-1　APC费用逐年折线图

16.4　研究主题分布

FL16-2　混合论文研究主题分布

FL16-3　金色论文研究主题分布

17. 大连海事大学 Dalian Maritime University

17.1 发文量按年分布

论文类型	2012	2013	2014	2015	2016	2017	2018	2019	2020	2021	2022
混合	3	4	6	10	3	6	7	7	12	18	15
金色	20	43	24	44	66	75	146	280	334	357	412
其他 OA	14	13	13	15	25	24	16	34	61	58	52
所有论文	380	433	456	426	502	563	599	980	1 156	1 331	1 351

17.2 学科规范化引文影响力(CNCI)按年分布

论文类型	2012	2013	2014	2015	2016	2017	2018	2019	2020	2021	2022
混合	0.17	0.38	0.15	0.72	0.90	1.71	1.26	0.75	1.12	3.23	0.83
金色	0.52	0.95	0.65	0.76	0.54	0.89	0.79	0.67	0.80	0.65	0.64
其他 OA	0.79	1.16	0.44	0.83	1.03	1.19	1.37	1.28	1.33	1.66	0.83
所有论文	0.55	0.74	0.68	0.97	0.88	0.92	1.07	1.20	1.19	1.38	1.10

17.3 APC 费用按年分布(万元)

论文类型	2012	2013	2014	2015	2016	2017	2018	2019	2020	2021	2022
混合	5.5	6.9	10.8	19.2	4.8	10.1	13.5	12	20.6	35.4	31.9
金色	34.3	57.4	36.4	68	95	103.5	207.2	387.2	455.4	490.4	581
合计	39.8	64.3	47.2	87.2	99.8	113.6	220.7	399.2	476	525.8	612.9

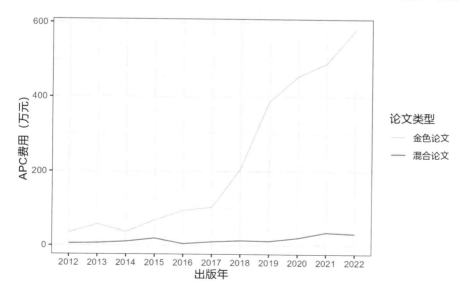

FL17-1　APC 费用逐年折线图

17.4 研究主题分布

FL17-2　混合论文研究主题分布

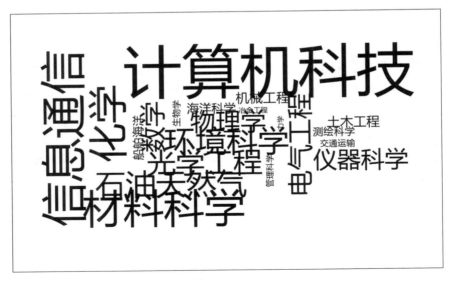

FL17-3　金色论文研究主题分布

18. 大连理工大学 Dalian University of Technology

18.1 发文量按年分布

论文类型	2012	2013	2014	2015	2016	2017	2018	2019	2020	2021	2022
混合	33	38	58	38	37	60	62	68	91	84	53
金色	145	215	239	262	305	505	626	698	675	712	745
其他 OA	137	172	167	204	275	322	338	309	337	386	232
所有论文	2 644	2 897	2 809	2 907	3 229	3 790	4 334	4 885	4 823	5 538	4 692

18.2 学科规范化引文影响力（CNCI）按年分布

论文类型	2012	2013	2014	2015	2016	2017	2018	2019	2020	2021	2022
混合	0.68	0.52	0.97	1.25	1.10	1.53	1.74	1.12	1.45	1.63	1.72
金色	0.85	1.11	0.81	1.19	1.25	1.05	0.87	0.80	0.76	0.81	0.91
其他 OA	4.34	2.66	2.29	1.74	1.39	2.41	2.44	2.51	1.57	2.14	1.83
所有论文	1.22	1.32	1.05	1.24	1.25	1.35	1.40	1.36	1.26	1.36	1.21

18.3 APC 费用按年分布（万元）

论文类型	2012	2013	2014	2015	2016	2017	2018	2019	2020	2021	2022
混合	57.2	73.4	98.6	66.1	65.1	107.8	111	120.3	175.4	163.3	101.1
金色	235.1	344.9	351.7	404.7	465.2	750.4	890.5	994.9	964.9	1 027.8	1 097.1
合计	292.3	418.3	450.3	470.8	530.3	858.2	1 001.5	1 115.2	1 140.3	1 191.1	1 198.2

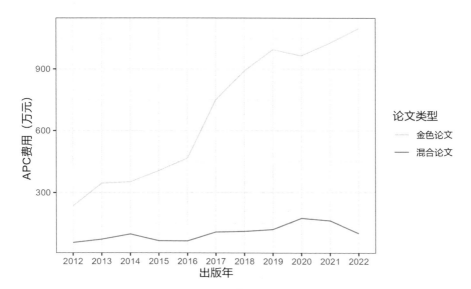

FL18-1　APC 费用逐年折线图

18.4 研究主题分布

FL18-2　混合论文研究主题分布

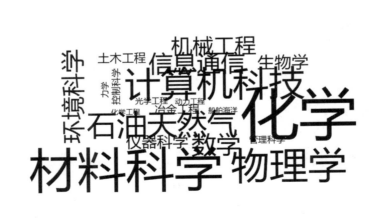

FL18-3　金色论文研究主题分布

19. 电子科技大学 University of Electronic Science & Technology of China

19.1 发文量按年分布

论文类型	2012	2013	2014	2015	2016	2017	2018	2019	2020	2021	2022
混合	23	60	49	34	56	48	63	72	83	103	95
金色	176	263	281	308	455	613	829	1 185	1 190	1 327	1 329
其他 OA	93	132	133	162	223	246	317	409	466	502	338
所有论文	1 889	2 235	2 422	2 574	3 177	3 603	4 294	5 386	5 196	5 752	4 976

19.2 学科规范化引文影响力(CNCI)按年分布

论文类型	2012	2013	2014	2015	2016	2017	2018	2019	2020	2021	2022
混合	0.52	0.38	0.92	0.85	1.65	2.45	2.13	2.05	2.76	1.70	2.42
金色	0.76	0.64	1.17	0.68	1.05	0.99	0.95	1.10	0.99	1.03	1.14
其他 OA	1.49	1.13	1.32	1.61	2.02	2.37	2.59	2.56	2.55	2.50	2.80
所有论文	0.69	0.74	0.89	0.94	1.07	1.15	1.37	1.39	1.49	1.49	1.77

19.3 APC 费用按年分布(万元)

论文类型	2012	2013	2014	2015	2016	2017	2018	2019	2020	2021	2022
混合	38.9	107.1	85.8	60.1	94.2	83.6	113.2	129.7	166.4	195.3	189.5
金色	278.2	387.4	409.1	442.8	671.5	893.8	1 223.8	1 663.8	1 729.9	2 006.6	2 088.3
合计	317.1	494.5	494.9	502.9	765.8	977.4	1 337	1 793.5	1 896.3	2 201.9	2 277.8

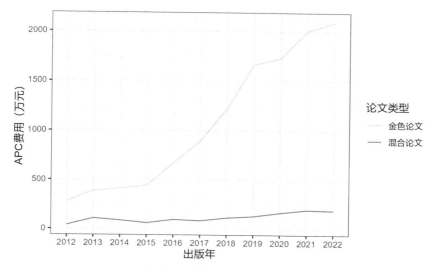

FL19-1 APC 费用逐年折线图

19.4 研究主题分布

FL19-2 混合论文研究主题分布

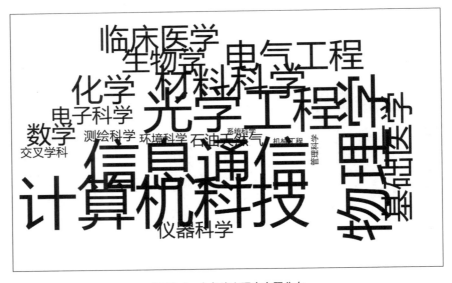

FL19-3 金色论文研究主题分布

20. 东北大学 Northeastern University — China

20.1 发文量按年分布

论文类型	2012	2013	2014	2015	2016	2017	2018	2019	2020	2021	2022
混合	69	14	15	25	23	21	17	19	30	27	32
金色	76	118	181	179	241	357	541	739	776	859	893
其他 OA	69	69	85	105	141	154	156	168	196	204	169
所有论文	1 857	1 819	1 818	1 873	2 292	2 554	3 028	3 856	3 850	4 636	4 207

20.2 学科规范化引文影响力(CNCI)按年分布

论文类型	2012	2013	2014	2015	2016	2017	2018	2019	2020	2021	2022
混合	0.59	0.59	2.68	0.53	1.05	0.54	0.61	1.72	1.89	2.19	0.60
金色	1.35	0.69	0.71	0.67	0.67	0.89	0.71	0.73	0.62	0.72	0.67
其他 OA	0.79	0.98	0.92	1.34	1.29	1.65	1.52	1.62	1.57	1.79	1.28
所有论文	0.65	0.75	0.81	0.86	0.90	1.06	1.06	1.08	1.16	1.21	1.20

20.3 APC 费用按年分布(万元)

论文类型	2012	2013	2014	2015	2016	2017	2018	2019	2020	2021	2022
混合	124.6	26.1	27.1	40.9	41.3	37.5	29	33	59.9	49.6	55.7
金色	119.9	172.8	242	264.9	312.5	476.3	726.4	978.2	995.3	1 125.7	1 210.4
合计	244.5	198.9	269.1	305.8	353.8	513.8	755.4	1 011.2	1 055.2	1 175.3	1 266.1

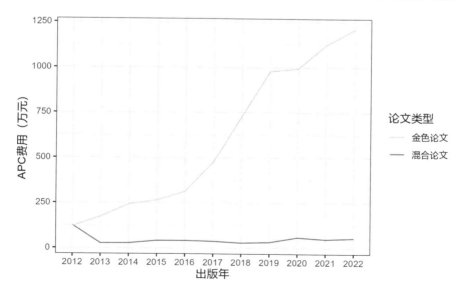

FL20-1 APC 费用逐年折线图

20.4　研究主题分布

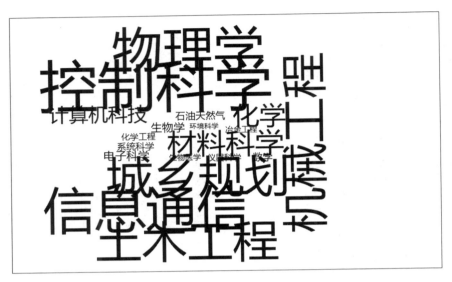

FL20-2　混合论文研究主题分布

FL20-3　金色论文研究主题分布

21. 东北林业大学 Northeast Forestry University — China

21.1 发文量按年分布

论文类型	2012	2013	2014	2015	2016	2017	2018	2019	2020	2021	2022
混合	2	3	4	2	5	14	13	19	32	34	39
金色	56	49	59	65	92	178	199	310	354	476	631
其他 OA	9	29	33	34	33	35	37	34	42	65	40
所有论文	602	456	457	446	533	608	687	944	1 030	1 224	1 329

21.2 学科规范化引文影响力(CNCI)按年分布

论文类型	2012	2013	2014	2015	2016	2017	2018	2019	2020	2021	2022
混合	0.77	2.04	0.82	0.76	2.79	2.11	0.90	0.92	1.39	0.89	1.61
金色	1.44	0.62	0.65	0.72	0.72	0.86	0.85	0.94	0.88	0.79	0.83
其他 OA	0.61	0.56	0.93	0.46	1.20	1.58	0.62	0.98	0.92	1.79	1.37
所有论文	0.64	0.77	0.76	0.94	0.91	1.14	1.08	1.07	1.07	1.09	1.06

21.3 APC 费用按年分布(万元)

论文类型	2012	2013	2014	2015	2016	2017	2018	2019	2020	2021	2022
混合	4	6.4	7.1	3.9	10.4	25.9	25.7	36.9	64.1	60	85.4
金色	83.3	73.2	85	88	143	257.8	297.9	426.6	516.1	673.8	936.8
合计	87.3	79.6	92.1	91.9	153.4	283.7	323.6	463.5	580.2	733.8	1 022.2

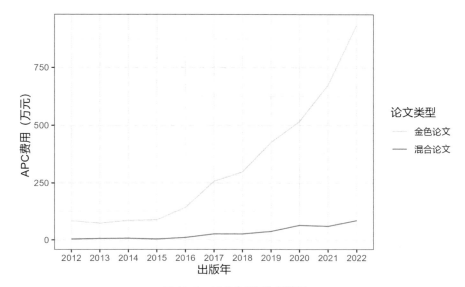

FL21-1　APC 费用逐年折线图

21.4 研究主题分布

FL21-2　混合论文研究主题分布

FL21-3　金色论文研究主题分布

22. 东北农业大学 Northeast Agricultural University — China

22.1 发文量按年分布

论文类型	2012	2013	2014	2015	2016	2017	2018	2019	2020	2021	2022
混合	7	8	13	11	10	16	31	35	30	25	24
金色	35	32	65	71	107	159	202	284	340	411	571
其他 OA	23	34	57	71	72	56	58	66	84	83	29
所有论文	326	319	405	443	523	584	731	996	1 140	1 364	1 272

22.2 学科规范化引文影响力(CNCI)按年分布

论文类型	2012	2013	2014	2015	2016	2017	2018	2019	2020	2021	2022
混合	1.36	0.93	1.44	0.79	1.20	0.95	1.22	1.69	1.82	0.99	0.99
金色	0.85	1.33	1.35	0.87	1.33	0.82	1.01	1.00	1.23	1.29	1.38
其他 OA	1.25	0.85	0.82	0.60	0.76	0.74	1.20	1.05	1.41	1.08	3.17
所有论文	0.77	0.97	0.87	0.83	0.96	1.08	1.23	1.37	1.54	1.63	1.75

22.3 APC 费用按年分布(万元)

论文类型	2012	2013	2014	2015	2016	2017	2018	2019	2020	2021	2022
混合	10.8	14.9	25.1	19.6	21.3	25.8	53.9	64.8	54.6	52.4	50.9
金色	52.4	48.2	87.8	91.5	163.8	230.8	296.3	419.7	500.2	633.2	929.6
合计	63.2	63.1	112.9	111.1	185.1	256.6	350.2	484.5	554.8	685.6	980.5

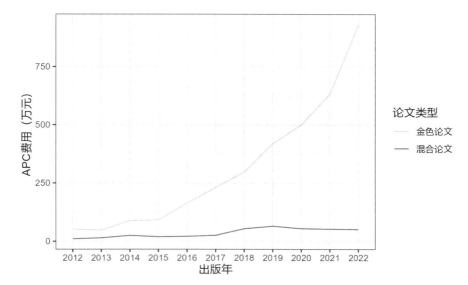

FL22-1 APC 费用逐年折线图

22.4 研究主题分布

FL22-2 混合论文研究主题分布

FL22-3 金色论文研究主题分布

23. 东北师范大学 Northeast Normal University — China

23.1 发文量按年分布

论文类型	2012	2013	2014	2015	2016	2017	2018	2019	2020	2021	2022
混合	10	7	24	10	8	19	18	20	19	21	16
金色	51	72	55	86	115	146	160	239	230	314	307
其他 OA	50	47	59	60	62	94	79	94	105	123	89
所有论文	678	667	706	707	827	976	1 079	1 189	1 224	1 310	1 129

23.2 学科规范化引文影响力(CNCI)按年分布

论文类型	2012	2013	2014	2015	2016	2017	2018	2019	2020	2021	2022
混合	1.16	3.21	1.75	0.76	1.08	1.46	0.98	1.76	1.21	1.16	1.55
金色	0.82	0.71	0.86	0.87	0.99	0.81	1.03	0.97	1.18	0.78	0.74
其他 OA	1.01	1.13	1.18	0.98	1.18	1.31	1.28	1.39	1.28	1.43	0.89
所有论文	1.00	1.03	1.03	1.05	1.03	1.09	1.22	1.23	1.19	1.25	1.23

23.3 APC 费用按年分布(万元)

论文类型	2012	2013	2014	2015	2016	2017	2018	2019	2020	2021	2022
混合	17.3	15.6	43.7	18.7	12.9	37	35.5	41.7	40.7	41.9	28
金色	60.7	101.9	84.9	117.5	161.4	199.4	228.5	338.7	348.7	497.6	504.2
合计	78	117.5	128.6	136.2	174.3	236.4	264	380.4	389.4	539.5	532.2

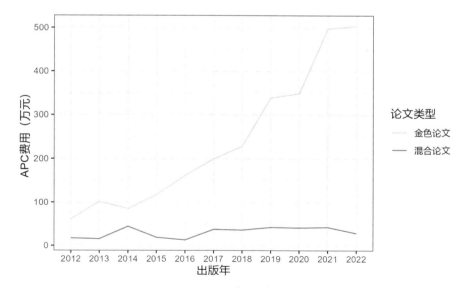

FL23-1　APC 费用逐年折线图

23.4 研究主题分布

FL23-2　混合论文研究主题分布

FL23-3　金色论文研究主题分布

24. 东华大学 Donghua University

24.1 发文量按年分布

论文类型	2012	2013	2014	2015	2016	2017	2018	2019	2020	2021	2022
混合	5	9	15	9	16	15	20	15	27	25	22
金色	73	76	61	64	102	189	216	299	284	329	310
其他 OA	25	28	44	42	68	101	74	95	109	130	82
所有论文	956	952	950	957	1 135	1 352	1 400	1 762	1 802	2 043	1 726

24.2 学科规范化引文影响力(CNCI)按年分布

论文类型	2012	2013	2014	2015	2016	2017	2018	2019	2020	2021	2022
混合	3.15	3.41	1.47	1.58	1.87	1.16	1.61	1.19	1.10	1.17	1.59
金色	0.81	0.89	0.71	1.11	0.79	0.98	1.14	1.01	0.98	1.00	0.90
其他 OA	4.30	1.44	1.53	1.69	1.62	2.34	1.48	1.33	1.36	1.36	1.83
所有论文	0.97	1.74	1.00	1.63	1.18	1.53	1.33	1.36	1.38	1.34	1.45

24.3 APC 费用按年分布(万元)

论文类型	2012	2013	2014	2015	2016	2017	2018	2019	2020	2021	2022
混合	9.4	19.7	29.4	21.7	34	39.5	45.1	28.6	55.6	49.5	48.2
金色	102	106.6	91.1	87	151.4	240.6	329	468.2	417.9	485	461.4
合计	111.4	126.3	120.5	108.7	185.4	280.1	374.1	496.8	473.5	534.5	509.6

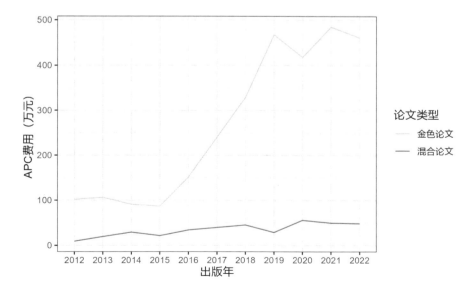

FL24-1 APC 费用逐年折线图

24.4 研究主题分布

FL24-2　混合论文研究主题分布

FL24-3　金色论文研究主题分布

25. 东南大学 Southeast University — China

25.1 发文量按年分布

论文类型	2012	2013	2014	2015	2016	2017	2018	2019	2020	2021	2022
混合	30	35	40	69	56	70	61	94	127	120	128
金色	322	301	392	475	644	906	1 043	1 354	1 431	1 627	1 638
其他OA	124	204	211	246	329	346	385	432	573	639	428
所有论文	2 522	2 765	3 304	3 535	4 145	4 662	5 043	6 093	6 472	7 333	6 760

25.2 学科规范化引文影响力(CNCI)按年分布

论文类型	2012	2013	2014	2015	2016	2017	2018	2019	2020	2021	2022
混合	1.09	1.19	1.35	0.94	2.72	1.66	1.74	2.03	1.91	1.61	1.17
金色	0.91	1.22	1.06	1.13	1.09	1.04	0.98	0.97	0.91	0.92	0.74
其他OA	1.70	1.51	1.65	1.36	1.80	1.90	1.92	1.91	1.98	2.03	2.28
所有论文	0.98	1.09	1.10	1.04	1.16	1.18	1.30	1.26	1.28	1.21	1.18

25.3 APC费用按年分布(万元)

论文类型	2012	2013	2014	2015	2016	2017	2018	2019	2020	2021	2022
混合	56.9	63.8	74.9	114.3	110.7	117.8	103.4	156.4	230.4	231.4	243
金色	560.3	397.7	580.1	746.6	1 009.8	1 415	1 576.7	1 959.7	2 117.9	2 494.4	2 609.1
合计	617.2	461.5	655	860.9	1 120.5	1 532.8	1 680.1	2 116.1	2 348.3	2 725.8	2 852.1

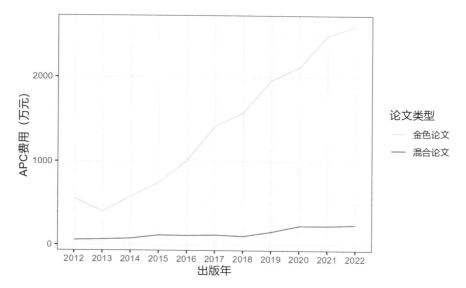

FL25-1　APC费用逐年折线图

25.4 研究主题分布

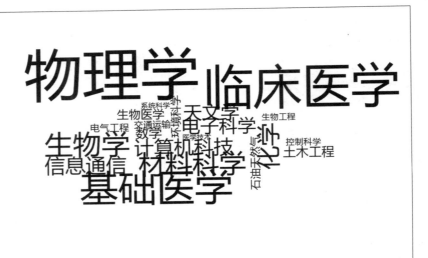

FL25-2　混合论文研究主题分布

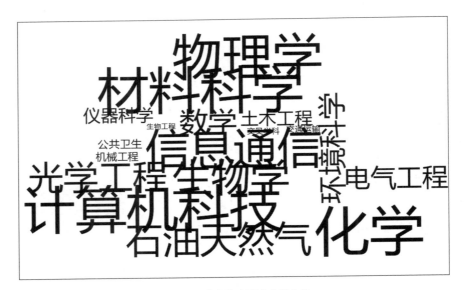

FL25-3　金色论文研究主题分布

26. 对外经济贸易大学 University of International Business & Economics

26.1 发文量按年分布

论文类型	2012	2013	2014	2015	2016	2017	2018	2019	2020	2021	2022
混合	0	0	1	1	2	2	0	2	6	4	6
金色	4	3	5	5	3	8	20	31	35	76	96
其他OA	8	4	6	12	11	17	13	21	23	38	28
所有论文	60	81	96	93	104	154	167	250	285	408	343

26.2 学科规范化引文影响力(CNCI)按年分布

论文类型	2012	2013	2014	2015	2016	2017	2018	2019	2020	2021	2022
混合	0.00	0.00	0.11	0.00	0.37	3.06	0.00	1.30	0.46	4.99	0.73
金色	4.01	0.61	0.58	0.39	0.29	0.50	1.23	0.49	0.80	0.82	1.63
其他OA	0.47	1.55	1.33	1.73	3.09	2.06	0.93	1.62	2.44	1.39	2.88
所有论文	1.42	1.05	0.82	1.03	1.16	1.18	1.37	1.39	1.39	1.83	2.30

26.3 APC费用按年分布(万元)

论文类型	2012	2013	2014	2015	2016	2017	2018	2019	2020	2021	2022
混合	0	0	1.6	2.3	2.8	4	0	4.4	10.6	8.1	11.9
金色	5.4	5.1	8.1	7.7	4.5	11.3	31.6	46.8	55.6	124.5	159.4
合计	5.4	5.1	9.7	10	7.3	15.3	31.6	51.2	66.2	132.6	171.3

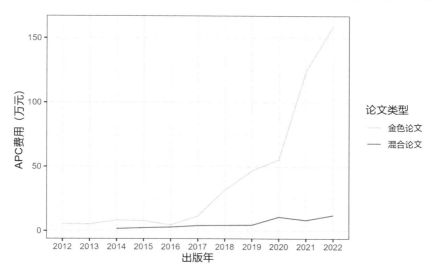

FL26-1　APC费用逐年折线图

26.4 研究主题分布

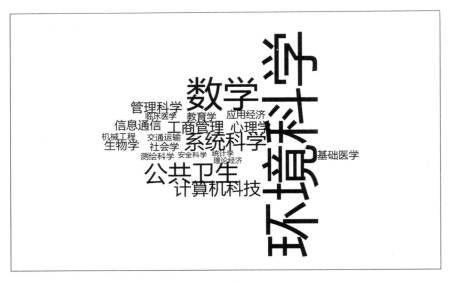

FL26-2 混合论文研究主题分布

FL26-3 金色论文研究主题分布

27. 福州大学 Fuzhou University

27.1 发文量按年分布

论文类型	2012	2013	2014	2015	2016	2017	2018	2019	2020	2021	2022
混合	2	10	17	11	17	17	21	27	29	20	28
金色	35	43	54	64	97	181	256	434	448	461	574
其他 OA	56	53	59	55	81	98	101	118	131	153	135
所有论文	718	823	876	919	1 017	1 281	1 530	2 085	2 225	2 604	2 528

27.2 学科规范化引文影响力（CNCI）按年分布

论文类型	2012	2013	2014	2015	2016	2017	2018	2019	2020	2021	2022
混合	3.50	0.52	0.92	2.94	2.29	2.42	1.69	2.54	1.38	1.76	0.67
金色	1.24	0.97	1.04	1.48	1.25	1.32	0.82	1.02	1.04	0.97	0.89
其他 OA	1.13	1.01	1.60	1.33	1.36	1.68	1.24	2.03	2.10	1.62	1.97
所有论文	1.43	1.25	1.43	1.43	1.25	1.43	1.48	1.40	1.44	1.37	1.39

27.3 APC 费用按年分布（万元）

论文类型	2012	2013	2014	2015	2016	2017	2018	2019	2020	2021	2022
混合	4.1	18.4	28.9	20.7	35.4	35	40	57.4	58.9	41.5	57.5
金色	59.7	65	80.7	96.4	136.1	243.6	344.1	596.4	636.3	665.3	875.5
合计	63.8	83.4	109.6	117.1	171.5	278.6	384.1	653.8	695.2	706.8	933

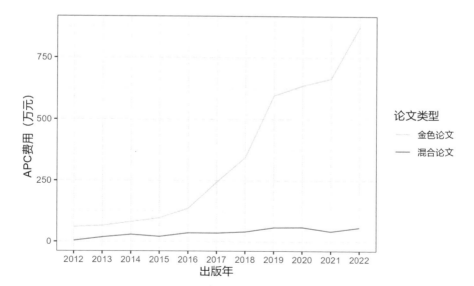

FL27-1 APC 费用逐年折线图

27.4 研究主题分布

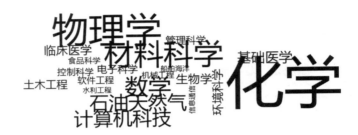

FL27-2 混合论文研究主题分布

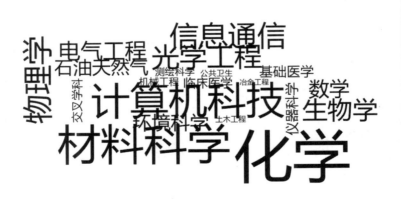

FL27-3 金色论文研究主题分布

28. 复旦大学 Fudan University

28.1 发文量按年分布

论文类型	2012	2013	2014	2015	2016	2017	2018	2019	2020	2021	2022
混合	70	101	132	161	166	221	283	300	349	397	411
金色	466	703	814	1 073	1 479	1 793	1 847	2 287	2 993	3 927	3 805
其他 OA	541	646	626	696	841	886	960	1 024	1 173	1 181	814
所有论文	3 815	4 566	4 713	5 299	5 980	6 372	6 919	8 390	9 169	10 292	9 370

28.2 学科规范化引文影响力(CNCI)按年分布

论文类型	2012	2013	2014	2015	2016	2017	2018	2019	2020	2021	2022
混合	1.04	1.42	1.24	1.55	1.75	1.50	1.34	1.55	4.49	1.74	1.64
金色	0.99	1.01	0.93	1.05	1.26	1.09	1.21	1.24	1.34	1.07	0.93
其他 OA	1.42	1.48	1.66	1.62	1.58	1.83	2.12	1.98	4.10	2.13	1.64
所有论文	1.15	1.22	1.17	1.17	1.27	1.24	1.33	1.34	1.72	1.31	1.13

28.3 APC 费用按年分布(万元)

论文类型	2012	2013	2014	2015	2016	2017	2018	2019	2020	2021	2022
混合	134.4	197.4	262.9	301.2	311	394.3	487.6	604.9	758.3	886.1	932.7
金色	722.5	1 041.9	1 275.5	1 742.9	2 506.4	3 043.8	3 107.3	3 894.4	5 071.7	6 829	6 594.6
合计	856.9	1 239.3	1 538.4	2 044.1	2 817.4	3 438.1	3 594.9	4 499.3	5 830	7 715.1	7 527.3

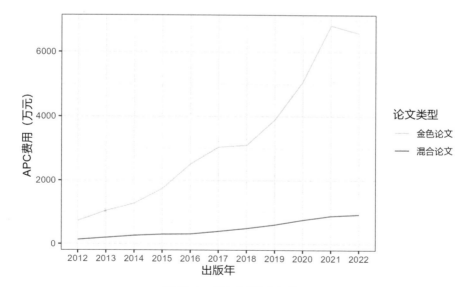

FL28-1 APC 费用逐年折线图

28.4 研究主题分布

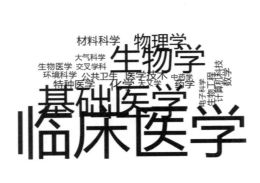

FL28-2　混合论文研究主题分布

FL28-3　金色论文研究主题分布

29. 广西大学 Guangxi University

29.1 发文量按年分布

论文类型	2012	2013	2014	2015	2016	2017	2018	2019	2020	2021	2022
混合	6	11	11	12	12	9	19	23	43	28	52
金色	24	34	40	54	87	152	225	373	528	707	830
其他 OA	30	36	32	37	52	42	78	101	108	124	105
所有论文	580	627	565	537	663	781	1 011	1 431	1 815	2 521	2 657

29.2 学科规范化引文影响力(CNCI)按年分布

论文类型	2012	2013	2014	2015	2016	2017	2018	2019	2020	2021	2022
混合	0.87	1.16	0.80	1.08	1.01	0.95	1.25	1.03	0.91	1.37	0.71
金色	0.83	0.66	0.65	0.59	0.94	0.95	0.70	0.85	1.11	0.97	1.13
其他 OA	0.67	0.42	1.02	0.80	0.53	1.09	1.38	1.26	1.20	1.50	1.58
所有论文	0.54	0.59	0.70	0.76	0.84	1.01	1.16	1.24	1.26	1.35	1.36

29.3 APC费用按年分布(万元)

论文类型	2012	2013	2014	2015	2016	2017	2018	2019	2020	2021	2022
混合	10.9	22.2	20.9	20.5	23.2	15.4	33.6	44.8	81.8	55.6	104.7
金色	36.6	43	62.6	76.8	133.1	227.4	336.4	538.3	783.1	1 046.8	1 235.6
合计	47.5	65.2	83.5	97.3	156.3	242.8	370	583.1	864.9	1 102.4	1 340.3

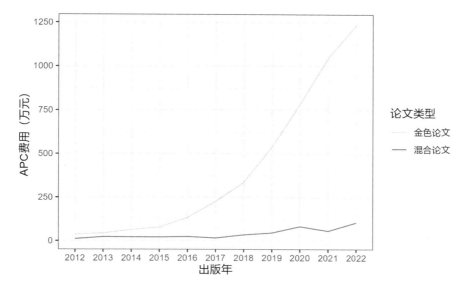

FL29-1 APC费用逐年折线图

29.4 研究主题分布

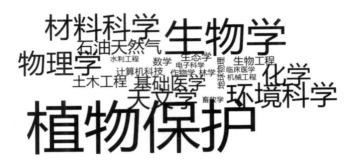

FL29-2　混合论文研究主题分布

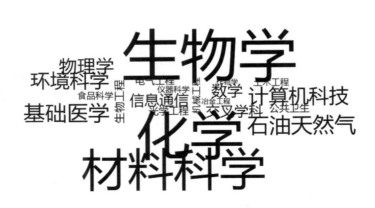

FL29-3　金色论文研究主题分布

30. 贵州大学 Guizhou University

30.1 发文量按年分布

论文类型	2012	2013	2014	2015	2016	2017	2018	2019	2020	2021	2022
混合	2	13	5	9	15	9	10	20	27	44	54
金色	37	42	50	44	57	153	192	355	469	662	884
其他 OA	25	33	28	16	41	46	56	65	68	115	65
所有论文	343	398	380	378	458	664	825	1 115	1 357	1 879	2 190

30.2 学科规范化引文影响力(CNCI)按年分布

论文类型	2012	2013	2014	2015	2016	2017	2018	2019	2020	2021	2022
混合	0.10	0.36	0.65	0.27	0.18	0.64	0.43	1.33	1.06	0.81	1.29
金色	0.92	0.64	0.40	0.64	0.61	0.76	0.97	0.84	0.71	0.77	0.76
其他 OA	2.35	0.44	0.78	1.29	0.62	1.52	0.99	1.17	0.84	0.92	0.78
所有论文	0.73	0.60	0.60	0.73	1.40	0.77	0.94	0.85	0.88	0.96	0.92

30.3 APC 费用按年分布(万元)

论文类型	2012	2013	2014	2015	2016	2017	2018	2019	2020	2021	2022
混合	3.7	23.2	8.3	14.6	28.6	19.1	16.4	37.3	56.4	76.4	103.5
金色	52.4	54	54	56.2	63	190.6	253.1	469.9	626.3	912.5	1 294.4
合计	56.1	77.2	62.3	70.8	91.6	209.7	269.5	507.2	682.7	988.9	1 397.9

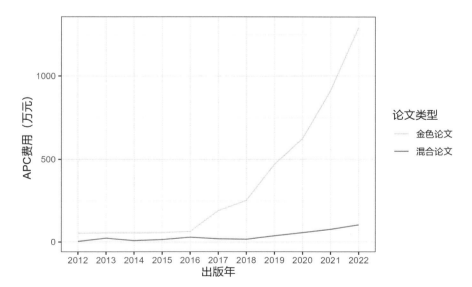

FL30-1 APC 费用逐年折线图

30.4 研究主题分布

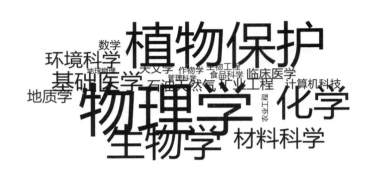

FL30-2　混合论文研究主题分布

FL30-3　金色论文研究主题分布

31. 哈尔滨工程大学 Harbin Engineering University

31.1 发文量按年分布

论文类型	2012	2013	2014	2015	2016	2017	2018	2019	2020	2021	2022
混合	7	28	22	16	24	23	16	23	28	12	26
金色	40	84	139	151	189	325	473	658	608	538	457
其他OA	25	25	33	34	78	92	84	103	129	112	51
所有论文	931	1 014	1 187	1 128	1 211	1 460	1 869	2 163	2 216	2 160	1 944

31.2 学科规范化引文影响力(CNCI)按年分布

论文类型	2012	2013	2014	2015	2016	2017	2018	2019	2020	2021	2022
混合	0.39	0.22	0.24	1.07	0.33	0.78	1.23	1.05	0.81	1.51	1.44
金色	1.09	0.76	0.41	0.60	0.75	0.75	0.70	0.69	0.68	0.66	0.62
其他OA	0.87	1.85	0.83	1.28	1.63	1.54	1.25	1.02	2.01	1.13	1.12
所有论文	0.76	0.76	0.77	0.96	1.05	0.99	0.98	0.97	1.08	1.08	0.97

31.3 APC费用按年分布(万元)

论文类型	2012	2013	2014	2015	2016	2017	2018	2019	2020	2021	2022
混合	13.3	51.9	40	30.1	40.9	40.7	26.3	43.8	48.8	21.2	43.2
金色	70.7	140.1	215.8	224.4	268.8	455.2	660.2	896.9	852.4	754	640.8
合计	84	192	255.8	254.5	309.7	495.9	686.5	940.7	901.2	775.2	684

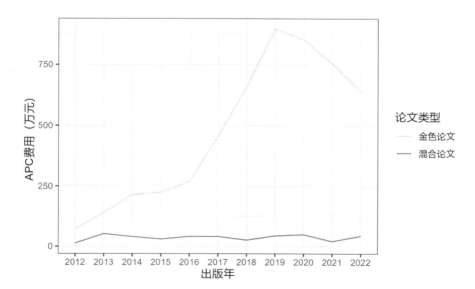

FL31-1 APC费用逐年折线图

31.4 研究主题分布

FL31-2　混合论文研究主题分布

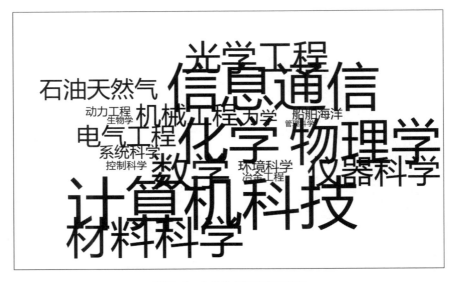

FL31-3　金色论文研究主题分布

32. 哈尔滨工业大学 Harbin Institute of Technology

32.1 发文量按年分布

论文类型	2012	2013	2014	2015	2016	2017	2018	2019	2020	2021	2022
混合	101	54	66	51	67	64	49	69	118	107	115
金色	219	304	420	461	602	788	1 014	1 272	1 236	1 216	1 374
其他 OA	148	166	185	248	376	386	418	436	521	485	372
所有论文	3 918	4 126	4 491	4 765	5 652	5 977	6 664	7 750	7 475	8 014	7 408

32.2 学科规范化引文影响力(CNCI)按年分布

论文类型	2012	2013	2014	2015	2016	2017	2018	2019	2020	2021	2022
混合	0.68	0.89	1.29	1.13	1.75	2.02	1.75	1.68	1.81	1.90	1.77
金色	0.74	0.89	0.68	0.83	0.77	0.95	0.85	0.87	0.83	0.84	0.98
其他 OA	1.74	1.83	1.40	1.20	2.02	2.64	2.84	2.80	1.45	1.88	1.83
所有论文	0.89	1.05	0.98	1.07	1.18	1.28	1.32	1.26	1.24	1.31	1.25

32.3 APC 费用按年分布(万元)

论文类型	2012	2013	2014	2015	2016	2017	2018	2019	2020	2021	2022
混合	179.4	92.4	115.5	87.1	119.9	103.4	86.2	126.1	220.8	203	217.5
金色	337.9	437	635.2	671.5	896.5	1 114	1 425.9	1 777.7	1 738.9	1 747.2	2 052.7
合计	517.3	529.4	750.7	758.6	1 016.4	1 217.4	1 512.1	1 903.8	1 959.7	1 950.2	2 270.2

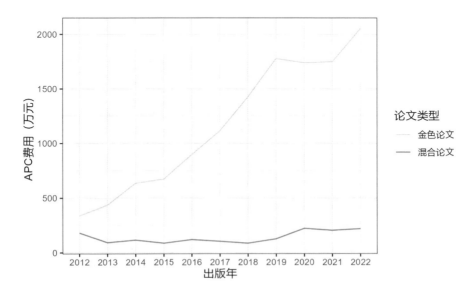

FL32-1 APC 费用逐年折线图

32.4 研究主题分布

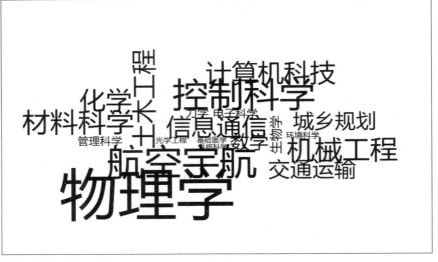

FL32-2　混合论文研究主题分布

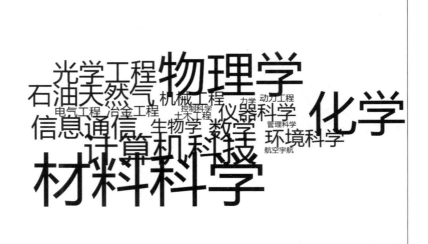

FL32-3　金色论文研究主题分布

33. 海南大学 Hainan University

33.1 发文量按年分布

论文类型	2012	2013	2014	2015	2016	2017	2018	2019	2020	2021	2022
混合	2	3	5	6	2	13	24	18	27	26	34
金色	18	16	23	31	58	86	150	244	290	460	718
其他 OA	8	19	14	18	21	21	47	43	69	84	70
所有论文	212	228	250	247	314	420	585	784	955	1 378	1 779

33.2 学科规范化引文影响力(CNCI)按年分布

论文类型	2012	2013	2014	2015	2016	2017	2018	2019	2020	2021	2022
混合	1.49	1.62	4.58	0.47	0.11	0.62	0.97	0.72	1.04	1.24	1.77
金色	1.38	0.72	0.82	0.83	0.78	0.88	0.71	0.87	0.84	0.86	1.05
其他 OA	0.31	0.35	0.53	0.57	0.59	0.87	1.55	1.90	1.60	1.40	1.33
所有论文	0.64	0.58	0.68	0.76	0.62	1.10	1.28	1.20	1.22	1.25	1.39

33.3 APC 费用按年分布(万元)

论文类型	2012	2013	2014	2015	2016	2017	2018	2019	2020	2021	2022
混合	5.3	5.9	10.9	12.4	4.1	25.9	43	33.5	53.2	53	63.6
金色	34.2	24.7	32.2	47	91.5	128.4	222.3	377.1	437	714.4	1 138.6
合计	39.5	30.6	43.1	59.4	95.6	154.3	265.3	410.6	490.2	767.4	1 202.2

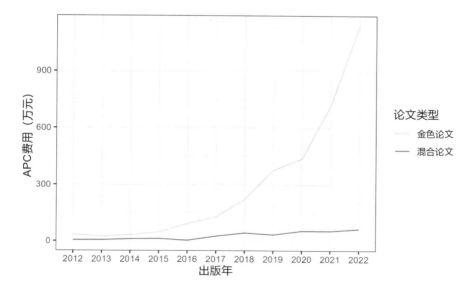

FL33-1 APC 费用逐年折线图

33.4 研究主题分布

FL33-2 混合论文研究主题分布

FL33-3 金色论文研究主题分布

34. 合肥工业大学 Hefei University of Technology

34.1 发文量按年分布

论文类型	2012	2013	2014	2015	2016	2017	2018	2019	2020	2021	2022
混合	3	11	15	10	9	12	18	10	17	27	43
金色	22	26	50	78	115	209	274	382	437	380	381
其他 OA	29	40	43	44	69	98	99	126	137	133	98
所有论文	684	694	913	1 002	1 317	1 469	1 821	2 230	2 351	2 679	2 277

34.2 学科规范化引文影响力(CNCI)按年分布

论文类型	2012	2013	2014	2015	2016	2017	2018	2019	2020	2021	2022
混合	0.69	1.51	0.83	2.03	1.66	0.66	1.97	1.53	1.27	0.55	0.57
金色	0.72	0.57	1.18	0.94	0.92	0.91	0.83	0.81	0.85	0.87	0.76
其他 OA	0.76	1.09	0.90	1.18	1.36	1.98	1.40	2.32	1.55	1.16	1.63
所有论文	0.83	1.01	1.07	1.03	1.10	1.27	1.17	1.25	1.12	0.98	0.92

34.3 APC费用按年分布(万元)

论文类型	2012	2013	2014	2015	2016	2017	2018	2019	2020	2021	2022
混合	5.9	24.3	25.5	17.6	17.5	18.7	30.5	18.6	31.5	47.1	78
金色	36.4	41.3	74.2	115.3	180.3	315.5	394.6	546.4	620.2	546.3	567.3
合计	42.3	65.6	99.7	132.9	197.8	334.2	425.1	565	651.7	593.4	645.3

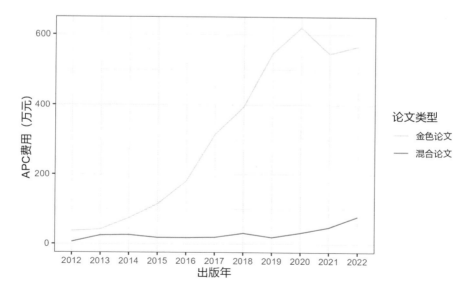

FL34-1　APC费用逐年折线图

34.4 研究主题分布

FL34-2　混合论文研究主题分布

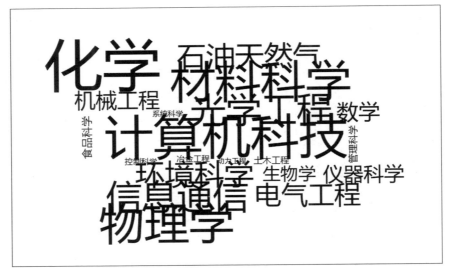

FL34-3　金色论文研究主题分布

35. 河北工业大学 Hebei University of Technology

35.1 发文量按年分布

论文类型	2012	2013	2014	2015	2016	2017	2018	2019	2020	2021	2022
混合	6	11	13	8	8	5	1	8	19	22	28
金色	32	20	22	33	45	100	176	240	328	327	384
其他 OA	9	9	17	13	30	31	49	46	79	84	58
所有论文	534	501	488	438	559	636	886	1 222	1 601	1 801	1 798

35.2 学科规范化引文影响力(CNCI)按年分布

论文类型	2012	2013	2014	2015	2016	2017	2018	2019	2020	2021	2022
混合	0.16	0.29	0.29	0.07	0.10	1.05	2.21	1.07	1.70	1.59	0.57
金色	1.34	0.88	0.39	0.56	0.53	0.81	0.72	0.90	0.61	0.76	0.70
其他 OA	0.62	0.22	0.51	1.02	0.67	1.30	1.30	1.51	1.52	1.75	2.08
所有论文	0.45	0.51	0.48	0.62	0.69	0.83	0.91	1.05	1.05	1.27	1.23

35.3 APC 费用按年分布(万元)

论文类型	2012	2013	2014	2015	2016	2017	2018	2019	2020	2021	2022
混合	11	19.2	24.5	12.1	16	10.5	1.6	16.9	33.5	41.4	38.8
金色	55.2	30	25.1	51.6	67.4	137.1	243.7	315.7	448.1	442.8	556.5
合计	66.2	49.2	49.6	63.7	83.4	147.6	245.3	332.6	481.6	484.2	595.3

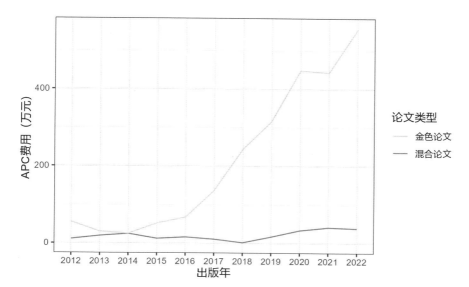

FL35-1 APC 费用逐年折线图

35.4 研究主题分布

FL35-2　混合论文研究主题分布

FL35-3　金色论文研究主题分布

36. 河海大学 Hohai University

36.1 发文量按年分布

论文类型	2012	2013	2014	2015	2016	2017	2018	2019	2020	2021	2022
混合	6	5	18	15	22	27	25	26	51	35	47
金色	95	108	112	179	258	362	545	719	729	749	901
其他 OA	38	59	50	69	105	125	136	151	190	177	94
所有论文	1 013	1 198	1 175	1 230	1 527	1 609	2 093	2 441	2 708	2 767	2 628

36.2 学科规范化引文影响力（CNCI）按年分布

论文类型	2012	2013	2014	2015	2016	2017	2018	2019	2020	2021	2022
混合	0.41	0.35	1.40	1.23	1.14	0.92	1.44	1.43	0.92	1.52	1.31
金色	1.95	0.46	0.72	0.83	0.65	0.75	0.78	0.80	0.79	0.86	0.85
其他 OA	0.95	1.24	1.90	1.13	1.49	1.61	1.60	1.59	0.97	1.51	1.57
所有论文	0.75	0.64	0.91	0.83	0.93	1.01	1.07	1.16	1.14	1.24	1.28

36.3 APC 费用按年分布（万元）

论文类型	2012	2013	2014	2015	2016	2017	2018	2019	2020	2021	2022
混合	9.8	9	32.2	26.8	35.7	43	40.9	50.1	87.1	62.8	97.9
金色	160.4	169.2	174.4	269.2	388.6	516.6	784.8	1 028.6	1 030.9	1 093.7	1 361.4
合计	170.2	178.2	206.6	296	424.3	559.6	825.7	1 078.7	1 118	1 156.5	1 459.3

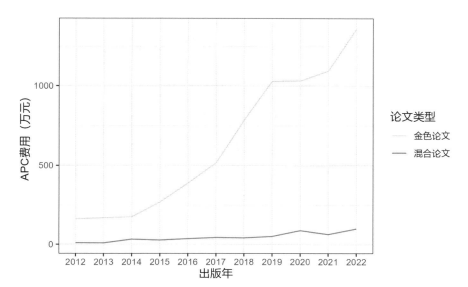

FL36-1　APC 费用逐年折线图

36.4 研究主题分布

FL36-2　混合论文研究主题分布

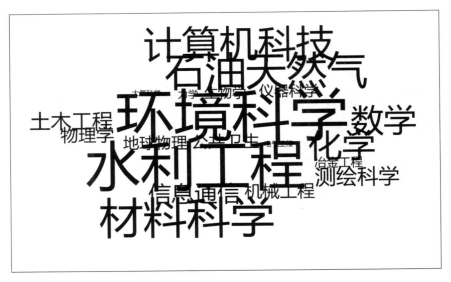

FL36-3　金色论文研究主题分布

37. 湖南大学 Hunan University

37.1 发文量按年分布

论文类型	2012	2013	2014	2015	2016	2017	2018	2019	2020	2021	2022
混合	14	26	29	24	22	25	26	29	44	51	41
金色	45	71	142	127	181	272	324	405	456	490	504
其他OA	66	61	90	111	172	182	215	239	312	282	185
所有论文	1 139	1 324	1 717	1 781	2 185	2 366	2 827	3 408	3 629	3 939	3 421

37.2 学科规范化引文影响力（CNCI）按年分布

论文类型	2012	2013	2014	2015	2016	2017	2018	2019	2020	2021	2022
混合	1.06	0.62	2.00	2.06	1.11	3.03	1.33	1.50	1.55	1.57	1.27
金色	1.43	1.00	0.80	1.16	1.13	1.31	1.05	1.15	1.17	1.23	1.41
其他OA	1.56	2.53	1.41	1.74	1.82	2.15	2.61	2.62	2.44	2.17	2.53
所有论文	1.13	1.33	1.28	1.45	1.52	1.85	1.93	1.85	1.78	1.77	1.79

37.3 APC费用按年分布（万元）

论文类型	2012	2013	2014	2015	2016	2017	2018	2019	2020	2021	2022
混合	24.1	49.6	62.2	41.6	39.4	41	39.6	46.8	87	102.3	75.6
金色	73.7	110.5	220.6	202.4	242.9	391.8	438.4	553.7	646.9	720.8	773.1
合计	97.8	160.1	282.8	244	282.3	432.8	478	600.5	733.9	823.1	848.7

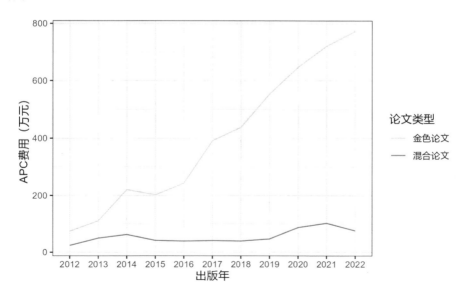

FL37-1 APC费用逐年折线图

37.4 研究主题分布

FL37-2　混合论文研究主题分布

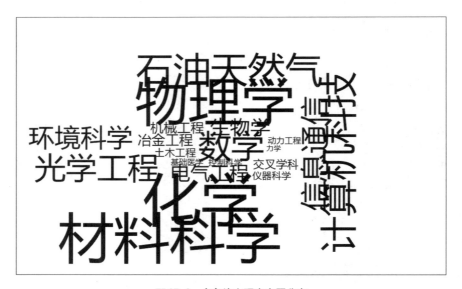

FL37-3　金色论文研究主题分布

38. 湖南师范大学 Hunan Normal University

38.1 发文量按年分布

论文类型	2012	2013	2014	2015	2016	2017	2018	2019	2020	2021	2022
混合	9	15	7	11	10	12	29	26	39	40	37
金色	15	53	51	57	89	122	180	270	364	462	546
其他 OA	63	62	52	58	77	73	117	121	137	174	120
所有论文	342	399	384	398	506	561	775	1 057	1 268	1 474	1 386

38.2 学科规范化引文影响力(CNCI)按年分布

论文类型	2012	2013	2014	2015	2016	2017	2018	2019	2020	2021	2022
混合	0.63	0.82	0.58	1.00	0.54	1.06	2.06	1.44	1.40	1.04	1.12
金色	0.35	0.74	0.69	0.63	1.03	0.78	1.31	0.90	0.93	0.83	0.91
其他 OA	0.91	0.99	1.14	0.91	1.26	1.23	1.32	1.22	1.60	1.56	1.43
所有论文	0.70	0.79	0.85	0.90	0.99	1.06	1.21	1.12	1.10	1.19	1.01

38.3 APC 费用按年分布(万元)

论文类型	2012	2013	2014	2015	2016	2017	2018	2019	2020	2021	2022
混合	16.3	23	14.2	23.3	19.8	20.7	54.1	48.6	63.4	57.6	63.6
金色	25.4	72.5	65.4	73.1	120.4	181.4	266.7	393.6	518.6	690.3	864.9
合计	41.7	95.5	79.6	96.4	140.2	202.1	320.8	442.2	582	747.9	928.5

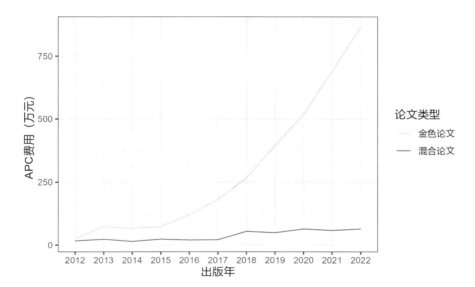

FL38-1 APC 费用逐年折线图

38.4 研究主题分布

FL38-2　混合论文研究主题分布

FL38-3　金色论文研究主题分布

39. 华北电力大学 North China Electric Power University

39.1 发文量按年分布

论文类型	2012	2013	2014	2015	2016	2017	2018	2019	2020	2021	2022
混合	6	18	17	12	18	31	23	18	38	32	21
金色	90	70	139	180	228	428	581	710	629	518	537
其他 OA	44	44	52	47	103	188	199	229	172	163	135
所有论文	1 211	1 400	1 505	1 576	2 282	2 544	2 195	2 448	2 211	2 258	2 018

39.2 学科规范化引文影响力(CNCI)按年分布

论文类型	2012	2013	2014	2015	2016	2017	2018	2019	2020	2021	2022
混合	2.43	0.24	1.06	0.37	0.80	1.15	1.63	1.07	0.99	1.81	1.93
金色	1.41	0.39	0.78	0.69	0.86	0.79	0.73	0.77	0.62	0.63	0.73
其他 OA	0.91	0.60	1.13	1.35	1.40	1.09	1.34	1.01	2.34	1.09	1.03
所有论文	0.61	0.48	0.58	0.68	0.68	0.83	1.16	1.12	1.17	1.15	1.05

39.3 APC 费用按年分布(万元)

论文类型	2012	2013	2014	2015	2016	2017	2018	2019	2020	2021	2022
混合	11.6	34.7	31.4	21.7	38.4	58.7	38.1	29.7	63.9	50	34.9
金色	153.9	103.5	198.9	259.4	319.8	639.9	855.2	1 042.8	916.1	752.4	795
合计	165.5	138.2	230.3	281.1	358.2	698.6	893.3	1 072.5	980	802.4	829.9

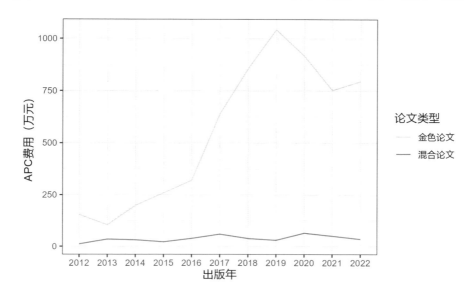

FL39-1　APC 费用逐年折线图

39.4 研究主题分布

FL39-2　混合论文研究主题分布

FL39-3　金色论文研究主题分布

40. 华东理工大学 East China University of Science & Technology

40.1 发文量按年分布

论文类型	2012	2013	2014	2015	2016	2017	2018	2019	2020	2021	2022
混合	16	15	29	27	26	32	29	26	39	47	34
金色	72	72	110	166	144	227	236	297	324	378	343
其他 OA	82	112	135	132	196	192	180	199	188	210	128
所有论文	1 570	1 637	1 881	2 042	2 255	2 219	2 278	2 565	2 530	2 935	2 587

40.2 学科规范化引文影响力(CNCI)按年分布

论文类型	2012	2013	2014	2015	2016	2017	2018	2019	2020	2021	2022
混合	0.52	0.83	3.41	1.40	1.22	1.75	2.00	1.44	1.53	1.55	1.54
金色	1.25	0.93	0.97	1.36	1.34	1.12	1.09	1.08	0.97	1.02	0.94
其他 OA	0.65	0.77	1.12	1.14	1.66	1.33	1.97	1.72	1.54	1.69	1.79
所有论文	1.21	1.02	1.12	1.07	1.12	1.19	1.18	1.22	1.16	1.24	1.14

40.3 APC 费用按年分布(万元)

论文类型	2012	2013	2014	2015	2016	2017	2018	2019	2020	2021	2022
混合	28.2	27.5	61.4	51.5	52.8	65.2	62.4	56.8	79.4	99.5	74.1
金色	101.6	97.2	170.8	253.4	224.9	294.7	338.1	422.2	468.9	586.8	547.3
合计	129.8	124.7	232.2	304.9	277.7	359.9	400.5	479	548.3	686.3	621.4

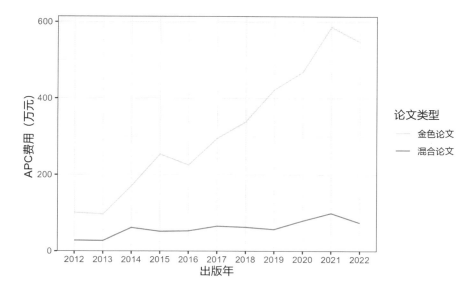

FL40-1 APC 费用逐年折线图

40.4 研究主题分布

FL40-2　混合论文研究主题分布

FL40-3　金色论文研究主题分布

41. 华东师范大学 East China Normal University

41.1 发文量按年分布

论文类型	2012	2013	2014	2015	2016	2017	2018	2019	2020	2021	2022
混合	21	31	42	34	37	43	32	42	52	49	49
金色	104	95	106	133	182	271	303	390	480	574	609
其他 OA	125	123	130	180	197	208	239	262	320	354	236
所有论文	1 118	1 195	1 316	1 450	1 726	1 907	2 092	2 566	2 769	3 148	2 510

41.2 学科规范化引文影响力(CNCI)按年分布

论文类型	2012	2013	2014	2015	2016	2017	2018	2019	2020	2021	2022
混合	1.07	0.98	1.78	0.74	1.01	0.96	1.74	1.21	1.74	1.35	1.71
金色	0.66	0.81	1.03	1.18	1.12	1.16	1.15	1.17	1.12	1.00	1.04
其他 OA	1.11	1.18	1.04	1.29	1.61	2.00	1.76	2.18	1.51	1.72	1.45
所有论文	0.90	1.06	1.08	1.24	1.22	1.48	1.45	1.44	1.27	1.25	1.26

41.3 APC 费用按年分布(万元)

论文类型	2012	2013	2014	2015	2016	2017	2018	2019	2020	2021	2022
混合	39.1	54.7	74.7	62.8	68.4	78.3	59.8	78.7	108.2	103.7	112.1
金色	163.5	135.9	149.4	210.4	290.3	419.8	490.8	624.5	790	938.1	998
合计	202.6	190.6	224.1	273.2	358.7	498.1	550.6	703.2	898.2	1 041.8	1 110.1

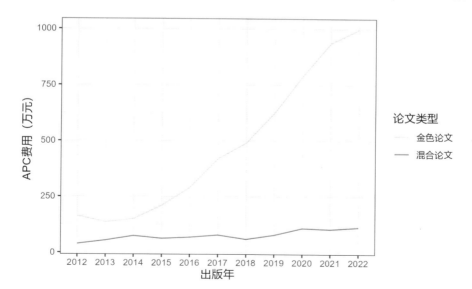

FL41-1 APC 费用逐年折线图

41.4 研究主题分布

FL41-2 混合论文研究主题分布

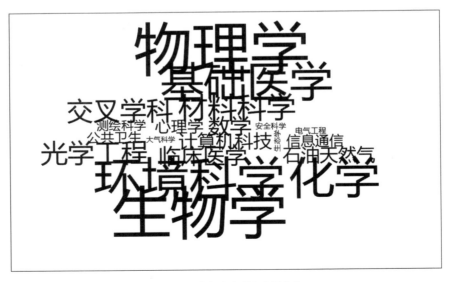

FL41-3 金色论文研究主题分布

42. 华南理工大学 South China University of Technology

42.1 发文量按年分布

论文类型	2012	2013	2014	2015	2016	2017	2018	2019	2020	2021	2022
混合	13	37	33	37	32	48	37	61	100	118	87
金色	112	150	166	237	350	637	755	1 004	1 050	1 055	1 150
其他 OA	87	94	123	168	263	253	290	346	377	457	299
所有论文	2 228	2 355	2 781	2 953	3 600	4 453	4 848	5 510	5 664	6 182	5 418

42.2 学科规范化引文影响力(CNCI)按年分布

论文类型	2012	2013	2014	2015	2016	2017	2018	2019	2020	2021	2022
混合	1.07	1.01	1.15	1.72	1.56	1.13	1.28	2.44	2.29	2.93	2.12
金色	1.19	1.00	0.82	1.03	1.22	1.00	1.05	1.05	0.93	1.01	1.02
其他 OA	0.75	0.95	1.25	1.61	2.08	2.18	2.17	3.09	2.43	2.36	1.88
所有论文	1.03	1.11	1.11	1.30	1.68	1.57	1.47	1.53	1.48	1.46	1.31

42.3 APC 费用按年分布(万元)

论文类型	2012	2013	2014	2015	2016	2017	2018	2019	2020	2021	2022
混合	24.1	68.2	67.8	71.4	62.7	93.4	74.6	124.7	203.7	239.4	179.9
金色	174.8	229.3	234.4	361.1	541.5	878.3	1 083.1	1 460.6	1 550.4	1 644.8	1 832.2
合计	198.9	297.5	302.2	432.5	604.2	971.7	1 157.7	1 585.3	1 754.1	1 884.2	2 012.1

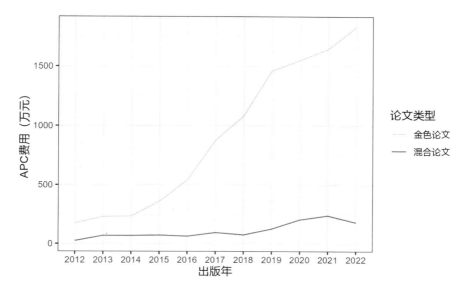

FL42-1　APC 费用逐年折线图

42.4 研究主题分布

FL42−2　混合论文研究主题分布

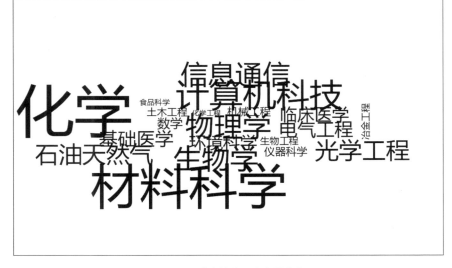

FL42−3　金色论文研究主题分布

43. 华南师范大学 South China Normal University

43.1 发文量按年分布

论文类型	2012	2013	2014	2015	2016	2017	2018	2019	2020	2021	2022
混合	19	27	30	17	11	12	17	41	54	49	51
金色	65	73	96	111	149	194	228	301	398	521	511
其他 OA	105	87	70	87	99	90	115	159	167	202	142
所有论文	861	772	843	897	974	991	1 213	1 582	1 815	2 169	1 871

43.2 学科规范化引文影响力(CNCI)按年分布

论文类型	2012	2013	2014	2015	2016	2017	2018	2019	2020	2021	2022
混合	0.82	0.16	0.76	0.99	0.69	1.30	1.44	1.32	1.95	1.62	1.59
金色	0.54	0.71	1.08	1.00	1.05	0.94	1.00	1.05	1.03	0.99	0.66
其他 OA	1.79	0.96	1.21	0.94	1.38	1.10	1.53	1.69	1.49	1.53	1.64
所有论文	1.26	0.82	0.93	0.93	1.09	1.08	1.16	1.27	1.24	1.24	0.94

43.3 APC 费用按年分布(万元)

论文类型	2012	2013	2014	2015	2016	2017	2018	2019	2020	2021	2022
混合	32.6	47.6	54.6	32.3	20	23.1	36.9	91.8	109.8	91.1	83.3
金色	95.4	99.1	139.6	161.7	224.7	273.3	349.6	453.5	616.7	830.9	836.3
合计	128	146.7	194.2	194	244.7	296.4	386.5	545.3	726.5	922	919.6

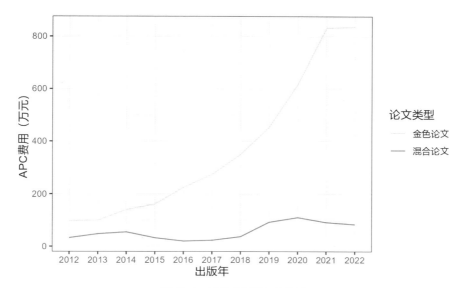

FL43-1 APC 费用逐年折线图

43.4 研究主题分布

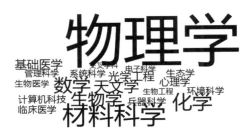

FL43-2 混合论文研究主题分布

FL43-3 金色论文研究主题分布

44. 华中科技大学 Huazhong University of Science & Technology

44.1 发文量按年分布

论文类型	2012	2013	2014	2015	2016	2017	2018	2019	2020	2021	2022
混合	50	96	99	90	116	108	185	242	329	284	301
金色	295	481	654	818	1 099	1 581	1 676	2 058	2 719	3 393	3 393
其他 OA	323	353	408	469	643	650	761	850	1 326	1 085	605
所有论文	3 593	4 288	4 868	5 319	6 054	6 720	7 691	9 005	10 169	10 991	9 669

44.2 学科规范化引文影响力(CNCI)按年分布

论文类型	2012	2013	2014	2015	2016	2017	2018	2019	2020	2021	2022
混合	1.40	1.38	2.09	1.39	1.30	1.70	1.61	1.76	3.08	1.72	1.24
金色	1.04	1.17	1.04	1.14	1.13	1.18	1.17	1.32	1.62	1.08	0.93
其他 OA	1.19	1.38	1.67	1.71	1.71	2.09	2.87	2.79	7.90	2.29	1.49
所有论文	1.10	1.15	1.20	1.21	1.23	1.40	1.52	1.56	2.35	1.37	1.15

44.3 APC 费用按年分布(万元)

论文类型	2012	2013	2014	2015	2016	2017	2018	2019	2020	2021	2022
混合	93.9	185.9	191	168.6	206	192.3	359.9	475.2	692.7	613	647.9
金色	432.3	690.4	987.6	1 260.4	1 761.6	2 630.9	2 744.3	3 437.4	4 586.9	5 745.3	5 767.2
合计	526.2	876.3	1 178.6	1 429	1 967.6	2 823.2	3 104.2	3 912.6	5 279.6	6 358.3	6 415.1

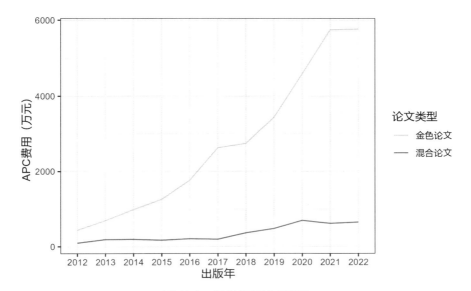

FL44-1 APC 费用逐年折线图

44.4 研究主题分布

FL44-2 混合论文研究主题分布

FL44-3 金色论文研究主题分布

45. 华中农业大学 Huazhong Agricultural University

45.1 发文量按年分布

论文类型	2012	2013	2014	2015	2016	2017	2018	2019	2020	2021	2022
混合	20	20	36	27	35	39	58	57	52	57	45
金色	114	129	168	285	391	457	471	616	699	853	899
其他 OA	88	72	92	113	154	148	155	170	166	237	131
所有论文	837	863	948	1 163	1 433	1 461	1 596	1 986	2 014	2 345	2 067

45.2 学科规范化引文影响力（CNCI）按年分布

论文类型	2012	2013	2014	2015	2016	2017	2018	2019	2020	2021	2022
混合	1.24	2.34	1.84	1.38	1.66	2.48	1.96	2.69	1.87	1.42	1.55
金色	1.29	1.23	1.00	1.10	1.30	1.21	1.17	1.21	1.31	1.21	1.05
其他 OA	0.98	1.32	1.31	1.40	1.68	1.94	1.74	1.23	2.22	1.58	1.08
所有论文	0.97	1.09	1.07	1.10	1.23	1.42	1.38	1.34	1.39	1.28	1.19

45.3 APC 费用按年分布（万元）

论文类型	2012	2013	2014	2015	2016	2017	2018	2019	2020	2021	2022
混合	38.9	46.3	78.2	54	72	81.4	114.6	123.2	106.1	129.3	101.3
金色	155.6	180.6	246.3	425.6	595.8	726.6	760.3	986.5	1 145	1 402.1	1 500
合计	194.5	226.9	324.5	479.6	667.8	808	874.9	1 109.7	1 251.1	1 531.4	1 601.3

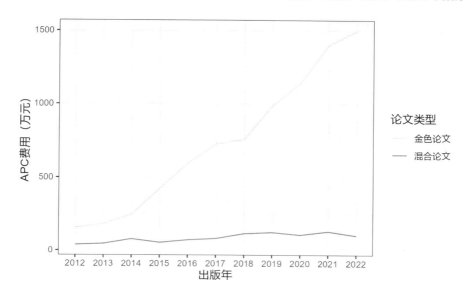

FL45-1　APC 费用逐年折线图

45.4 研究主题分布

FL45-2　混合论文研究主题分布

FL45-3　金色论文研究主题分布

46. 华中师范大学 Central China Normal University

46.1 发文量按年分布

论文类型	2012	2013	2014	2015	2016	2017	2018	2019	2020	2021	2022
混合	20	12	20	19	14	17	26	44	38	38	36
金色	33	38	42	59	95	108	108	144	192	278	316
其他 OA	69	77	92	93	117	110	131	109	124	157	109
所有论文	565	516	598	615	807	739	845	1 004	1 062	1 236	1 100

46.2 学科规范化引文影响力(CNCI)按年分布

论文类型	2012	2013	2014	2015	2016	2017	2018	2019	2020	2021	2022
混合	0.74	1.52	3.19	3.54	1.09	0.79	1.00	1.16	0.80	0.91	1.29
金色	1.41	0.77	0.76	0.86	1.17	1.15	1.02	1.17	0.88	0.96	1.02
其他 OA	1.14	1.09	1.16	1.70	1.20	1.55	1.75	1.55	1.50	1.07	1.77
所有论文	1.28	1.11	1.23	1.31	1.23	1.37	1.36	1.54	1.45	1.31	1.44

46.3 APC 费用按年分布(万元)

论文类型	2012	2013	2014	2015	2016	2017	2018	2019	2020	2021	2022
混合	33.8	21.6	36.9	33.1	24.5	25.1	40.2	69	57.1	61.5	54.6
金色	49.9	53.2	54.3	78.5	130.3	133.4	144	209.1	251.3	428.4	494.7
合计	83.7	74.8	91.2	111.6	154.8	158.5	184.2	278.1	308.4	489.9	549.3

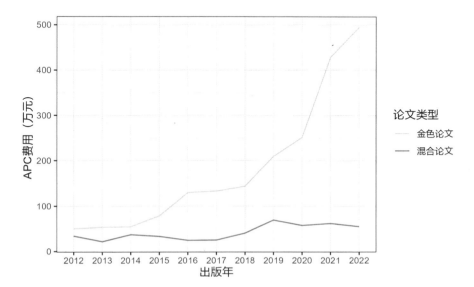

FL46-1　APC 费用逐年折线图

46.4 研究主题分布

FL46-2　混合论文研究主题分布

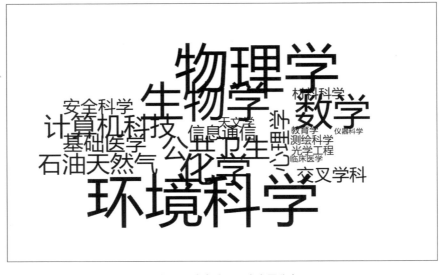

FL46-3　金色论文研究主题分布

47. 吉林大学 Jilin University

47.1 发文量按年分布

论文类型	2012	2013	2014	2015	2016	2017	2018	2019	2020	2021	2022
混合	34	61	84	96	104	115	101	156	176	168	141
金色	291	391	521	659	914	1 348	1 605	2 148	2 509	2 496	2 422
其他 OA	239	286	321	405	430	413	502	528	478	455	307
所有论文	3 453	3 959	4 289	4 656	5 085	5 557	6 324	7 585	7 470	7 703	6 786

47.2 学科规范化引文影响力(CNCI)按年分布

论文类型	2012	2013	2014	2015	2016	2017	2018	2019	2020	2021	2022
混合	1.44	1.14	1.48	1.09	1.12	0.95	1.53	1.38	1.31	1.22	0.98
金色	0.90	0.85	0.82	0.76	0.84	0.83	0.92	0.96	0.86	0.83	0.70
其他 OA	1.29	0.86	0.99	0.92	1.05	1.15	1.37	1.43	1.91	1.34	1.43
所有论文	0.82	0.88	0.88	0.96	0.91	1.06	1.07	1.08	1.08	1.04	1.00

47.3 APC费用按年分布(万元)

论文类型	2012	2013	2014	2015	2016	2017	2018	2019	2020	2021	2022
混合	64.8	120.1	152.9	163.9	181.4	188.7	170.8	278.3	340.6	335.8	290
金色	462.6	590.4	794.3	980	1 367	2 053.2	2 473.1	3 281.7	3 904.4	3 916.2	3 940.4
合计	527.4	710.5	947.2	1 143.9	1 548.4	2 241.9	2 643.9	3 560	4 245	4 252	4 230.4

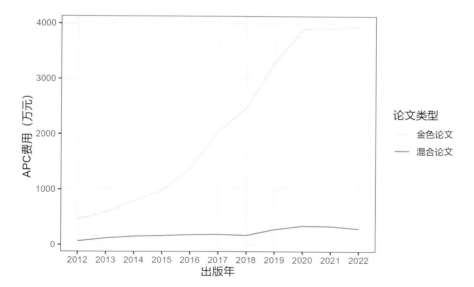

FL47-1　APC费用逐年折线图

47.4 研究主题分布

FL47-2 混合论文研究主题分布

FL47-3 金色论文研究主题分布

48. 暨南大学 Jinan University

48.1 发文量按年分布

论文类型	2012	2013	2014	2015	2016	2017	2018	2019	2020	2021	2022
混合	7	17	25	24	37	41	52	62	97	111	120
金色	100	121	184	187	325	496	546	717	1 073	1 333	1 363
其他 OA	73	71	86	138	141	191	228	222	338	312	201
所有论文	850	938	1 085	1 181	1 525	1 929	2 181	2 798	3 404	3 964	3 534

48.2 学科规范化引文影响力(CNCI)按年分布

论文类型	2012	2013	2014	2015	2016	2017	2018	2019	2020	2021	2022
混合	0.83	0.87	0.93	1.37	1.28	1.30	1.46	1.76	2.62	1.58	1.34
金色	0.87	1.00	0.88	1.06	1.24	1.10	1.10	1.24	1.21	1.06	0.97
其他 OA	5.27	0.91	0.77	1.22	1.22	1.33	1.61	1.50	2.10	1.85	1.33
所有论文	1.11	0.77	0.87	0.93	1.13	1.21	1.26	1.26	1.37	1.28	1.10

48.3 APC费用按年分布(万元)

论文类型	2012	2013	2014	2015	2016	2017	2018	2019	2020	2021	2022
混合	11.8	31.9	43.8	49.1	70.7	78.1	102	121.6	191.3	238.1	256.5
金色	169.8	177.9	284.6	296	512.3	787.7	845.2	1 171.1	1 757.6	2 193.2	2 258.5
合计	181.6	209.8	328.4	345.1	583	865.8	947.2	1 292.7	1 948.9	2 431.3	2 515

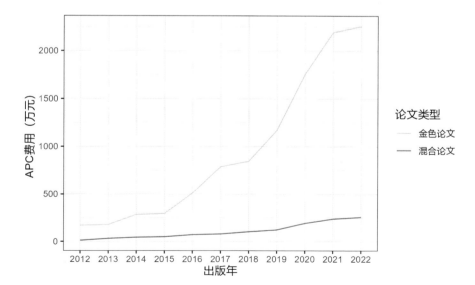

FL48-1 APC费用逐年折线图

48.4 研究主题分布

FL48-2 混合论文研究主题分布

FL48-3 金色论文研究主题分布

49. 江南大学 Jiangnan University

49.1 发文量按年分布

论文类型	2012	2013	2014	2015	2016	2017	2018	2019	2020	2021	2022
混合	8	24	23	24	18	18	20	36	41	33	37
金色	67	124	156	152	244	346	339	539	661	719	825
其他 OA	66	91	99	120	160	124	156	181	217	217	116
所有论文	995	1 233	1 573	1 641	1 884	1 996	2 215	2 812	3 192	3 845	3 262

49.2 学科规范化引文影响力(CNCI)按年分布

论文类型	2012	2013	2014	2015	2016	2017	2018	2019	2020	2021	2022
混合	1.75	1.79	0.83	1.15	0.70	1.20	1.09	1.48	1.46	1.71	0.85
金色	0.83	0.64	0.63	0.88	0.92	1.02	0.85	0.94	0.91	0.89	0.89
其他 OA	1.19	1.62	1.03	1.08	1.26	1.38	1.56	1.74	1.69	1.42	1.23
所有论文	0.91	1.09	0.97	0.99	1.02	1.15	1.15	1.19	1.19	1.20	1.11

49.3 APC费用按年分布(万元)

论文类型	2012	2013	2014	2015	2016	2017	2018	2019	2020	2021	2022
混合	16.3	45.8	45.9	39.9	30.5	31.8	37.4	71.3	87.3	73.2	70.8
金色	101.2	181.7	228.8	226.1	352.7	483.8	525.9	801.4	1 008.8	1 162	1 363.2
合计	117.5	227.5	274.7	266	383.2	515.6	563.3	872.7	1 096.1	1 235.2	1 434

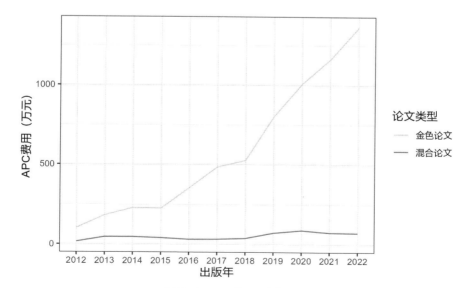

FL49-1　APC费用逐年折线图

49.4 研究主题分布

FL49-2 混合论文研究主题分布

FL49-3 金色论文研究主题分布

50. 兰州大学 Lanzhou University

50.1 发文量按年分布

论文类型	2012	2013	2014	2015	2016	2017	2018	2019	2020	2021	2022
混合	26	44	68	44	43	60	76	97	102	111	110
金色	84	112	194	237	248	359	420	606	761	1 011	1 126
其他 OA	136	158	173	235	242	208	235	242	300	308	205
所有论文	1 393	1 560	1 803	1 902	2 001	2 064	2 407	2 889	3 008	3 731	3 593

50.2 学科规范化引文影响力(CNCI)按年分布

论文类型	2012	2013	2014	2015	2016	2017	2018	2019	2020	2021	2022
混合	1.54	0.62	1.26	0.94	1.77	1.07	1.64	1.30	1.60	1.13	1.53
金色	1.42	1.22	0.70	1.04	0.86	0.96	1.03	0.90	1.05	0.98	0.79
其他 OA	1.13	1.33	1.28	1.41	1.23	1.18	1.27	1.30	2.17	1.52	1.05
所有论文	1.09	1.14	1.10	1.13	1.22	1.23	1.26	1.17	1.26	1.14	0.99

50.3 APC 费用按年分布(万元)

论文类型	2012	2013	2014	2015	2016	2017	2018	2019	2020	2021	2022
混合	57	81.2	125.3	78.3	76.6	95.5	135.2	177.7	188	203.2	207.7
金色	117.4	151.6	261.9	317.4	321.2	497.9	609.4	904.7	1 128	1 506	1 791.1
合计	174.4	232.8	387.2	395.7	397.8	593.4	744.6	1 082.4	1 316	1 709.2	1 998.8

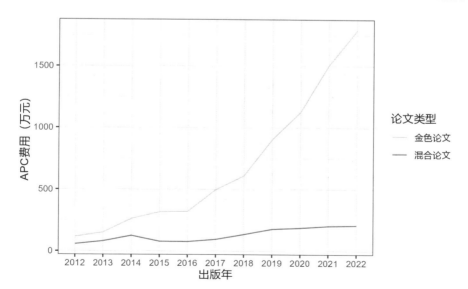

FL50-1　APC 费用逐年折线图

50.4 研究主题分布

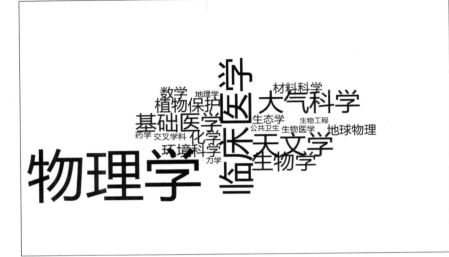

FL50-2 混合论文研究主题分布

FL50-3 金色论文研究主题分布

51. 辽宁大学 Liaoning University

51.1 发文量按年分布

论文类型	2012	2013	2014	2015	2016	2017	2018	2019	2020	2021	2022
混合	0	4	0	3	6	4	2	2	5	4	7
金色	10	11	6	9	24	41	42	41	44	78	129
其他 OA	9	10	7	18	15	16	16	16	12	27	27
所有论文	150	151	174	196	223	247	263	335	325	418	463

51.2 学科规范化引文影响力(CNCI)按年分布

论文类型	2012	2013	2014	2015	2016	2017	2018	2019	2020	2021	2022
混合	0.00	0.16	0.00	0.71	2.39	0.42	0.95	0.57	1.54	0.21	0.65
金色	0.04	0.84	0.23	0.57	1.13	0.84	0.76	0.69	0.64	0.62	1.03
其他 OA	0.85	0.62	0.63	0.42	0.41	0.72	2.89	1.20	0.67	1.00	1.64
所有论文	0.53	0.53	0.56	0.77	0.91	0.87	0.98	1.04	0.98	1.09	1.12

51.3 APC费用按年分布(万元)

论文类型	2012	2013	2014	2015	2016	2017	2018	2019	2020	2021	2022
混合	0	7.8	0	4.8	9.2	7	2.3	3.6	7.5	5.6	14.2
金色	20.8	17.9	7.4	13.3	28	47.9	55.9	55.9	59.6	110.5	202.5
合计	20.8	25.7	7.4	18.1	37.2	54.9	58.2	59.5	67.1	116.1	216.7

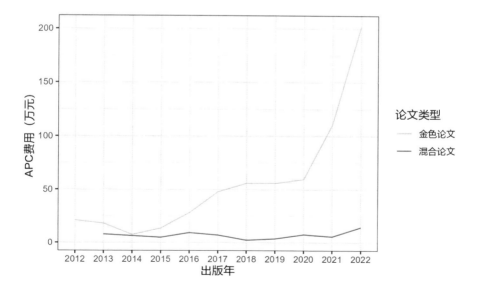

FL51-1　APC费用逐年折线图

51.4 研究主题分布

FL51-2　混合论文研究主题分布

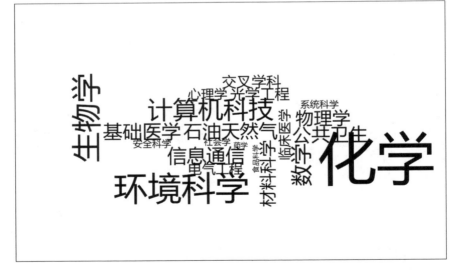

FL51-3　金色论文研究主题分布

52. 南昌大学 Nanchang University

52.1 发文量按年分布

论文类型	2012	2013	2014	2015	2016	2017	2018	2019	2020	2021	2022
混合	6	22	30	29	23	47	63	60	91	80	67
金色	58	74	114	161	278	424	503	788	928	1 277	1 443
其他 OA	64	71	94	149	171	177	181	190	235	230	135
所有论文	867	953	1 004	1 194	1 445	1 708	2 032	2 695	3 120	3 431	3 243

52.2 学科规范化引文影响力(CNCI)按年分布

论文类型	2012	2013	2014	2015	2016	2017	2018	2019	2020	2021	2022
混合	1.40	0.60	1.33	0.60	0.86	1.22	1.98	1.06	1.29	1.03	0.95
金色	0.99	0.89	1.01	1.04	0.99	0.84	1.00	0.83	0.90	0.84	0.95
其他 OA	1.28	0.86	0.75	0.97	1.14	1.26	1.22	1.29	2.46	1.22	1.25
所有论文	0.75	0.76	0.98	1.04	0.97	1.02	1.19	1.10	1.22	1.14	1.24

52.3 APC 费用按年分布(万元)

论文类型	2012	2013	2014	2015	2016	2017	2018	2019	2020	2021	2022
混合	10.9	45.4	55.8	50	36	70.2	103.3	91.4	146.8	140.9	132
金色	93.7	112.1	174.7	251.6	446.5	676.1	776.6	1 214.6	1 482.3	2 086.4	2 393.8
合计	104.6	157.5	230.5	301.6	482.5	746.3	879.9	1 306	1 629.1	2 227.3	2 525.8

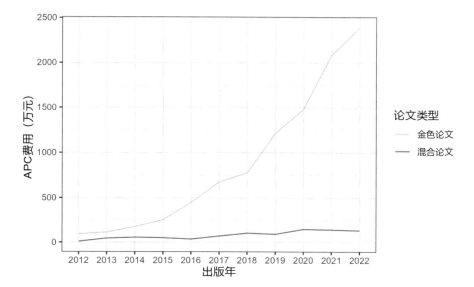

FL52-1　APC 费用逐年折线图

52.4 研究主题分布

FL52-2　混合论文研究主题分布

FL52-3　金色论文研究主题分布

53. 南京大学 Nanjing University

53.1 发文量按年分布

论文类型	2012	2013	2014	2015	2016	2017	2018	2019	2020	2021	2022
混合	61	80	107	162	104	141	140	172	158	150	169
金色	249	299	439	583	814	979	961	1 113	1 260	1 555	1 563
其他 OA	344	379	417	424	547	586	675	706	785	800	493
所有论文	3 078	3 421	3 809	4 139	4 634	4 702	5 096	5 787	5 894	6 541	5 743

53.2 学科规范化引文影响力(CNCI)按年分布

论文类型	2012	2013	2014	2015	2016	2017	2018	2019	2020	2021	2022
混合	0.88	1.13	1.19	1.16	1.63	1.53	1.58	2.01	2.26	1.23	1.26
金色	0.88	1.09	1.05	1.28	1.34	1.28	1.31	1.34	1.22	1.21	0.99
其他 OA	1.58	1.45	1.63	1.18	1.83	1.89	1.71	2.25	1.95	1.56	1.47
所有论文	1.13	1.19	1.25	1.18	1.43	1.45	1.40	1.52	1.43	1.33	1.17

53.3 APC 费用按年分布(万元)

论文类型	2012	2013	2014	2015	2016	2017	2018	2019	2020	2021	2022
混合	108.1	157.6	201.9	308.4	183.5	253.7	232.3	318	305.1	299.5	378.7
金色	370.8	436.2	632.6	904.1	1 255.4	1 536.1	1 531.7	1 808.2	2 053.9	2 608.5	2 685.5
合计	478.9	593.8	834.5	1 212.5	1 438.9	1 789.8	1 764	2 126.2	2 359	2 908	3 064.2

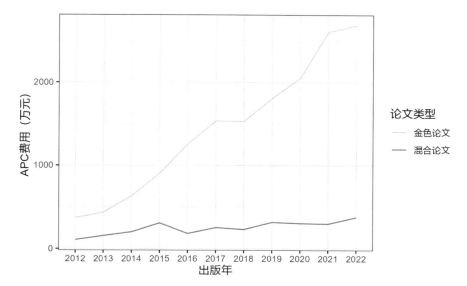

FL53-1　APC 费用逐年折线图

53.4 研究主题分布

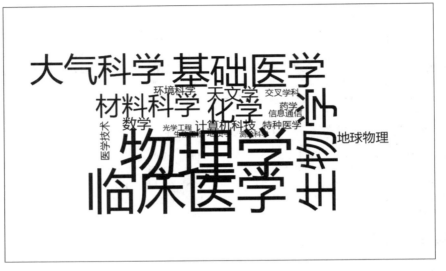

FL53-2　混合论文研究主题分布

FL53-3　金色论文研究主题分布

54. 南京航空航天大学 Nanjing University of Aeronautics & Astronautics

54.1 发文量按年分布

论文类型	2012	2013	2014	2015	2016	2017	2018	2019	2020	2021	2022
混合	23	28	38	34	44	37	36	60	70	66	80
金色	50	77	129	172	224	283	424	565	749	704	734
其他 OA	48	78	82	88	133	145	167	208	268	247	194
所有论文	1 106	1 265	1 559	1 659	2 070	2 276	2 742	3 564	3 695	3 997	3 433

54.2 学科规范化引文影响力(CNCI)按年分布

论文类型	2012	2013	2014	2015	2016	2017	2018	2019	2020	2021	2022
混合	1.35	1.46	1.67	1.04	1.02	1.41	1.44	1.34	1.72	2.04	3.33
金色	0.83	0.87	0.94	0.91	0.81	0.87	0.65	0.64	0.63	0.65	0.69
其他 OA	1.92	1.57	1.02	1.39	1.44	1.60	1.22	1.59	1.55	2.16	1.91
所有论文	1.04	0.99	0.99	1.03	1.09	1.05	1.03	1.02	1.01	1.11	1.08

54.3 APC 费用按年分布(万元)

论文类型	2012	2013	2014	2015	2016	2017	2018	2019	2020	2021	2022
混合	38.4	44.8	57.6	52.6	69.8	55.1	53.2	89.1	109.4	100.5	119.6
金色	77.6	120.6	194.8	270.7	344.2	418.1	622.2	797.4	1 001.3	1 028.4	1 054.2
合计	116	165.4	252.4	323.3	414	473.2	675.4	886.5	1 110.7	1 128.9	1 173.8

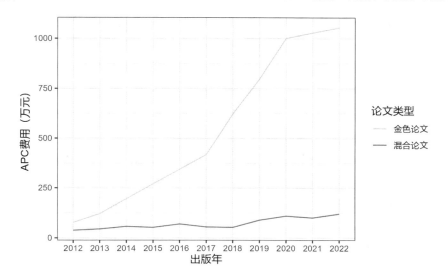

FL54-1 APC 费用逐年折线图

54.4 研究主题分布

FL54-2　混合论文研究主题分布

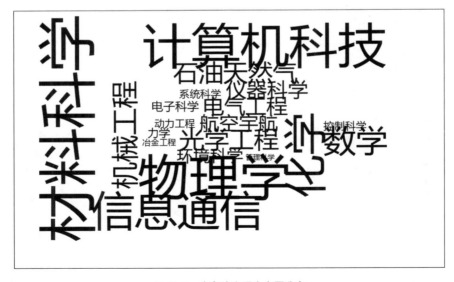

FL54-3　金色论文研究主题分布

55. 南京理工大学 Nanjing University of Science & Technology

55.1 发文量按年分布

论文类型	2012	2013	2014	2015	2016	2017	2018	2019	2020	2021	2022
混合	12	16	27	23	27	29	22	28	42	36	35
金色	51	108	114	127	179	274	360	474	516	510	539
其他 OA	33	75	64	73	124	144	151	189	221	204	192
所有论文	1 107	1 458	1 549	1 754	1 994	2 466	2 622	3 045	2 947	3 422	2 870

55.2 学科规范化引文影响力(CNCI)按年分布

论文类型	2012	2013	2014	2015	2016	2017	2018	2019	2020	2021	2022
混合	1.63	0.89	0.45	0.93	0.85	1.64	2.77	1.78	2.82	1.66	1.05
金色	1.51	0.78	0.82	0.80	0.89	1.05	0.65	0.74	0.75	0.77	0.97
其他 OA	0.58	1.64	0.94	1.23	1.45	3.11	3.37	3.97	2.44	2.00	2.18
所有论文	0.82	0.83	0.97	1.00	1.09	1.27	1.29	1.32	1.22	1.14	1.31

55.3 APC 费用按年分布(万元)

论文类型	2012	2013	2014	2015	2016	2017	2018	2019	2020	2021	2022
混合	20.4	28.3	48	42.3	47.8	51.1	42.7	54.8	76.6	60.8	72.5
金色	76.9	150.9	160.3	197.8	260.5	378.9	497.3	643.2	691.8	678.7	752.2
合计	97.3	179.2	208.3	240.1	308.3	430	540	698	768.4	739.5	824.7

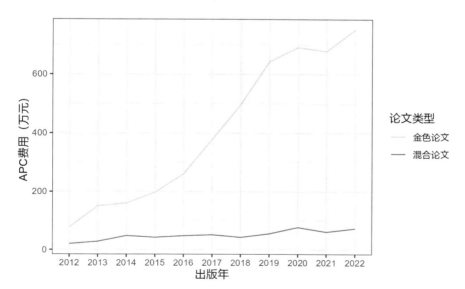

FL55-1　APC 费用逐年折线图

55.4 研究主题分布

FL55-2　混合论文研究主题分布

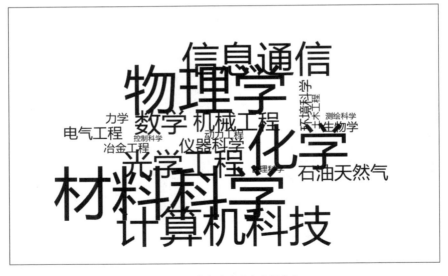

FL55-3　金色论文研究主题分布

56. 南京农业大学 Nanjing Agricultural University

56.1 发文量按年分布

论文类型	2012	2013	2014	2015	2016	2017	2018	2019	2020	2021	2022
混合	19	41	42	23	39	61	62	77	81	46	44
金色	106	157	210	313	396	425	453	628	682	798	963
其他 OA	94	105	149	161	175	161	197	168	191	179	100
所有论文	831	969	1 190	1 390	1 537	1 658	1 842	2 155	2 179	2 315	2 216

56.2 学科规范化引文影响力(CNCI)按年分布

论文类型	2012	2013	2014	2015	2016	2017	2018	2019	2020	2021	2022
混合	1.25	2.23	1.52	3.21	2.01	1.87	1.89	2.52	1.99	1.54	1.36
金色	1.10	1.19	1.31	1.14	1.23	1.23	1.23	1.39	1.09	1.29	1.15
其他 OA	1.25	1.11	0.91	1.05	1.37	1.26	1.38	1.49	1.57	1.64	1.57
所有论文	1.20	1.26	1.17	1.28	1.33	1.33	1.33	1.35	1.40	1.35	1.22

56.3 APC 费用按年分布(万元)

论文类型	2012	2013	2014	2015	2016	2017	2018	2019	2020	2021	2022
混合	33.5	72.4	85.9	47.9	66.4	106.3	116.4	148.3	178.3	105.2	94.3
金色	151.3	220.5	297.8	449.7	582.6	644.6	691.8	966.2	1 071.1	1 289.1	1 549.7
合计	184.8	292.9	383.7	497.6	649	750.9	808.2	1 114.5	1 249.4	1 394.3	1 644

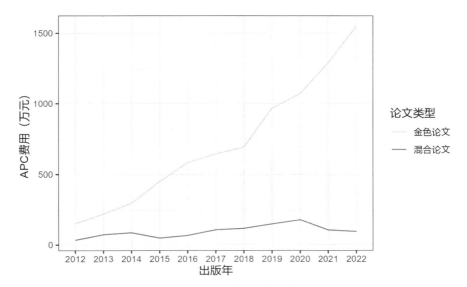

FL56-1 APC 费用逐年折线图

56.4 研究主题分布

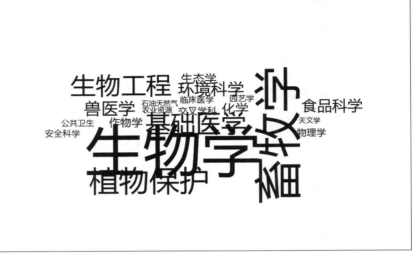

FL56-2　混合论文研究主题分布

FL56-3　金色论文研究主题分布

57. 南京师范大学 Nanjing Normal University

57.1 发文量按年分布

论文类型	2012	2013	2014	2015	2016	2017	2018	2019	2020	2021	2022
混合	5	23	41	16	17	17	30	44	59	51	48
金色	45	51	58	88	138	173	240	306	365	487	454
其他 OA	67	73	83	99	95	120	125	143	142	161	104
所有论文	552	633	696	782	911	1 021	1 270	1 567	1 653	2 007	1 676

57.2 学科规范化引文影响力（CNCI）按年分布

论文类型	2012	2013	2014	2015	2016	2017	2018	2019	2020	2021	2022
混合	1.14	0.60	1.30	0.86	1.31	1.31	0.82	1.30	1.52	1.54	1.53
金色	0.58	1.00	0.93	1.45	1.43	1.02	1.12	1.15	0.81	1.27	1.00
其他 OA	0.73	0.66	0.93	1.12	1.17	1.52	1.36	1.61	1.53	1.18	1.73
所有论文	0.73	1.00	1.07	1.17	1.29	1.36	1.26	1.34	1.12	1.34	1.27

57.3 APC 费用按年分布（万元）

论文类型	2012	2013	2014	2015	2016	2017	2018	2019	2020	2021	2022
混合	8.8	39.7	64.2	26.8	31	31.5	49.5	79.9	105.3	95.9	82.8
金色	68.1	72.5	82.8	117.7	202.8	234.6	335.9	428	528	725.2	709.6
合计	76.9	112.2	147	144.5	233.8	266.1	385.4	507.9	633.3	821.1	792.4

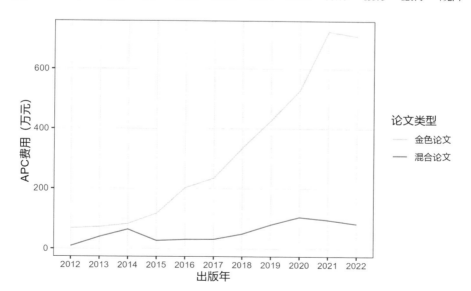

FL57-1　APC 费用逐年折线图

57.4 研究主题分布

FL57-2　混合论文研究主题分布

FL57-3　金色论文研究主题分布

58. 南开大学 Nankai University

58.1 发文量按年分布

论文类型	2012	2013	2014	2015	2016	2017	2018	2019	2020	2021	2022
混合	35	60	59	41	45	41	46	71	91	95	77
金色	116	150	169	205	308	383	418	573	655	811	871
其他 OA	184	205	157	181	235	257	284	311	372	417	243
所有论文	1 642	1 800	1 908	1 947	2 219	2 389	2 785	3 273	3 441	4 132	3 465

58.2 学科规范化引文影响力(CNCI)按年分布

论文类型	2012	2013	2014	2015	2016	2017	2018	2019	2020	2021	2022
混合	1.06	0.79	0.89	0.97	1.28	1.42	1.37	1.50	1.31	1.21	3.19
金色	1.26	1.01	0.93	1.69	1.32	1.20	1.46	1.44	1.19	1.20	0.96
其他 OA	0.93	0.95	1.13	1.24	1.36	2.34	2.05	2.77	3.24	2.16	1.83
所有论文	1.27	1.30	1.12	1.40	1.42	1.54	1.84	1.67	1.78	1.52	1.50

58.3 APC 费用按年分布(万元)

论文类型	2012	2013	2014	2015	2016	2017	2018	2019	2020	2021	2022
混合	66.9	115.9	100.9	75.9	85.5	74.1	93.4	140.2	174.9	181.8	149.8
金色	164.2	218.4	213.4	300.1	445.1	529.5	653.5	891.3	1 056.9	1 301.2	1 466.8
合计	231.1	334.3	314.3	376	530.6	603.6	746.9	1 031.5	1 231.8	1 483	1 616.6

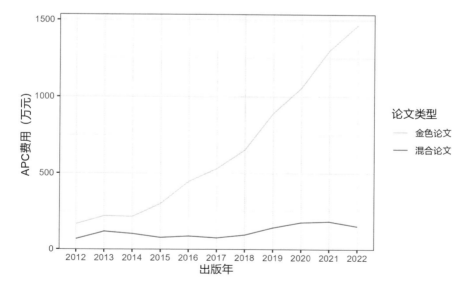

FL58-1 APC 费用逐年折线图

58.4 研究主题分布

FL58-2　混合论文研究主题分布

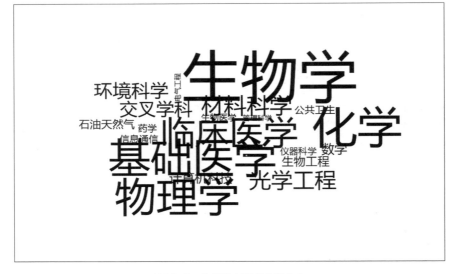

FL58-3　金色论文研究主题分布

59. 内蒙古大学 Inner Mongolia University

59.1 发文量按年分布

论文类型	2012	2013	2014	2015	2016	2017	2018	2019	2020	2021	2022
混合	6	9	10	7	6	9	8	3	12	12	11
金色	25	34	41	26	52	65	88	128	150	169	187
其他 OA	17	17	32	30	31	29	16	34	32	39	33
所有论文	289	359	341	327	343	387	385	512	586	678	628

59.2 学科规范化引文影响力（CNCI）按年分布

论文类型	2012	2013	2014	2015	2016	2017	2018	2019	2020	2021	2022
混合	0.52	0.58	0.17	0.16	0.35	2.40	1.06	1.09	0.79	1.62	0.71
金色	0.31	0.74	0.39	0.48	0.73	0.78	0.73	0.77	0.69	0.82	0.56
其他 OA	0.56	1.08	0.54	1.22	0.65	1.59	1.28	2.54	2.37	1.11	1.12
所有论文	0.59	0.72	0.58	0.76	0.75	0.99	0.87	1.13	1.01	1.05	0.94

59.3 APC 费用按年分布（万元）

论文类型	2012	2013	2014	2015	2016	2017	2018	2019	2020	2021	2022
混合	11.2	16.6	19.1	12.4	9.9	14	14.7	5.7	21.3	20.6	22.2
金色	43.5	42.7	69.9	36.2	80.9	90	121.9	175	205.3	274.6	303.8
合计	54.7	59.3	89	48.6	90.8	104	136.6	180.7	226.6	295.2	326

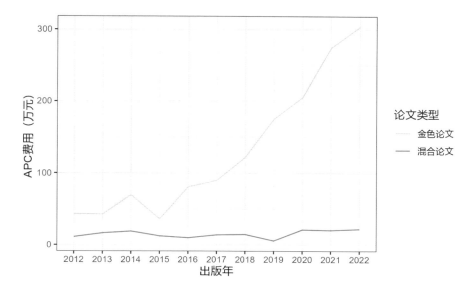

FL59-1 APC 费用逐年折线图

59.4 研究主题分布

FL59-2 混合论文研究主题分布

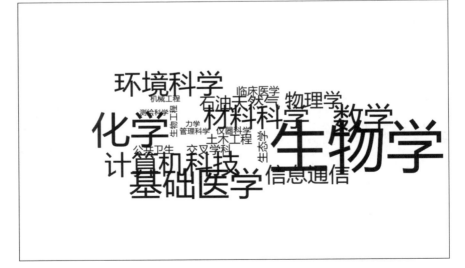

FL59-3 金色论文研究主题分布

60. 宁夏大学 Ningxia University

60.1 发文量按年分布

论文类型	2012	2013	2014	2015	2016	2017	2018	2019	2020	2021	2022
混合	1	4	1	6	2	4	0	1	7	8	11
金色	10	10	7	11	16	31	58	92	136	135	264
其他 OA	9	4	6	15	10	12	17	10	22	34	23
所有论文	155	150	139	153	159	160	242	371	505	580	718

60.2 学科规范化引文影响力(CNCI)按年分布

论文类型	2012	2013	2014	2015	2016	2017	2018	2019	2020	2021	2022
混合	1.13	0.23	2.27	0.12	0.34	0.23	0.00	0.41	0.88	0.38	0.82
金色	0.51	0.43	0.94	0.60	0.62	0.81	0.60	0.63	0.96	0.96	0.51
其他 OA	0.41	0.12	0.21	0.34	0.77	1.03	0.98	1.92	0.92	2.81	0.29
所有论文	0.48	0.52	0.56	0.62	0.75	0.73	0.87	0.95	0.92	1.08	0.62

60.3 APC 费用按年分布(万元)

论文类型	2012	2013	2014	2015	2016	2017	2018	2019	2020	2021	2022
混合	2	8.1	2.2	11.1	4.1	5.1	0	0.7	11.5	14.4	21.2
金色	16	13	10	13.3	26.1	44.5	76.7	125.4	194.3	200.4	397.8
合计	18	21.1	12.2	24.4	30.2	49.6	76.7	126.1	205.8	214.8	419

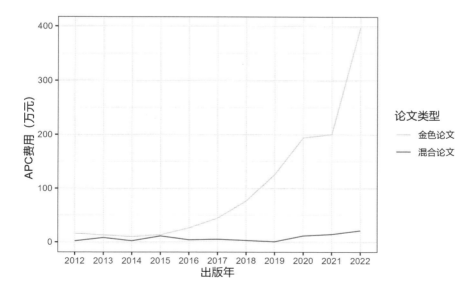

FL60-1 APC 费用逐年折线图

60.4 研究主题分布

FL60-2　混合论文研究主题分布

FL60-3　金色论文研究主题分布

61. 青海大学 Qinghai University

61.1 发文量按年分布

论文类型	2012	2013	2014	2015	2016	2017	2018	2019	2020	2021	2022
混合	3	5	1	1	5	2	7	16	15	14	14
金色	4	7	5	16	19	39	87	148	189	252	309
其他 OA	2	7	7	16	17	21	15	15	16	20	23
所有论文	38	57	54	103	126	177	259	373	410	502	550

61.2 学科规范化引文影响力（CNCI）按年分布

论文类型	2012	2013	2014	2015	2016	2017	2018	2019	2020	2021	2022
混合	0.36	2.11	1.57	0.65	0.66	0.32	0.43	0.54	0.97	0.65	1.09
金色	0.42	1.12	0.36	0.59	1.06	0.91	0.83	0.63	0.53	0.60	0.67
其他 OA	0.92	0.95	0.32	0.40	0.79	0.90	0.83	1.07	0.48	0.94	1.95
所有论文	0.43	0.85	0.64	0.48	0.88	0.98	0.89	0.74	0.63	0.70	0.75

61.3 APC 费用按年分布（万元）

论文类型	2012	2013	2014	2015	2016	2017	2018	2019	2020	2021	2022
混合	5.6	10.7	1.8	2.2	6.3	3	13.5	31.7	30.5	23.2	25.7
金色	5.1	10.1	9.2	27.7	29.1	52.8	127.3	233.9	279.2	385.9	472.5
合计	10.7	20.8	11	29.9	35.4	55.8	140.8	265.6	309.7	409.1	498.2

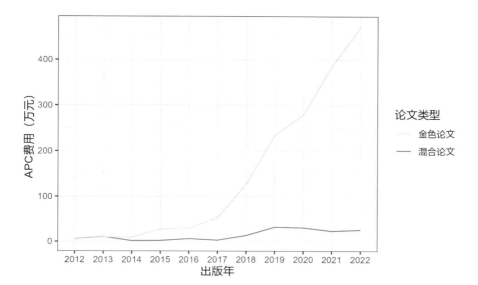

FL61-1 APC 费用逐年折线图

61.4 研究主题分布

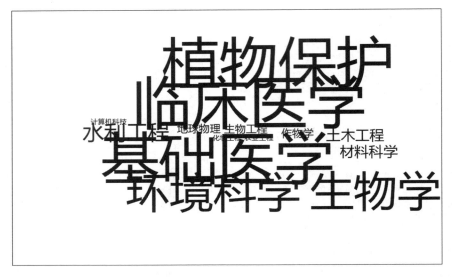

FL61-2　混合论文研究主题分布

FL61-3　金色论文研究主题分布

62. 清华大学 Tsinghua University

62.1 发文量按年分布

论文类型	2012	2013	2014	2015	2016	2017	2018	2019	2020	2021	2022
混合	94	126	176	183	201	229	260	225	267	236	239
金色	307	522	586	774	908	1 277	1 320	1 721	1 738	1 984	1 988
其他 OA	447	556	592	706	861	966	1 058	1 154	1 316	1 415	876
所有论文	5 138	6 155	6 660	7 349	8 250	9 065	9 506	10 389	10 091	10 878	8 975

62.2 学科规范化引文影响力(CNCI)按年分布

论文类型	2012	2013	2014	2015	2016	2017	2018	2019	2020	2021	2022
混合	1.05	1.94	1.39	1.51	1.81	1.67	2.19	3.59	1.82	1.68	2.32
金色	1.63	1.20	1.20	1.37	1.50	1.46	1.41	1.33	1.32	1.09	0.95
其他 OA	2.09	2.07	2.65	2.01	2.18	3.73	3.86	3.01	3.11	2.34	2.00
所有论文	1.32	1.34	1.40	1.50	1.52	1.81	1.79	1.71	1.67	1.45	1.35

62.3 APC 费用按年分布(万元)

论文类型	2012	2013	2014	2015	2016	2017	2018	2019	2020	2021	2022
混合	171.1	232.7	331.6	345	390.7	440.1	481.2	421.6	519.8	483.3	550.5
金色	468.2	792.4	861.1	1 188.8	1 384.5	1 918.4	2 058.5	2 729.8	2 773.5	3 267	3 346.3
合计	639.3	1 025.1	1 192.7	1 533.8	1 775.2	2 358.5	2 539.7	3 151.4	3 293.3	3 750.3	3 896.8

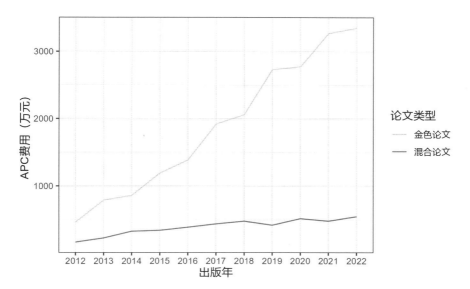

FL62-1　APC 费用逐年折线图

62.4 研究主题分布

FL62-2　混合论文研究主题分布

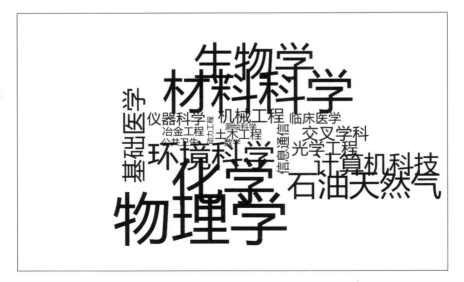

FL62-3　金色论文研究主题分布

63. 山东大学 Shandong University

63.1 发文量按年分布

论文类型	2012	2013	2014	2015	2016	2017	2018	2019	2020	2021	2022
混合	47	64	101	116	91	128	169	164	201	209	197
金色	351	533	677	821	1 098	1 435	1 494	1 878	2 219	2 729	2 752
其他 OA	343	403	523	557	639	653	723	648	729	829	469
所有论文	3 580	3 991	4 560	5 167	5 655	5 755	6 291	7 196	7 698	9 058	7 819

63.2 学科规范化引文影响力（CNCI）按年分布

论文类型	2012	2013	2014	2015	2016	2017	2018	2019	2020	2021	2022
混合	1.19	1.46	1.90	0.82	1.12	1.41	1.26	1.59	1.49	1.73	1.02
金色	1.05	0.78	0.82	0.95	0.95	0.95	0.99	0.99	0.95	0.86	0.80
其他 OA	1.06	1.01	1.00	0.90	1.10	1.23	1.22	1.34	1.71	1.38	1.21
所有论文	0.88	0.91	0.89	0.91	0.95	1.03	1.12	1.14	1.16	1.15	1.03

63.3 APC费用按年分布（万元）

论文类型	2012	2013	2014	2015	2016	2017	2018	2019	2020	2021	2022
混合	94.8	130.6	188.7	197.9	159.9	214.6	277.3	291	379.8	408.8	414.3
金色	547.1	805.9	1 042.7	1 265.7	1 765.8	2 301.5	2 380.4	2 974.5	3 570.5	4 459.7	4 568.6
合计	641.9	936.5	1 231.4	1 463.6	1 925.7	2 516.1	2 657.7	3 265.5	3 950.3	4 868.5	4 982.9

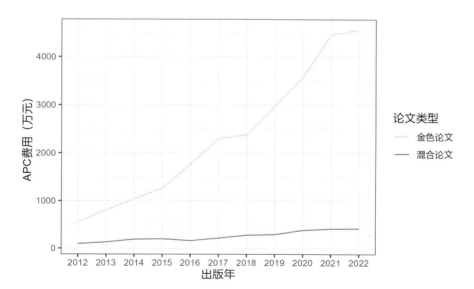

FL63-1　APC费用逐年折线图

63.4 研究主题分布

FL63-2 混合论文研究主题分布

FL63-3 金色论文研究主题分布

64. 陕西师范大学 Shaanxi Normal University

64.1 发文量按年分布

论文类型	2012	2013	2014	2015	2016	2017	2018	2019	2020	2021	2022
混合	17	23	19	22	22	13	13	17	28	17	23
金色	14	23	44	60	97	171	224	264	302	349	419
其他 OA	49	40	26	61	113	93	91	90	104	115	68
所有论文	503	521	664	806	1 133	1 165	1 303	1 479	1 569	1 698	1 530

64.2 学科规范化引文影响力(CNCI)按年分布

论文类型	2012	2013	2014	2015	2016	2017	2018	2019	2020	2021	2022
混合	0.50	0.32	0.59	0.49	0.88	0.62	0.83	1.45	1.66	0.73	3.47
金色	0.46	0.39	0.75	1.39	0.77	0.96	1.54	0.89	1.06	1.10	0.77
其他 OA	1.11	0.69	0.63	1.50	1.17	1.82	1.97	1.19	1.46	1.21	1.34
所有论文	0.72	0.85	0.82	1.05	0.93	1.10	1.43	1.23	1.24	1.32	1.08

64.3 APC 费用按年分布(万元)

论文类型	2012	2013	2014	2015	2016	2017	2018	2019	2020	2021	2022
混合	33.7	40.8	33.6	39.4	43.4	25	20.3	31.8	50	35.8	45.5
金色	17.6	35.1	64.4	84.2	141.3	233	331	387	449.2	552.5	635.3
合计	51.3	75.9	98	123.6	184.7	258	351.3	418.8	499.2	588.3	680.8

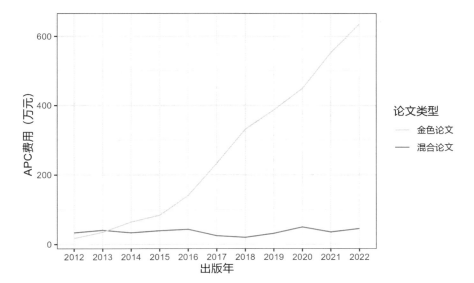

FL64-1 APC 费用逐年折线图

64.4 研究主题分布

FL64-2　混合论文研究主题分布

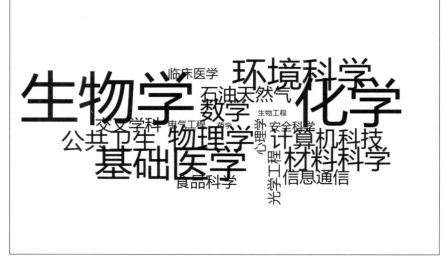

FL64-3　金色论文研究主题分布

65. 上海财经大学 Shanghai University of Finance & Economics

65.1 发文量按年分布

论文类型	2012	2013	2014	2015	2016	2017	2018	2019	2020	2021	2022
混合	0	1	5	1	0	0	2	4	7	12	9
金色	5	2	11	8	13	17	35	43	48	76	123
其他 OA	18	18	25	27	33	42	52	42	45	46	56
所有论文	113	142	167	171	188	227	280	336	377	436	439

65.2 学科规范化引文影响力(CNCI)按年分布

论文类型	2012	2013	2014	2015	2016	2017	2018	2019	2020	2021	2022
混合	0.00	0.49	1.00	0.24	0.00	0.00	0.61	0.92	2.54	2.85	10.94
金色	0.93	0.10	0.39	0.50	0.93	0.45	0.64	0.88	0.42	0.75	0.80
其他 OA	2.44	1.49	0.72	1.73	2.22	1.65	1.77	1.84	1.90	1.21	1.56
所有论文	1.11	1.13	1.03	1.17	1.43	1.24	1.27	1.44	1.25	1.23	1.23

65.3 APC费用按年分布(万元)

论文类型	2012	2013	2014	2015	2016	2017	2018	2019	2020	2021	2022
混合	0	0.8	9.1	1.9	0	0	3.5	8.1	13	22	18.9
金色	8.9	3.5	17.1	10.9	19.2	25.3	54.4	61.8	73.4	113.2	211
合计	8.9	4.3	26.2	12.8	19.2	25.3	57.9	69.9	86.4	135.2	229.9

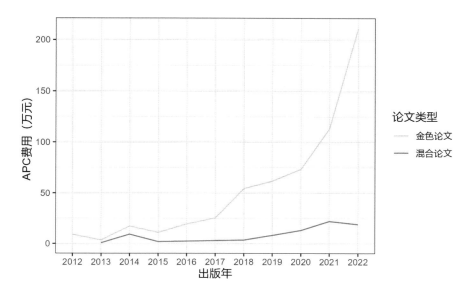

FL65-1　APC费用逐年折线图

65.4 研究主题分布

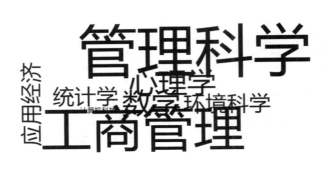

FL65-2　混合论文研究主题分布

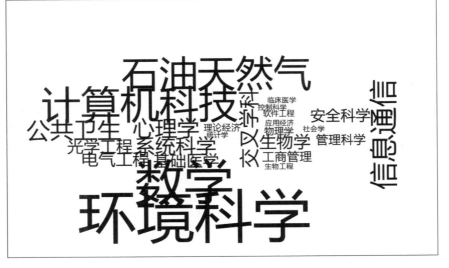

FL65-3　金色论文研究主题分布

66. 上海大学 Shanghai University

66.1 发文量按年分布

论文类型	2012	2013	2014	2015	2016	2017	2018	2019	2020	2021	2022
混合	21	24	37	23	33	47	39	36	60	50	81
金色	80	98	125	125	220	369	406	640	667	758	939
其他OA	73	99	98	151	195	207	212	228	249	279	204
所有论文	1 438	1 482	1 545	1 694	2 247	2 569	2 732	3 315	3 252	3 780	3 567

66.2 学科规范化引文影响力(CNCI)按年分布

论文类型	2012	2013	2014	2015	2016	2017	2018	2019	2020	2021	2022
混合	0.41	0.46	1.04	0.91	0.52	1.03	3.08	2.30	1.49	1.64	1.27
金色	1.05	0.66	0.72	0.75	1.09	0.97	1.13	0.92	1.03	0.91	0.96
其他OA	1.36	1.14	1.83	1.53	1.21	1.16	1.51	1.62	1.51	1.63	1.17
所有论文	0.80	0.90	0.89	0.93	0.95	1.00	1.14	1.18	1.19	1.23	1.27

66.3 APC费用按年分布(万元)

论文类型	2012	2013	2014	2015	2016	2017	2018	2019	2020	2021	2022
混合	34.1	41.7	57.7	43.1	58.1	85.7	68.6	67.2	126.6	102.9	150.1
金色	117.4	144.9	183.3	173	315.3	502.9	589.8	899.6	979.3	1 107.8	1 418.8
合计	151.5	186.6	241	216.1	373.4	588.6	658.4	966.8	1 105.9	1 210.7	1 568.9

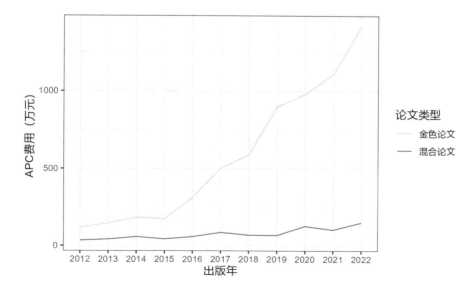

FL66-1 APC费用逐年折线图

66.4　研究主题分布

FL66-2　混合论文研究主题分布

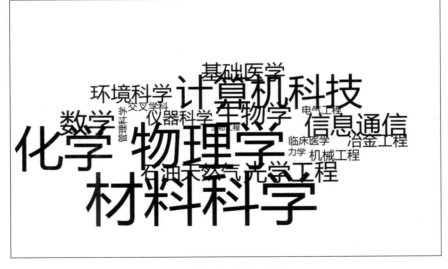

FL66-3　金色论文研究主题分布

67. 上海交通大学 Shanghai Jiao Tong University

67.1 发文量按年分布

论文类型	2012	2013	2014	2015	2016	2017	2018	2019	2020	2021	2022
混合	98	153	195	231	234	298	343	373	444	503	448
金色	549	871	1 060	1 379	1 894	2 372	2 361	3 042	3 805	4 966	4 677
其他 OA	723	815	875	954	1 111	1 161	1 338	1 344	1 455	1 663	1 068
所有论文	5 843	6 883	7 519	8 349	9 371	10 257	11 087	12 894	13 792	16 042	13 235

67.2 学科规范化引文影响力（CNCI）按年分布

论文类型	2012	2013	2014	2015	2016	2017	2018	2019	2020	2021	2022
混合	1.48	1.30	1.31	1.35	1.45	1.37	1.57	1.58	2.22	1.57	1.13
金色	0.91	0.97	1.01	1.04	1.19	1.18	1.13	1.32	1.24	1.07	1.05
其他 OA	1.34	1.57	1.39	1.48	1.61	1.95	1.87	2.47	3.67	1.79	1.94
所有论文	1.04	1.10	1.10	1.14	1.16	1.28	1.26	1.41	1.52	1.21	1.16

67.3 APC 费用按年分布（万元）

论文类型	2012	2013	2014	2015	2016	2017	2018	2019	2020	2021	2022
混合	181.5	293.4	386.2	413.3	437	533.5	614.5	742.9	936.2	1 106	938.1
金色	843.8	1 325.1	1 627.4	2 199.2	3 143.3	4 025.6	3 928.1	5 124.2	6 491.1	8 522.6	8 090.9
合计	1 025.3	1 618.5	2 013.6	2 612.5	3 580.3	4 559.1	4 542.6	5 867.1	7 427.3	9 628.6	9 029

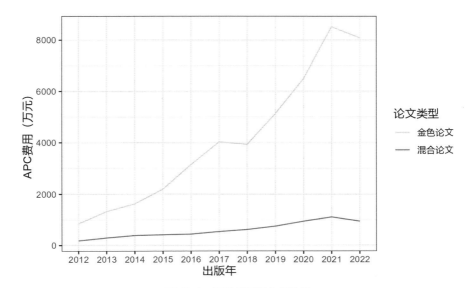

FL67-1　APC 费用逐年折线图

67.4 研究主题分布

FL67-2　混合论文研究主题分布

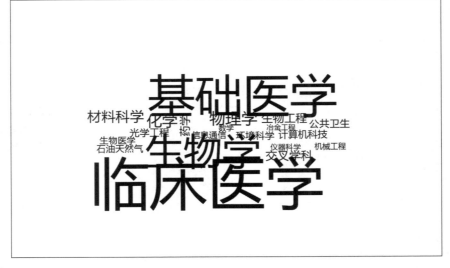

FL67-3　金色论文研究主题分布

68. 上海外国语大学 Shanghai International Studies University

68.1 发文量按年分布

论文类型	2012	2013	2014	2015	2016	2017	2018	2019	2020	2021	2022
混合	0	1	0	0	0	0	0	1	0	4	3
金色	0	0	4	2	2	10	13	24	39	48	69
其他 OA	0	0	0	9	8	2	2	9	8	6	10
所有论文	25	17	36	36	44	46	57	103	151	170	208

68.2 学科规范化引文影响力(CNCI)按年分布

论文类型	2012	2013	2014	2015	2016	2017	2018	2019	2020	2021	2022
混合	0.00	1.44	0.00	0.00	0.00	0.00	0.00	0.33	0.00	1.45	4.00
金色	0.00	0.00	1.06	0.36	0.97	0.54	0.94	0.34	0.37	0.50	0.47
其他 OA	0.00	0.00	0.00	0.37	0.71	0.29	2.21	1.94	0.30	3.69	3.21
所有论文	0.46	0.42	0.48	0.63	0.76	0.72	1.21	1.30	0.65	1.42	0.76

68.3 APC 费用按年分布(万元)

论文类型	2012	2013	2014	2015	2016	2017	2018	2019	2020	2021	2022
混合	0	1.9	0	0	0	0	0	2	0	7.3	5.7
金色	0	0	7.9	2.6	2.9	19.5	21.3	43.1	72.4	87.7	129.5
合计	0	1.9	7.9	2.6	2.9	19.5	21.3	45.1	72.4	95	135.2

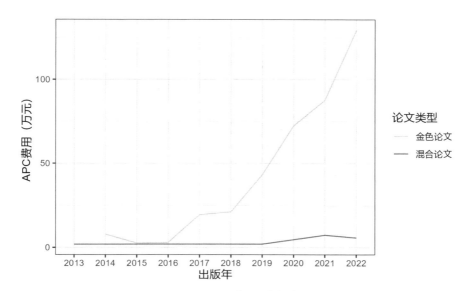

FL68-1 APC 费用逐年折线图

68.4 研究主题分布

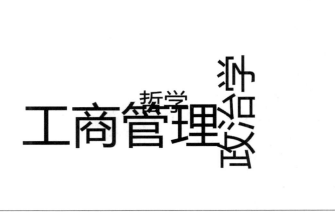

FL68-2 混合论文研究主题分布

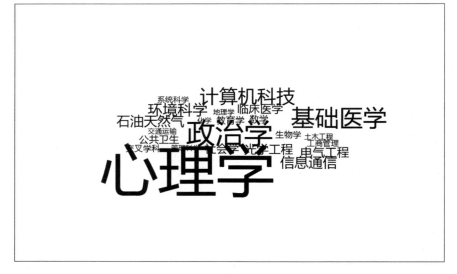

FL68-3 金色论文研究主题分布

69. 石河子大学 Shihezi University

69.1 发文量按年分布

论文类型	2012	2013	2014	2015	2016	2017	2018	2019	2020	2021	2022
混合	4	7	6	5	9	15	19	18	16	24	20
金色	14	19	43	59	92	137	148	245	250	320	436
其他 OA	18	22	33	30	31	39	31	34	47	41	39
所有论文	147	194	241	323	385	476	456	675	693	882	936

69.2 学科规范化引文影响力(CNCI)按年分布

论文类型	2012	2013	2014	2015	2016	2017	2018	2019	2020	2021	2022
混合	0.05	0.57	0.46	0.46	0.82	0.64	1.50	1.29	0.67	0.64	0.35
金色	0.89	0.66	0.66	0.83	0.87	0.95	0.82	0.90	0.74	0.77	1.02
其他 OA	1.26	0.52	0.72	0.90	0.64	0.59	1.07	1.63	0.73	0.89	1.36
所有论文	0.68	0.61	0.72	0.86	0.84	0.89	0.97	1.01	0.85	0.91	0.96

69.3 APC 费用按年分布(万元)

论文类型	2012	2013	2014	2015	2016	2017	2018	2019	2020	2021	2022
混合	6.6	13.6	10.8	10.4	17.2	23.7	31.6	34	25.9	45.1	39.9
金色	22.6	31.3	68.2	87.1	139.2	200.9	202.1	342.6	355.4	484.1	679.6
合计	29.2	44.9	79	97.5	156.4	224.6	233.7	376.6	381.3	529.2	719.5

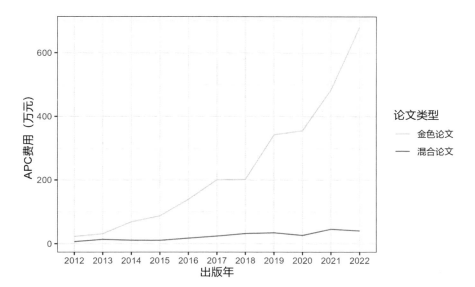

FL69-1 APC 费用逐年折线图

69.4　研究主题分布

FL69-2　混合论文研究主题分布

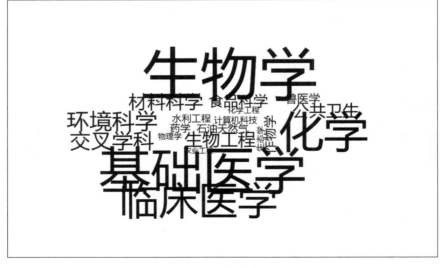

FL69-3　金色论文研究主题分布

70. 四川大学 Sichuan University

70.1 发文量按年分布

论文类型	2012	2013	2014	2015	2016	2017	2018	2019	2020	2021	2022
混合	78	124	149	120	104	116	162	193	275	299	290
金色	323	428	600	720	1 040	1 388	1 700	2 375	2 783	3 886	3 919
其他 OA	358	410	475	548	651	684	761	740	856	977	594
所有论文	3 754	4 098	4 760	5 115	5 588	6 214	7 329	8 856	9 931	11 780	10 837

70.2 学科规范化引文影响力(CNCI)按年分布

论文类型	2012	2013	2014	2015	2016	2017	2018	2019	2020	2021	2022
混合	0.67	0.89	0.87	0.68	1.40	1.10	1.28	1.33	1.47	1.87	1.41
金色	0.84	0.76	0.73	0.85	0.94	0.93	0.90	0.97	1.13	0.91	0.81
其他 OA	0.88	0.81	0.98	0.92	1.23	1.62	1.38	1.45	1.97	1.80	1.57
所有论文	0.78	0.79	0.88	0.89	1.03	1.13	1.11	1.11	1.21	1.17	1.04

70.3 APC 费用按年分布(万元)

论文类型	2012	2013	2014	2015	2016	2017	2018	2019	2020	2021	2022
混合	147.9	235.1	276.8	216.2	202.4	223	291.8	384.1	577.7	639.3	637.3
金色	505.7	638.3	901.5	1 098.8	1 637.6	2 154.4	2 685.9	3 690.9	4 433.4	6 281.7	6 517.9
合计	653.6	873.4	1 178.3	1 315	1 840	2 377.4	2 977.7	4 075	5 011.1	6 921	7 155.2

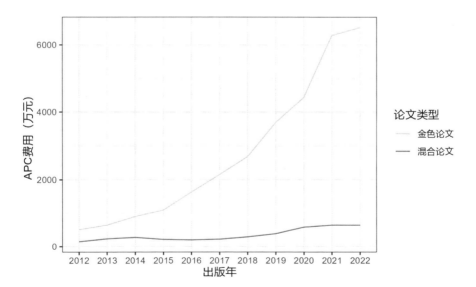

FL70-1 APC 费用逐年折线图

70.4 研究主题分布

FL70-2　混合论文研究主题分布

FL70-3　金色论文研究主题分布

71. 四川农业大学 Sichuan Agricultural University

71.1 发文量按年分布

论文类型	2012	2013	2014	2015	2016	2017	2018	2019	2020	2021	2022
混合	22	13	20	18	22	26	27	40	36	36	31
金色	52	91	105	142	224	317	358	595	550	617	876
其他 OA	52	36	46	85	73	56	84	82	83	86	43
所有论文	405	476	550	681	907	942	992	1 299	1 302	1 391	1 511

71.2 学科规范化引文影响力(CNCI)按年分布

论文类型	2012	2013	2014	2015	2016	2017	2018	2019	2020	2021	2022
混合	0.74	2.01	1.19	1.35	1.21	1.54	1.88	1.30	1.19	1.11	1.23
金色	1.23	0.84	1.07	0.97	1.03	1.08	1.03	0.97	1.14	1.16	1.13
其他 OA	0.90	0.81	1.02	0.64	1.22	1.55	0.97	1.04	1.08	2.10	1.04
所有论文	0.70	0.71	0.87	0.79	0.83	0.99	1.07	1.09	1.16	1.33	1.23

71.3 APC 费用按年分布(万元)

论文类型	2012	2013	2014	2015	2016	2017	2018	2019	2020	2021	2022
混合	37	23.5	33.6	27.6	43.1	48.7	48.4	68.1	77.4	76.9	66
金色	80.1	129.1	149	192.9	348.4	473.1	532.8	914.6	847.1	951.1	1 386.9
合计	117.1	152.6	182.6	220.5	391.5	521.8	581.2	982.7	924.5	1 028	1 452.9

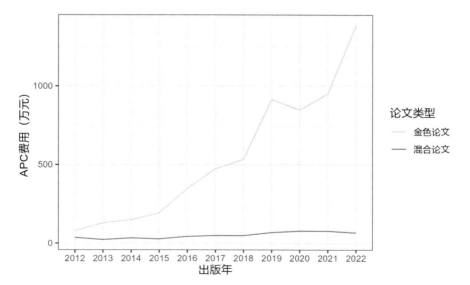

FL71-1 APC 费用逐年折线图

71.4 研究主题分布

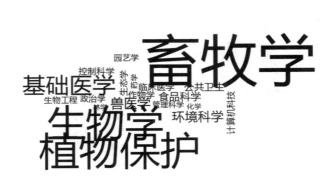

FL71-2　混合论文研究主题分布

FL71-3　金色论文研究主题分布

72. 苏州大学 Soochow University — China

72.1 发文量按年分布

论文类型	2012	2013	2014	2015	2016	2017	2018	2019	2020	2021	2022
混合	43	63	61	69	76	132	130	128	144	164	225
金色	164	260	384	485	570	793	866	1 119	1 522	1 829	2 334
其他 OA	180	201	231	308	368	417	400	462	484	530	435
所有论文	1 907	2 435	2 657	3 194	3 506	3 816	4 119	4 903	5 130	5 947	6 496

72.2 学科规范化引文影响力(CNCI)按年分布

论文类型	2012	2013	2014	2015	2016	2017	2018	2019	2020	2021	2022
混合	1.03	1.12	1.15	0.96	0.91	1.49	1.42	1.51	1.40	1.21	1.15
金色	1.08	0.77	0.79	1.04	1.17	1.00	1.05	1.25	1.00	1.03	0.91
其他 OA	1.04	1.00	1.11	1.18	1.02	1.03	0.99	1.13	1.22	1.09	1.22
所有论文	1.00	1.08	1.01	1.18	1.14	1.26	1.22	1.29	1.26	1.20	1.14

72.3 APC费用按年分布(万元)

论文类型	2012	2013	2014	2015	2016	2017	2018	2019	2020	2021	2022
混合	78.3	119.6	115.5	127.9	136.3	243.6	228.5	244.4	295.9	316.7	449.6
金色	254.5	387.5	586.9	760.3	922.7	1 339	1 426.8	1 830.2	2 466.1	2 927.2	3 825.9
合计	332.8	507.1	702.4	888.2	1 059	1 582.6	1 655.3	2 074.6	2 762	3 243.9	4 275.5

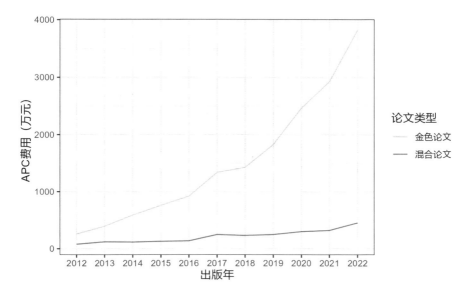

FL72-1 APC费用逐年折线图

72.4 研究主题分布

FL72-2　混合论文研究主题分布

FL72-3　金色论文研究主题分布

73. 太原理工大学 Taiyuan University of Technology

73.1 发文量按年分布

论文类型	2012	2013	2014	2015	2016	2017	2018	2019	2020	2021	2022
混合	5	13	11	17	4	12	10	14	17	14	16
金色	33	40	70	71	92	171	275	330	368	332	411
其他OA	25	53	55	48	71	80	74	86	91	100	69
所有论文	599	798	788	913	966	1 160	1 439	1 701	1 755	1 742	1 776

73.2 学科规范化引文影响力(CNCI)按年分布

论文类型	2012	2013	2014	2015	2016	2017	2018	2019	2020	2021	2022
混合	0.78	0.77	0.31	1.05	0.36	0.36	2.15	0.93	1.11	1.17	0.25
金色	0.99	0.63	0.46	0.76	0.64	0.72	0.74	0.69	0.74	0.83	0.68
其他OA	1.48	0.36	0.75	1.11	1.61	1.09	1.37	0.89	0.92	0.99	0.93
所有论文	0.63	0.58	0.79	0.83	0.90	0.98	1.05	0.99	0.93	0.98	0.78

73.3 APC费用按年分布(万元)

论文类型	2012	2013	2014	2015	2016	2017	2018	2019	2020	2021	2022
混合	8.5	23.1	18.9	29.7	8.4	21	17.1	25.8	32	27.7	31.4
金色	51.4	56	97.5	92.5	125.1	221.5	363.3	448.6	470.7	447.7	563.8
合计	59.9	79.1	116.4	122.2	133.5	242.5	380.4	474.4	502.7	475.4	595.2

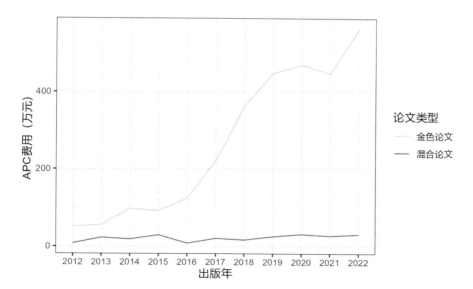

FL73-1 APC费用逐年折线图

73.4 研究主题分布

FL73-2　混合论文研究主题分布

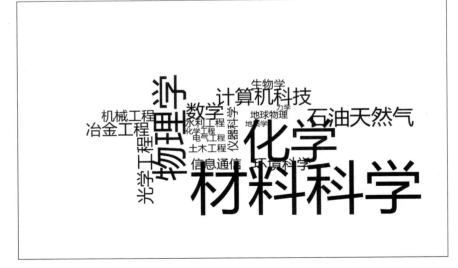

FL73-3　金色论文研究主题分布

74. 天津大学 Tianjin University

74.1 发文量按年分布

论文类型	2012	2013	2014	2015	2016	2017	2018	2019	2020	2021	2022
混合	27	63	53	62	55	83	72	85	119	107	135
金色	106	155	269	324	418	674	746	1 148	1 101	1 083	1 263
其他 OA	125	156	175	218	287	344	436	525	630	654	378
所有论文	2 912	3 000	3 160	3 644	4 119	4 929	5 614	6 728	6 904	7 846	6 586

74.2 学科规范化引文影响力(CNCI)按年分布

论文类型	2012	2013	2014	2015	2016	2017	2018	2019	2020	2021	2022
混合	0.71	0.52	0.79	1.17	2.32	1.40	1.73	1.51	1.66	1.32	1.01
金色	1.15	0.96	0.79	1.14	1.13	1.01	1.05	1.09	0.87	1.00	0.94
其他 OA	1.28	0.96	1.00	1.04	1.41	1.72	1.79	2.34	1.99	1.58	1.60
所有论文	0.79	0.95	0.99	1.13	1.33	1.24	1.29	1.39	1.39	1.26	1.16

74.3 APC 费用按年分布(万元)

论文类型	2012	2013	2014	2015	2016	2017	2018	2019	2020	2021	2022
混合	47.1	117.4	98	115	101.8	157.7	149.6	171.8	241.9	208.6	258.7
金色	173.8	224.9	417.2	494	633.3	973	1 081.8	1 683.5	1 604.3	1 653.3	1 961.9
合计	220.9	342.3	515.2	609	735.1	1 130.7	1 231.4	1 855.3	1 846.2	1 861.9	2 220.6

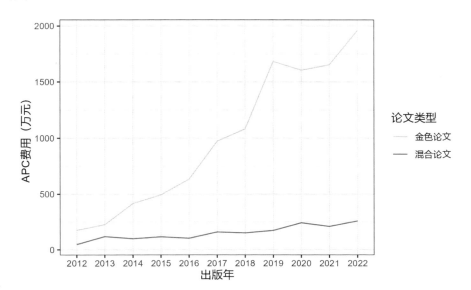

FL74-1 APC 费用逐年折线图

74.4 研究主题分布

FL74-2　混合论文研究主题分布

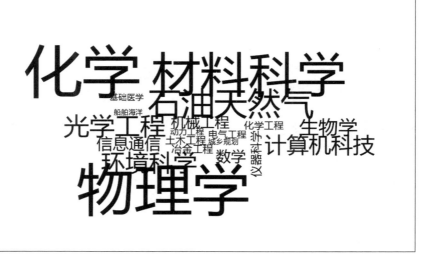

FL74-3　金色论文研究主题分布

75. 天津医科大学 Tianjin Medical University

75.1 发文量按年分布

论文类型	2012	2013	2014	2015	2016	2017	2018	2019	2020	2021	2022
混合	15	25	41	45	46	81	85	94	104	92	87
金色	84	177	235	338	475	545	514	665	925	1 217	1 193
其他 OA	127	103	166	175	191	199	232	224	212	243	146
所有论文	626	842	1 057	1 248	1 326	1 394	1 524	1 842	2 074	2 406	2 127

75.2 学科规范化引文影响力（CNCI）按年分布

论文类型	2012	2013	2014	2015	2016	2017	2018	2019	2020	2021	2022
混合	0.91	1.34	1.42	1.08	1.24	1.33	1.48	1.96	1.36	3.81	1.00
金色	0.93	0.77	0.99	1.02	1.05	1.05	1.13	1.18	1.06	0.93	0.68
其他 OA	1.10	1.34	1.06	1.09	1.23	2.03	1.37	1.68	1.34	0.96	0.83
所有论文	0.91	0.88	0.91	0.92	1.00	1.12	1.11	1.17	1.03	1.02	0.78

75.3 APC 费用按年分布（万元）

论文类型	2012	2013	2014	2015	2016	2017	2018	2019	2020	2021	2022
混合	28.1	48.7	83.1	86.6	81.6	130.8	150.3	186.7	218	195.7	186.8
金色	130	280.1	373.3	551.6	810.2	973.3	868.9	1 168.5	1 544	2 066	2 057.1
合计	158.1	328.8	456.4	638.2	891.8	1 104.1	1 019.2	1 355.2	1 762	2 261.7	2 243.9

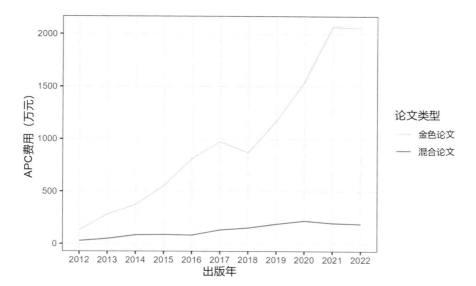

FL75-1　APC 费用逐年折线图

75.4 研究主题分布

FL75-2　混合论文研究主题分布

FL75-3　金色论文研究主题分布

76. 同济大学 Tongji University

76.1 发文量按年分布

论文类型	2012	2013	2014	2015	2016	2017	2018	2019	2020	2021	2022
混合	28	55	89	75	81	107	107	135	149	175	212
金色	228	409	438	564	768	1 042	990	1 435	1 771	2 176	2 343
其他 OA	233	298	318	359	444	498	517	494	486	583	352
所有论文	2 704	3 249	3 533	3 745	4 345	4 667	5 025	5 877	6 428	7 680	7 062

76.2 学科规范化引文影响力(CNCI)按年分布

论文类型	2012	2013	2014	2015	2016	2017	2018	2019	2020	2021	2022
混合	0.79	0.83	1.64	0.83	0.97	1.30	1.42	1.70	2.81	1.65	1.27
金色	0.96	1.36	0.82	0.91	1.22	1.14	1.09	1.13	0.92	0.95	0.77
其他 OA	1.43	1.26	1.94	1.48	1.64	1.83	2.15	2.17	1.84	1.78	1.88
所有论文	0.98	1.03	1.10	1.07	1.16	1.34	1.38	1.41	1.26	1.27	1.25

76.3 APC 费用按年分布(万元)

论文类型	2012	2013	2014	2015	2016	2017	2018	2019	2020	2021	2022
混合	52.7	108.2	164.8	134.8	148.6	194.1	174.2	242.9	307.5	377.4	459.7
金色	347.1	493.2	678.9	899.2	1 258.1	1 757.6	1 617.2	2 323.5	2 840.8	3 564.8	3 931.1
合计	399.8	601.4	843.7	1 034	1 406.7	1 951.7	1 791.4	2 566.4	3 148.3	3 942.2	4 390.8

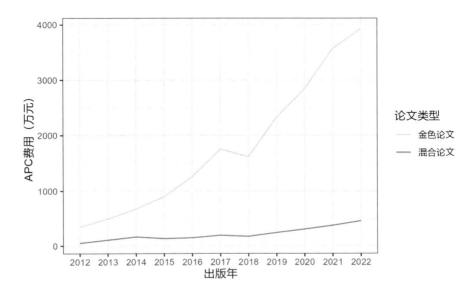

FL76-1 APC 费用逐年折线图

76.4 研究主题分布

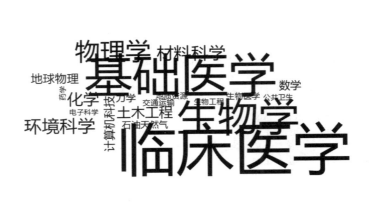

FL76-2　混合论文研究主题分布

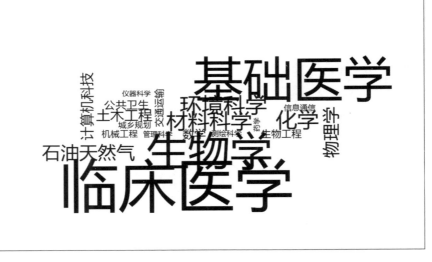

FL76-3　金色论文研究主题分布

77. 武汉大学 Wuhan University

77.1 发文量按年分布

论文类型	2012	2013	2014	2015	2016	2017	2018	2019	2020	2021	2022
混合	39	66	83	97	98	125	115	161	228	194	188
金色	225	360	510	654	981	1 272	1 399	1 907	2 308	2 589	2 633
其他 OA	207	245	303	405	484	521	573	581	947	801	470
所有论文	2 538	2 986	3 495	3 922	4 633	5 128	5 656	6 848	7 544	8 030	7 222

77.2 学科规范化引文影响力(CNCI)按年分布

论文类型	2012	2013	2014	2015	2016	2017	2018	2019	2020	2021	2022
混合	1.14	1.14	1.05	0.89	1.24	1.64	1.46	1.73	4.36	1.88	1.49
金色	1.18	0.84	0.84	0.96	1.07	1.14	1.14	1.09	1.71	1.08	0.99
其他 OA	1.26	0.94	1.32	1.30	1.34	1.91	1.82	1.84	6.51	2.29	2.84
所有论文	1.11	1.02	1.07	1.23	1.24	1.44	1.42	1.47	2.27	1.43	1.48

77.3 APC费用按年分布(万元)

论文类型	2012	2013	2014	2015	2016	2017	2018	2019	2020	2021	2022
混合	73.9	130	156.1	163.9	165.7	217.1	177	298.2	444.8	379.6	403.7
金色	340.5	532.5	789.8	994.7	1 537.9	2 043.5	2 180.2	2 954.5	3 709.2	4 171	4 334.7
合计	414.4	662.5	945.9	1 158.6	1 703.6	2 260.6	2 357.2	3 252.7	4 154	4 550.6	4 738.4

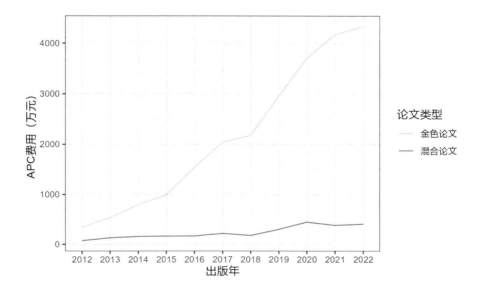

FL77-1　APC费用逐年折线图

77.4　研究主题分布

FL77-2　混合论文研究主题分布

FL77-3　金色论文研究主题分布

78. 武汉理工大学 Wuhan University of Technology

78.1 发文量按年分布

论文类型	2012	2013	2014	2015	2016	2017	2018	2019	2020	2021	2022
混合	11	5	8	15	19	18	18	22	33	30	35
金色	64	111	99	147	201	386	460	595	612	712	852
其他OA	18	33	38	59	108	172	145	198	177	206	108
所有论文	1 223	1 223	1 413	1 419	1 745	2 381	2 614	2 889	2 875	3 233	3 140

78.2 学科规范化引文影响力(CNCI)按年分布

论文类型	2012	2013	2014	2015	2016	2017	2018	2019	2020	2021	2022
混合	4.52	0.16	1.73	0.31	0.52	1.12	1.13	1.06	1.53	1.57	1.47
金色	1.80	0.95	0.71	0.90	0.82	1.09	0.92	0.85	0.87	0.92	0.86
其他OA	1.28	1.49	1.91	1.43	1.49	2.02	2.51	2.13	2.33	2.52	1.61
所有论文	0.87	0.89	0.99	1.03	1.11	1.51	1.43	1.45	1.43	1.48	1.21

78.3 APC费用按年分布(万元)

论文类型	2012	2013	2014	2015	2016	2017	2018	2019	2020	2021	2022
混合	21.3	8.2	15.1	25.9	30.2	32.3	36.5	43.4	64.5	54.2	63.8
金色	106.1	158.2	123.7	238	304.5	570.5	681.1	886.2	853.2	989.4	1 215
合计	127.4	166.4	138.8	263.9	334.7	602.8	717.6	929.6	917.7	1 043.6	1 278.8

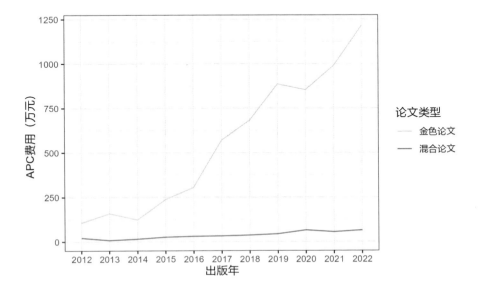

FL78-1 APC费用逐年折线图

78.4 研究主题分布

FL78-2　混合论文研究主题分布

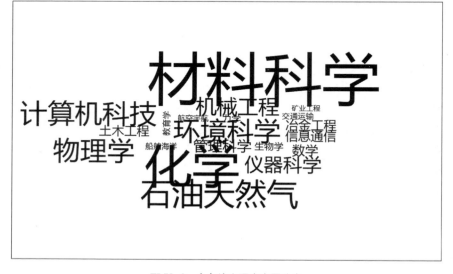

FL78-3　金色论文研究主题分布

79. 西安电子科技大学 Xidian University

79.1 发文量按年分布

论文类型	2012	2013	2014	2015	2016	2017	2018	2019	2020	2021	2022
混合	19	47	51	26	39	50	31	49	42	34	41
金色	94	120	154	154	218	325	552	668	619	652	599
其他 OA	70	79	97	111	125	150	172	243	248	224	161
所有论文	1 266	1 384	1 684	1 811	1 992	2 390	2 744	3 168	2 870	3 182	2 856

79.2 学科规范化引文影响力(CNCI)按年分布

论文类型	2012	2013	2014	2015	2016	2017	2018	2019	2020	2021	2022
混合	0.28	0.38	0.51	0.25	0.89	1.04	2.47	1.59	1.24	1.23	2.28
金色	0.63	0.53	0.53	0.69	0.51	0.80	0.76	0.86	0.72	0.81	0.58
其他 OA	0.99	1.52	2.81	1.51	1.31	1.80	3.29	2.58	2.23	2.07	2.69
所有论文	0.75	0.88	0.93	0.92	1.06	0.97	1.20	1.22	1.18	1.19	1.22

79.3 APC 费用按年分布(万元)

论文类型	2012	2013	2014	2015	2016	2017	2018	2019	2020	2021	2022
混合	34.2	82.5	92.6	43.1	64.8	76.4	50.7	85.2	68	60.2	65.6
金色	145.7	192.2	235.5	243.5	318.5	449.1	762.1	903.6	861.7	943.1	906.9
合计	179.9	274.7	328.1	286.6	383.3	525.5	812.8	988.8	929.7	1 003.3	972.5

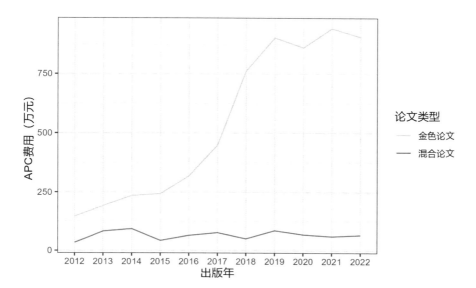

FL79-1　APC 费用逐年折线图

79.4 研究主题分布

FL79-2　混合论文研究主题分布

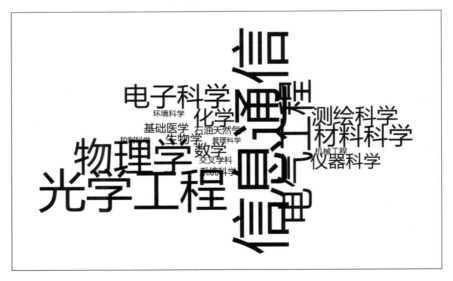

FL79-3　金色论文研究主题分布

80. 西安交通大学 Xi'an Jiaotong University

80.1 发文量按年分布

论文类型	2012	2013	2014	2015	2016	2017	2018	2019	2020	2021	2022
混合	50	82	91	128	115	131	176	174	218	178	189
金色	235	310	517	601	870	1 166	1 213	1 521	1 957	2 133	2 310
其他 OA	226	224	316	412	503	615	597	655	738	772	444
所有论文	2 935	3 397	4 152	4 613	5 686	6 076	6 833	8 024	8 672	9 384	8 452

80.2 学科规范化引文影响力(CNCI)按年分布

论文类型	2012	2013	2014	2015	2016	2017	2018	2019	2020	2021	2022
混合	1.03	0.84	1.99	0.89	1.39	2.00	1.48	1.52	1.45	1.53	1.37
金色	0.88	0.84	0.89	1.02	1.09	1.02	1.03	1.10	0.99	0.88	0.89
其他 OA	1.19	2.62	1.40	1.49	1.77	2.14	1.68	2.14	2.00	1.76	1.39
所有论文	0.92	1.12	1.07	1.10	1.21	1.31	1.23	1.30	1.21	1.17	1.17

80.3 APC 费用按年分布(万元)

论文类型	2012	2013	2014	2015	2016	2017	2018	2019	2020	2021	2022
混合	91	149.9	173.9	215.9	203.8	218.4	314	331.1	425.2	351.8	387.9
金色	369	473.1	805.3	958.7	1 401.5	1 892.1	1 911.5	2 376.3	3 076.4	3 389.8	3 799.9
合计	460	623	979.2	1 174.6	1 605.3	2 110.5	2 225.5	2 707.4	3 501.6	3 741.6	4 187.8

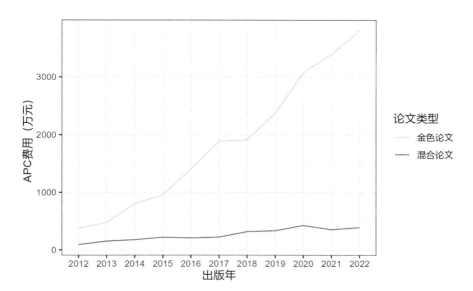

FL80-1 APC 费用逐年折线图

80.4 研究主题分布

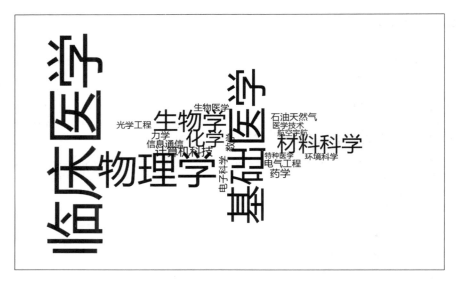

FL80-2　混合论文研究主题分布

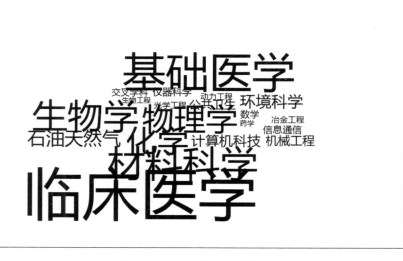

FL80-3　金色论文研究主题分布

81. 西北大学 Northwest University Xi'an

81.1 发文量按年分布

论文类型	2012	2013	2014	2015	2016	2017	2018	2019	2020	2021	2022
混合	2	12	11	9	7	16	20	19	44	57	36
金色	30	59	96	72	114	210	248	350	351	438	544
其他 OA	57	56	50	62	74	66	98	105	135	125	91
所有论文	604	702	769	844	987	1 212	1 397	1 694	1 643	1 961	1 792

81.2 学科规范化引文影响力(CNCI)按年分布

论文类型	2012	2013	2014	2015	2016	2017	2018	2019	2020	2021	2022
混合	0.06	0.70	1.37	0.60	0.55	1.01	1.92	1.52	1.08	1.01	0.82
金色	0.54	0.66	0.65	0.84	0.83	0.76	0.82	0.87	0.78	0.82	0.72
其他 OA	0.65	0.75	1.24	0.85	1.10	1.31	1.82	1.61	1.29	1.34	1.93
所有论文	0.76	0.97	0.86	1.03	0.91	0.99	1.16	0.99	1.04	1.08	0.97

81.3 APC费用按年分布(万元)

论文类型	2012	2013	2014	2015	2016	2017	2018	2019	2020	2021	2022
混合	2.7	20.3	22.4	17.6	11.8	29.6	36.5	38.8	82.3	113.4	74.5
金色	47.3	82	136.6	94	167.8	291.1	340.2	498.7	502.9	649.5	853.5
合计	50	102.3	159	111.6	179.6	320.7	376.7	537.5	585.2	762.9	928

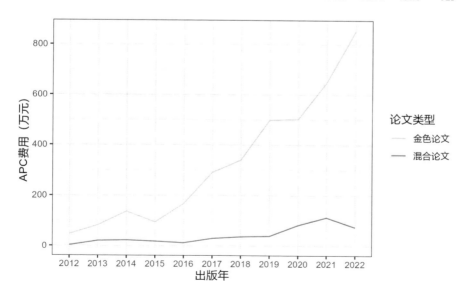

FL81-1 APC费用逐年折线图

81.4 研究主题分布

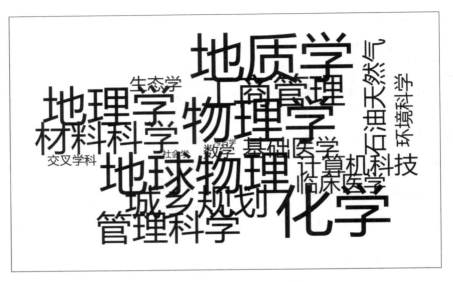

FL81-2 混合论文研究主题分布

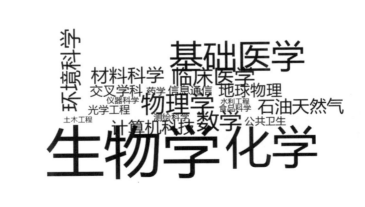

FL81-3 金色论文研究主题分布

82. 西北工业大学 Northwestern Polytechnical University

82.1 发文量按年分布

论文类型	2012	2013	2014	2015	2016	2017	2018	2019	2020	2021	2022
混合	37	74	71	57	64	52	65	75	99	97	95
金色	79	76	140	219	290	427	660	932	891	907	1 018
其他 OA	57	105	101	114	187	228	274	320	395	425	252
所有论文	1 746	1 955	2 149	2 365	2 720	3 246	3 917	4 822	4 706	5 437	4 839

82.2 学科规范化引文影响力(CNCI)按年分布

论文类型	2012	2013	2014	2015	2016	2017	2018	2019	2020	2021	2022
混合	1.22	0.85	0.71	1.15	0.96	1.52	2.07	1.96	2.14	2.35	0.92
金色	0.75	0.74	0.73	1.08	0.91	0.91	0.86	0.87	0.84	0.94	1.30
其他 OA	3.12	1.06	1.89	2.17	1.50	2.24	2.36	2.59	2.51	1.98	1.97
所有论文	0.77	0.76	0.88	1.08	1.23	1.25	1.41	1.40	1.49	1.47	1.55

82.3 APC费用按年分布(万元)

论文类型	2012	2013	2014	2015	2016	2017	2018	2019	2020	2021	2022
混合	65.7	125.8	123.1	95.3	103.3	92.4	99	127.3	167.7	168.9	168.5
金色	113.8	107.5	203.6	330	425	614.9	970.6	1 333.8	1 277.3	1 303.4	1 474.9
合计	179.5	233.3	326.7	425.3	528.3	707.3	1 069.6	1 461.1	1 445	1 472.3	1 643.4

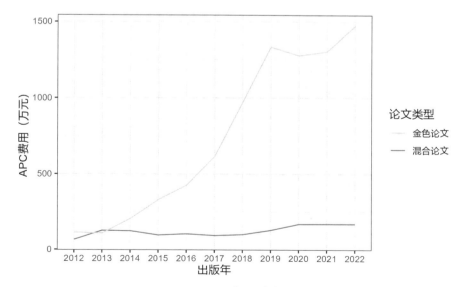

FL82-1　APC费用逐年折线图

82.4 研究主题分布

FL82-2　混合论文研究主题分布

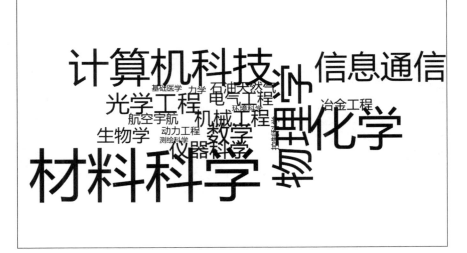

FL82-3　金色论文研究主题分布

83. 西北农林科技大学 Northwest A&F University — China

83.1 发文量按年分布

论文类型	2012	2013	2014	2015	2016	2017	2018	2019	2020	2021	2022
混合	20	28	31	19	31	30	37	70	51	43	48
金色	124	206	217	275	457	475	568	708	736	917	971
其他 OA	76	95	129	166	150	152	172	130	192	180	119
所有论文	889	1 161	1 270	1 414	1 675	1 725	2 104	2 531	2 602	3 188	2 861

83.2 学科规范化引文影响力(CNCI)按年分布

论文类型	2012	2013	2014	2015	2016	2017	2018	2019	2020	2021	2022
混合	1.08	1.30	1.17	1.91	1.50	1.00	2.63	1.49	2.11	2.32	1.35
金色	1.79	0.96	1.62	0.95	1.11	1.15	1.13	1.11	1.13	1.12	1.02
其他 OA	0.91	0.75	0.81	0.99	1.43	1.51	1.26	1.39	1.28	1.33	1.41
所有论文	1.07	1.01	1.16	1.05	1.28	1.40	1.42	1.42	1.39	1.42	1.27

83.3 APC 费用按年分布(万元)

论文类型	2012	2013	2014	2015	2016	2017	2018	2019	2020	2021	2022
混合	34	55.4	62	36.2	51.8	50	69.8	132.5	101.7	90.5	106.3
金色	169.1	286.2	287.6	359.9	633.3	678	821.3	1 046.8	1 105.4	1 475	1 555
合计	203.1	341.6	349.6	396.1	685.1	728	891.1	1 179.3	1 207.1	1 565.5	1 661.3

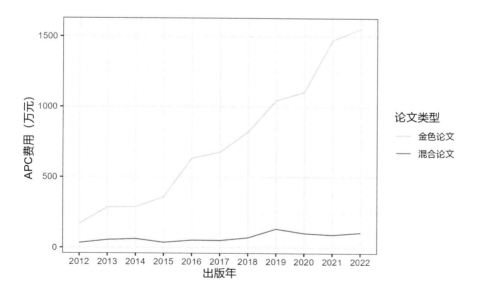

FL83-1　APC 费用逐年折线图

83.4 研究主题分布

FL83-2 混合论文研究主题分布

FL83-3 金色论文研究主题分布

84. 西藏大学 Tibet University

84.1 发文量按年分布

论文类型	2012	2013	2014	2015	2016	2017	2018	2019	2020	2021	2022
混合	0	0	0	2	2	1	2	3	1	4	3
金色	1	3	4	10	10	11	24	18	29	37	66
其他 OA	1	1	2	2	3	6	3	4	4	7	7
所有论文	11	11	30	35	54	56	63	61	84	113	123

84.2 学科规范化引文影响力(CNCI)按年分布

论文类型	2012	2013	2014	2015	2016	2017	2018	2019	2020	2021	2022
混合	0.00	0.00	0.00	1.80	0.77	3.64	1.16	2.55	1.21	1.04	4.00
金色	0.69	0.42	0.44	0.94	0.74	1.07	0.99	1.17	1.34	0.86	0.55
其他 OA	1.21	0.79	0.39	0.84	0.67	1.01	1.48	3.57	2.49	0.99	0.57
所有论文	1.01	0.25	0.40	0.74	0.56	0.77	0.92	1.52	1.53	1.06	1.57

84.3 APC 费用按年分布(万元)

论文类型	2012	2013	2014	2015	2016	2017	2018	2019	2020	2021	2022
混合	0	0	0	3.8	4.1	2.2	2.2	5.1	0	8.5	7.1
金色	1.1	2.8	4.5	15.5	16.3	15.8	35.2	25.1	44.6	57.2	102.5
合计	1.1	2.8	4.5	19.3	20.4	18	37.4	30.2	44.6	65.7	109.6

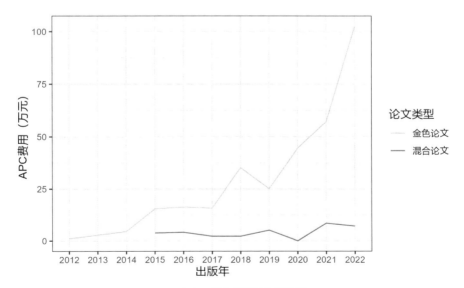

FL84-1 APC 费用逐年折线图

84.4 研究主题分布

FL84-2 混合论文研究主题分布

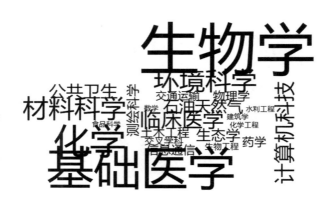

FL84-3 金色论文研究主题分布

85. 西南财经大学 Southwestern University of Finance & Economics — China

85.1 发文量按年分布

论文类型	2012	2013	2014	2015	2016	2017	2018	2019	2020	2021	2022
混合	2	3	6	4	9	3	4	3	6	31	11
金色	13	19	47	28	29	26	52	71	124	147	206
其他 OA	11	20	24	24	41	32	44	40	68	74	56
所有论文	76	106	164	183	236	248	337	432	622	736	683

85.2 学科规范化引文影响力(CNCI)按年分布

论文类型	2012	2013	2014	2015	2016	2017	2018	2019	2020	2021	2022
混合	0.39	0.38	5.12	1.60	1.15	1.89	3.45	3.48	6.95	3.33	3.02
金色	0.32	0.33	0.20	0.59	3.66	0.93	0.70	1.38	1.05	1.48	1.26
其他 OA	0.89	1.52	1.32	0.93	2.01	1.28	2.18	1.45	6.00	1.93	2.76
所有论文	0.70	0.88	1.41	1.38	1.81	1.29	1.69	1.83	2.11	1.89	1.94

85.3 APC 费用按年分布(万元)

论文类型	2012	2013	2014	2015	2016	2017	2018	2019	2020	2021	2022
混合	2.8	2.4	10.9	6.7	15.9	5.7	8.1	5.6	11.6	63.1	19.9
金色	21.2	31.6	69.3	39.2	42.6	37.1	76.6	106.6	196.4	239.5	347.1
合计	24	34	80.2	45.9	58.5	42.8	84.7	112.2	208	302.6	367

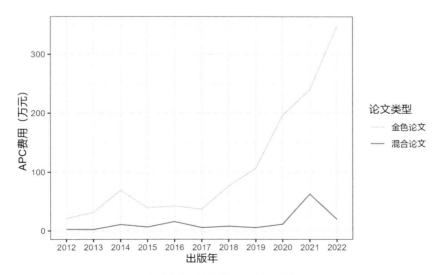

FL85-1　APC 费用逐年折线图

85.4 研究主题分布

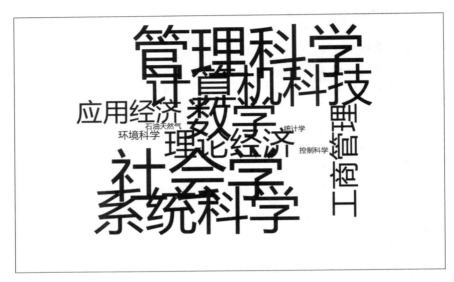

FL85-2　混合论文研究主题分布

FL85-3　金色论文研究主题分布

86. 西南大学 Southwest University — China

86.1 发文量按年分布

论文类型	2012	2013	2014	2015	2016	2017	2018	2019	2020	2021	2022
混合	21	21	32	41	40	38	29	47	62	49	31
金色	87	113	144	173	279	352	445	617	673	751	689
其他 OA	64	67	84	118	133	183	149	154	157	161	101
所有论文	913	982	1 193	1 411	1 744	1 879	2 181	2 658	2 748	3 026	2 444

86.2 学科规范化引文影响力(CNCI)按年分布

论文类型	2012	2013	2014	2015	2016	2017	2018	2019	2020	2021	2022
混合	0.69	1.23	1.01	0.93	1.03	2.12	1.19	1.00	1.27	1.59	1.06
金色	1.16	0.97	0.79	0.86	0.99	1.01	1.07	1.00	0.92	0.97	1.05
其他 OA	1.06	1.31	1.20	1.52	1.32	1.30	1.82	1.21	1.20	2.10	1.30
所有论文	0.92	0.99	1.02	1.09	1.08	1.23	1.26	1.17	1.19	1.27	1.26

86.3 APC 费用按年分布(万元)

论文类型	2012	2013	2014	2015	2016	2017	2018	2019	2020	2021	2022
混合	39.7	41.2	56.3	72.6	73.6	74.2	50.2	93.3	124.8	102.1	62.9
金色	134.9	156.4	192.1	246.6	414.9	513.7	647.8	897.9	988.1	1 157.1	1 099.5
合计	174.6	197.6	248.4	319.2	488.5	587.9	698	991.2	1 112.9	1 259.2	1 162.4

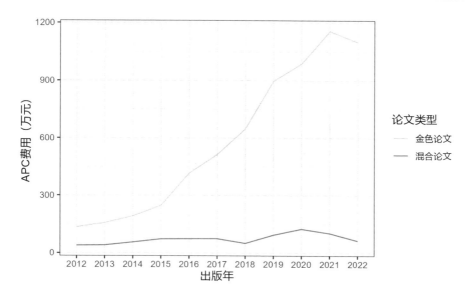

FL86-1 APC 费用逐年折线图

86.4 研究主题分布

FL86-2　混合论文研究主题分布

FL86-3　金色论文研究主题分布

87. 西南交通大学 Southwest Jiaotong University

87.1 发文量按年分布

论文类型	2012	2013	2014	2015	2016	2017	2018	2019	2020	2021	2022
混合	13	26	31	16	28	21	18	22	28	28	53
金色	49	72	107	117	154	231	371	451	506	508	616
其他 OA	45	36	70	65	136	145	149	187	203	201	142
所有论文	834	1 036	1 128	1 013	1 484	1 570	2 036	2 586	2 768	3 126	3 040

87.2 学科规范化引文影响力（CNCI）按年分布

论文类型	2012	2013	2014	2015	2016	2017	2018	2019	2020	2021	2022
混合	0.59	1.60	0.60	0.74	1.52	0.78	1.39	2.37	1.89	2.16	1.30
金色	1.16	0.80	0.58	0.58	1.06	1.02	0.73	0.79	0.71	0.92	0.79
其他 OA	0.63	1.63	2.06	1.19	1.46	1.89	1.56	1.38	1.37	1.67	1.91
所有论文	0.69	0.90	0.85	0.90	1.09	1.22	1.17	1.16	1.14	1.20	1.20

87.3 APC 费用按年分布（万元）

论文类型	2012	2013	2014	2015	2016	2017	2018	2019	2020	2021	2022
混合	22.5	48	54.4	30.3	50.3	36.9	29.8	40.7	51.9	51.1	93.2
金色	84	114.8	170.2	170.9	239	350	541.6	627.6	711.3	739.8	923.4
合计	106.5	162.8	224.6	201.2	289.3	386.9	571.4	668.3	763.2	790.9	1 016.6

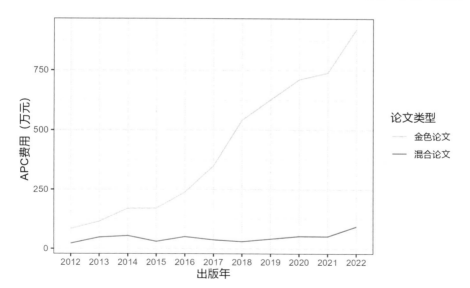

FL87-1 APC 费用逐年折线图

87.4 研究主题分布

FL87-2 混合论文研究主题分布

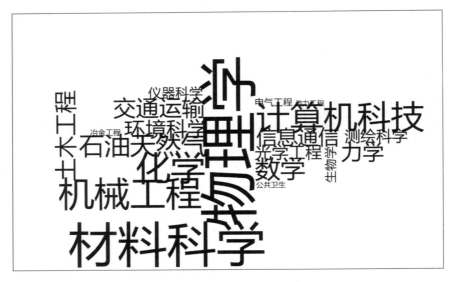

FL87-3 金色论文研究主题分布

88. 厦门大学 Xiamen University

88.1 发文量按年分布

论文类型	2012	2013	2014	2015	2016	2017	2018	2019	2020	2021	2022
混合	77	104	98	110	102	119	131	130	196	149	169
金色	147	173	259	346	448	544	561	782	937	1 129	1 310
其他 OA	204	196	208	262	352	367	347	431	471	505	363
所有论文	1 863	1 981	2 266	2 478	2 917	3 183	3 208	3 861	4 110	4 913	4 347

88.2 学科规范化引文影响力(CNCI)按年分布

论文类型	2012	2013	2014	2015	2016	2017	2018	2019	2020	2021	2022
混合	1.18	0.92	1.12	1.32	1.99	1.87	1.60	1.83	1.70	1.77	1.83
金色	0.95	1.42	0.95	1.03	0.98	1.15	1.14	1.15	1.11	0.95	0.84
其他 OA	2.07	1.50	1.31	1.21	1.65	1.92	2.13	2.61	2.19	1.51	1.84
所有论文	1.19	1.07	1.13	1.20	1.25	1.34	1.45	1.48	1.39	1.34	1.17

88.3 APC费用按年分布(万元)

论文类型	2012	2013	2014	2015	2016	2017	2018	2019	2020	2021	2022
混合	113.7	156.6	155	167.6	153	185.8	205.1	215.1	321	247.7	303
金色	221.9	260.9	376.1	520.4	709.6	895.2	921.4	1 277	1 526.2	1 912.5	2 205
合计	335.6	417.5	531.1	688	862.6	1 081	1 126.5	1 492.1	1 847.2	2 160.2	2 508

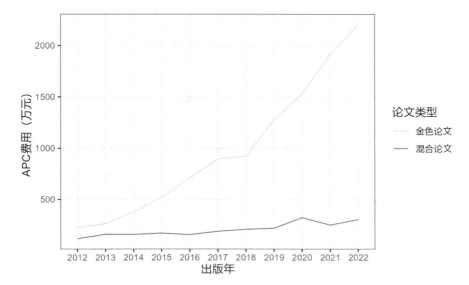

FL88-1 APC费用逐年折线图

88.4 研究主题分布

FL88-2　混合论文研究主题分布

FL88-3　金色论文研究主题分布

89. 新疆大学 Xinjiang University

89.1 发文量按年分布

论文类型	2012	2013	2014	2015	2016	2017	2018	2019	2020	2021	2022
混合	1	9	11	10	7	3	8	7	9	11	12
金色	13	37	46	34	50	106	98	153	265	327	499
其他 OA	34	34	36	25	39	36	32	42	46	54	57
所有论文	345	371	386	368	426	481	565	691	988	1 161	1 261

89.2 学科规范化引文影响力(CNCI)按年分布

论文类型	2012	2013	2014	2015	2016	2017	2018	2019	2020	2021	2022
混合	0.58	0.84	1.01	0.48	6.80	1.45	0.28	0.65	2.02	3.67	0.25
金色	0.76	0.82	0.55	0.80	0.70	0.84	0.94	0.77	0.71	0.81	0.68
其他 OA	0.77	0.36	0.71	0.38	1.12	0.69	1.32	0.90	0.52	0.98	1.17
所有论文	0.56	0.63	0.68	0.84	0.87	0.87	0.96	1.07	0.92	1.11	0.92

89.3 APC 费用按年分布(万元)

论文类型	2012	2013	2014	2015	2016	2017	2018	2019	2020	2021	2022
混合	2	13	20	16.8	13	6.2	10.2	11	12.7	17.1	22.8
金色	16.6	55.5	66.3	45.6	61.2	133.3	136.1	197	335.6	436.1	722.1
合计	18.6	68.5	86.3	62.4	74.2	139.5	146.3	208	348.3	453.2	744.9

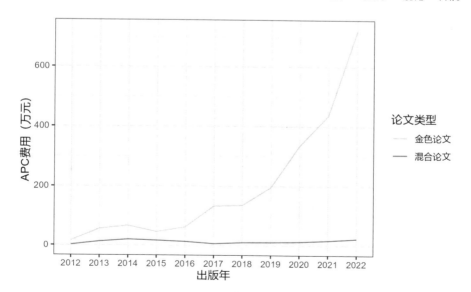

FL89-1 APC 费用逐年折线图

89.4 研究主题分布

FL89-2　混合论文研究主题分布

FL89-3　金色论文研究主题分布

90. 延边大学 Yanbian University

90.1 发文量按年分布

论文类型	2012	2013	2014	2015	2016	2017	2018	2019	2020	2021	2022
混合	3	5	4	3	5	4	1	5	5	7	10
金色	16	13	31	32	51	75	56	81	89	113	140
其他 OA	13	26	34	19	30	19	19	28	29	16	13
所有论文	158	170	218	190	242	261	249	311	307	354	345

90.2 学科规范化引文影响力(CNCI)按年分布

论文类型	2012	2013	2014	2015	2016	2017	2018	2019	2020	2021	2022
混合	1.45	2.22	0.31	0.47	1.28	0.28	0.49	1.22	1.13	0.31	1.02
金色	0.65	0.86	0.77	0.75	1.09	0.91	0.95	0.67	0.65	0.82	0.77
其他 OA	0.67	0.55	0.68	0.57	0.63	0.84	1.62	0.88	1.08	0.48	0.94
所有论文	0.58	0.69	0.52	0.64	0.91	0.81	0.87	0.75	0.87	0.77	0.71

90.3 APC 费用按年分布(万元)

论文类型	2012	2013	2014	2015	2016	2017	2018	2019	2020	2021	2022
混合	5.4	9	7.2	5	11.2	5.3	1.3	10.2	11.4	13.3	20.2
金色	26.4	19.9	45.3	38.1	86.7	116.7	89.1	125.8	141.5	168	226.7
合计	31.8	28.9	52.5	43.1	97.9	122	90.4	136	152.9	181.3	246.9

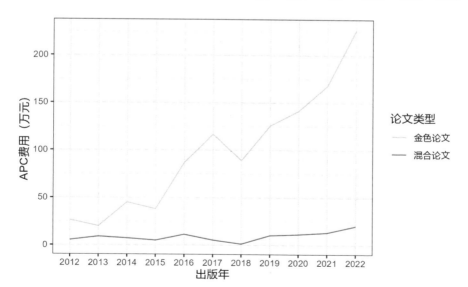

FL90-1 APC 费用逐年折线图

90.4 研究主题分布

FL90-2　混合论文研究主题分布

FL90-3　金色论文研究主题分布

91. 云南大学 Yunnan University

91.1 发文量按年分布

论文类型	2012	2013	2014	2015	2016	2017	2018	2019	2020	2021	2022
混合	8	7	22	12	11	21	17	23	39	28	57
金色	40	51	67	66	108	121	159	265	340	369	477
其他 OA	50	51	53	50	103	89	77	87	119	140	96
所有论文	413	479	521	550	635	614	717	971	1 225	1 453	1 406

91.2 学科规范化引文影响力（CNCI）按年分布

论文类型	2012	2013	2014	2015	2016	2017	2018	2019	2020	2021	2022
混合	0.87	0.27	0.95	1.03	1.28	1.15	1.11	1.36	1.32	1.33	1.26
金色	0.95	0.56	0.89	0.73	0.90	0.96	0.90	0.88	0.73	0.97	1.02
其他 OA	0.73	0.47	0.87	0.83	0.70	0.81	1.06	0.93	1.57	1.20	1.10
所有论文	0.61	0.62	0.80	0.74	0.82	0.86	1.01	1.00	1.08	1.06	1.01

91.3 APC费用按年分布（万元）

论文类型	2012	2013	2014	2015	2016	2017	2018	2019	2020	2021	2022
混合	17.7	13.6	42	26.2	25.6	43.1	33.3	50.1	83.5	62.1	127.6
金色	65.8	77.4	97	95.9	157.7	169.9	218.6	382.4	518.8	555.6	738.1
合计	83.5	91	139	122.1	183.3	213	251.9	432.5	602.3	617.7	865.7

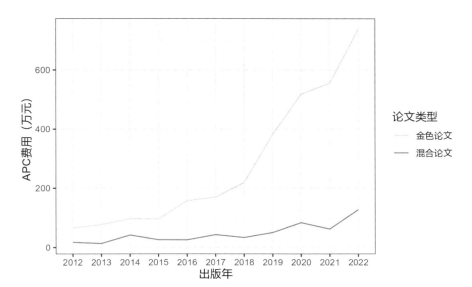

FL91-1　APC费用逐年折线图

91.4 研究主题分布

FL91-2　混合论文研究主题分布

FL91-3　金色论文研究主题分布

92. 浙江大学 Zhejiang University

92.1 发文量按年分布

论文类型	2012	2013	2014	2015	2016	2017	2018	2019	2020	2021	2022
混合	114	170	214	191	187	237	268	353	417	430	430
金色	586	820	1 009	1 303	1 611	2 075	2 212	3 000	4 049	5 129	5 036
其他OA	619	755	773	752	993	1 012	1 082	1 299	1 519	1 611	989
所有论文	6 502	7 249	7 887	7 929	8 811	9 384	10 275	12 490	13 805	15 848	13 822

92.2 学科规范化引文影响力(CNCI)按年分布

论文类型	2012	2013	2014	2015	2016	2017	2018	2019	2020	2021	2022
混合	1.14	1.22	1.27	1.53	1.56	2.28	1.67	2.17	2.71	1.70	1.14
金色	1.05	0.94	1.00	1.07	1.19	1.15	1.14	1.20	1.23	1.04	0.83
其他OA	1.15	1.40	1.34	1.77	1.63	2.02	1.75	2.31	2.29	1.83	1.67
所有论文	1.03	1.13	1.07	1.18	1.20	1.29	1.33	1.39	1.40	1.26	1.07

92.3 APC费用按年分布(万元)

论文类型	2012	2013	2014	2015	2016	2017	2018	2019	2020	2021	2022
混合	202.8	321.9	413.4	356.7	351.9	443.5	484.7	680.6	858.6	924.9	935.9
金色	886.8	1 254.5	1 490.8	2 060.7	2 586.3	3 448	3 577.6	4 908.1	6 666.7	8 682.7	8 554.1
合计	1 089.6	1 576.4	1 904.2	2 417.4	2 938.2	3 891.5	4 062.3	5 588.7	7 525.3	9 607.6	9 490

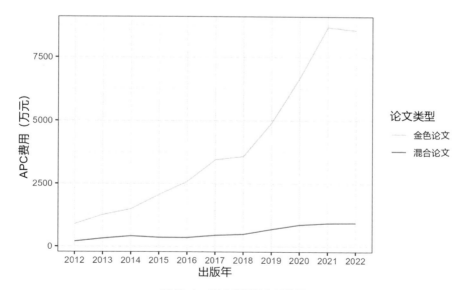

FL92-1 APC费用逐年折线图

92.4 研究主题分布

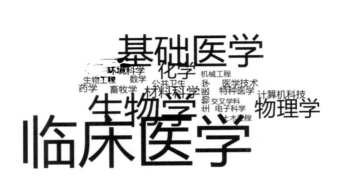

FL92-2 混合论文研究主题分布

FL92-3 金色论文研究主题分布

93. 郑州大学 Zhengzhou University

93.1 发文量按年分布

论文类型	2012	2013	2014	2015	2016	2017	2018	2019	2020	2021	2022
混合	28	27	32	48	45	51	85	113	167	185	184
金色	23	27	32	48	45	51	85	113	167	185	184
金色	102	164	244	334	484	757	832	1 275	1 889	2 517	2 691
其他 OA	85	127	164	261	307	293	365	420	499	568	358
所有论文	1 238	1 429	1 624	2 123	2 481	2 638	3 236	4 734	5 792	7 270	6 681

93.2 学科规范化引文影响力(CNCI)按年分布

论文类型	2012	2013	2014	2015	2016	2017	2018	2019	2020	2021	2022
混合	0.67	0.59	0.85	0.92	1.25	2.77	1.29	2.37	1.49	1.45	1.36
金色	0.65	0.76	0.76	0.93	0.89	1.13	1.10	1.43	1.32	1.09	0.97
其他 OA	0.62	0.89	0.89	0.82	1.06	1.25	1.43	1.45	4.49	1.69	1.64
所有论文	0.65	0.78	0.78	0.90	0.91	1.15	1.28	1.44	1.64	1.44	1.26

93.3 APC 费用按年分布(万元)

论文类型	2012	2013	2014	2015	2016	2017	2018	2019	2020	2021	2022
混合	42.2	52.8	56.2	70.7	73.8	77.5	146.6	215.7	335.6	376.4	385.4
金色	180.1	268.8	393.7	514.2	765.3	1 279.8	1 359.3	2 114.1	3 144.4	4 136.4	4 409.2
合计	222.3	321.6	449.9	584.9	839.1	1 357.3	1 505.9	2 329.8	3 480	4 512.8	4 794.6

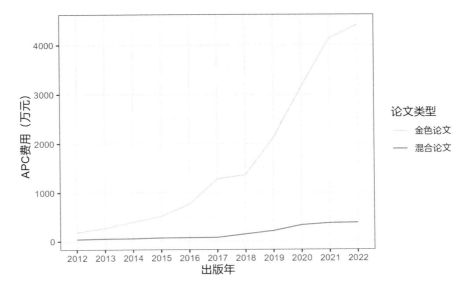

FL93-1　APC 费用逐年折线图

93.4 研究主题分布

FL93-2 混合论文研究主题分布

FL93-3 金色论文研究主题分布

94. 中国传媒大学 Communication University of China

94.1 发文量按年分布

论文类型	2012	2013	2014	2015	2016	2017	2018	2019	2020	2021	2022
混合	2	1	1	0	0	1	0	3	1	1	2
金色	9	3	2	8	21	17	12	35	68	73	92
其他OA	2	3	3	1	9	7	7	1	4	7	10
所有论文	106	161	158	145	148	144	122	157	152	192	212

94.2 学科规范化引文影响力(CNCI)按年分布

论文类型	2012	2013	2014	2015	2016	2017	2018	2019	2020	2021	2022
混合	0.19	3.67	0.40	0.00	0.00	1.01	0.00	9.57	7.74	1.15	0.00
金色	0.97	0.18	0.78	0.41	0.19	0.85	1.17	0.61	1.14	0.93	0.35
其他OA	0.16	0.59	0.87	0.71	0.50	0.46	5.11	0.00	4.15	0.29	0.61
所有论文	0.45	0.30	0.41	0.61	0.22	0.35	0.97	0.77	1.00	0.99	0.38

94.3 APC费用按年分布(万元)

论文类型	2012	2013	2014	2015	2016	2017	2018	2019	2020	2021	2022
混合	3.9	1.4	1.7	0	0	1.9	0	6	2.2	1.6	3.5
金色	17.1	4	3.2	11.8	37.4	30.1	20.1	48	89.7	107.1	141.7
合计	21	5.4	4.9	11.8	37.4	32	20.1	54	91.9	108.7	145.2

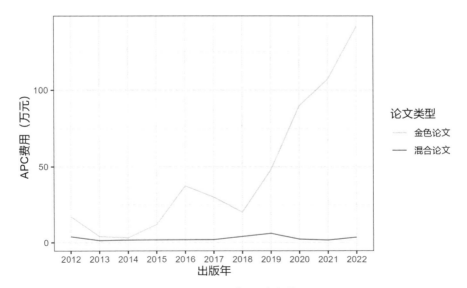

FL94-1 APC费用逐年折线图

94.4 研究主题分布

FL94-2　混合论文研究主题分布

FL94-3　金色论文研究主题分布

95. 中国地质大学 China University of Geosciences

95.1 发文量按年分布

论文类型	2012	2013	2014	2015	2016	2017	2018	2019	2020	2021	2022
混合	7	12	15	25	36	32	29	35	58	100	151
金色	66	99	140	181	227	380	516	702	754	1 012	1 168
其他 OA	42	76	103	92	193	213	219	249	261	284	200
所有论文	1 288	1 565	1 832	1 899	2 315	2 580	3 198	3 697	4 026	4 649	4 207

95.2 学科规范化引文影响力(CNCI)按年分布

论文类型	2012	2013	2014	2015	2016	2017	2018	2019	2020	2021	2022
混合	0.75	1.14	2.36	1.99	2.42	1.63	2.42	1.95	3.05	1.89	1.80
金色	1.48	0.95	0.80	0.86	0.93	0.92	1.02	0.87	1.02	0.91	0.97
其他 OA	1.35	1.17	1.20	1.39	1.70	1.81	1.83	1.52	1.73	1.78	2.34
所有论文	1.08	1.06	1.08	1.17	1.24	1.34	1.28	1.27	1.33	1.31	1.35

95.3 APC费用按年分布(万元)

论文类型	2012	2013	2014	2015	2016	2017	2018	2019	2020	2021	2022
混合	13.6	23.7	28.7	51.7	65.7	57.7	51.4	69.2	114	201.6	304.9
金色	63.1	140.7	196.4	241.8	315.7	507.2	695	929.3	1 025.4	1 457.5	1 738.7
合计	76.7	164.4	225.1	293.5	381.4	564.9	746.4	998.5	1 139.4	1 659.1	2 043.6

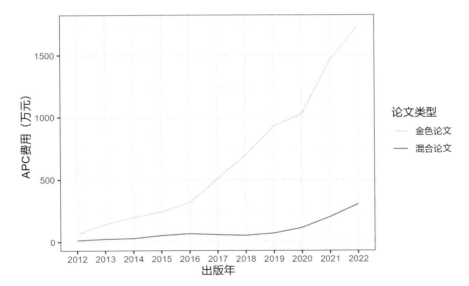

FL95-1 APC费用逐年折线图

95.4 研究主题分布

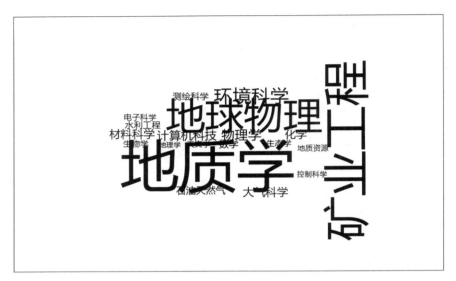

FL95-2　混合论文研究主题分布

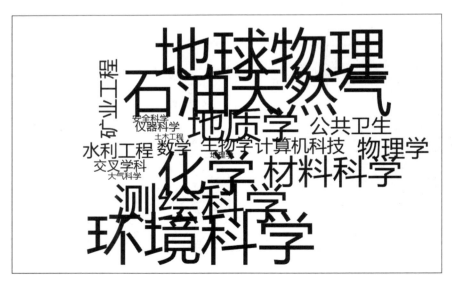

FL95-3　金色论文研究主题分布

96. 中国海洋大学 Ocean University of China

96.1 发文量按年分布

论文类型	2012	2013	2014	2015	2016	2017	2018	2019	2020	2021	2022
混合	11	20	23	32	21	42	32	55	43	58	50
金色	67	77	91	109	179	259	327	402	466	565	785
其他 OA	81	61	100	82	114	126	136	139	189	198	136
所有论文	906	1 020	1 214	1 324	1 662	1 695	1 816	2 175	2 334	2 797	2 730

96.2 学科规范化引文影响力(CNCI)按年分布

论文类型	2012	2013	2014	2015	2016	2017	2018	2019	2020	2021	2022
混合	0.41	0.85	0.99	0.93	1.65	1.79	1.97	0.95	1.19	1.39	1.52
金色	1.14	1.00	1.08	0.81	0.91	1.21	0.82	0.93	0.91	0.83	0.80
其他 OA	1.11	0.99	1.26	1.22	1.18	0.98	1.36	1.63	1.55	1.06	1.45
所有论文	0.87	0.90	0.91	0.90	0.93	1.12	1.08	1.19	1.13	1.15	1.15

96.3 APC费用按年分布(万元)

论文类型	2012	2013	2014	2015	2016	2017	2018	2019	2020	2021	2022
混合	19.4	33.9	40.3	46.6	35.8	70.7	54	116.2	79.2	131.8	119.9
金色	105.6	111.6	129.1	164.1	279.6	400.3	518.7	618.2	723.5	921.2	1 315.9
合计	125	145.5	169.4	210.7	315.4	471	572.7	734.4	802.7	1 053	1 435.8

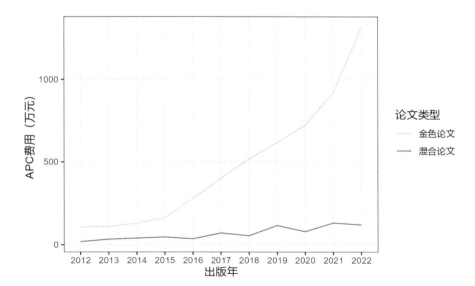

FL96-1 APC费用逐年折线图

96.4 研究主题分布

FL96-2 混合论文研究主题分布

FL96-3 金色论文研究主题分布

97. 中国科学技术大学 University of Science & Technology of China, CAS

97.1 发文量按年分布

论文类型	2012	2013	2014	2015	2016	2017	2018	2019	2020	2021	2022
混合	59	100	100	101	104	134	149	154	166	163	153
金色	116	253	256	312	454	612	660	943	1 099	1 373	1 453
其他 OA	361	404	447	455	652	637	763	880	964	1 060	698
所有论文	2 618	3 008	3 472	3 660	4 436	5 076	6 010	7 241	7 390	8 595	7 214

97.2 学科规范化引文影响力(CNCI)按年分布

论文类型	2012	2013	2014	2015	2016	2017	2018	2019	2020	2021	2022
混合	0.98	1.30	1.47	1.76	1.77	1.53	1.36	1.74	2.79	1.85	1.33
金色	1.18	1.56	1.23	1.16	1.25	1.37	1.30	1.34	1.39	1.13	0.89
其他 OA	1.75	1.38	1.62	1.60	1.68	2.83	1.90	2.85	2.20	2.09	1.37
所有论文	1.34	1.56	1.48	1.54	1.50	1.74	1.53	1.68	1.64	1.33	1.12

97.3 APC 费用按年分布(万元)

论文类型	2012	2013	2014	2015	2016	2017	2018	2019	2020	2021	2022
混合	106.8	207	183.7	188.9	194.9	242	264	282.3	333	315.3	303.1
金色	176.6	396	365.8	487.8	712.9	923.3	1 048.1	1 547.5	1 769.5	2 262.9	2 393
合计	283.4	603	549.5	676.7	907.8	1 165.3	1 312.1	1 829.8	2 102.5	2 578.2	2 696.1

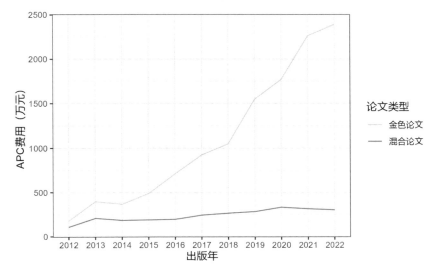

FL97-1 APC 费用逐年折线图

97.4 研究主题分布

FL97-2　混合论文研究主题分布

FL97-3　金色论文研究主题分布

98. 中国矿业大学 China University of Mining & Technology

98.1 发文量按年分布

论文类型	2012	2013	2014	2015	2016	2017	2018	2019	2020	2021	2022
混合	12	24	31	46	17	30	21	36	47	39	42
金色	97	80	151	220	301	512	769	1 043	1 193	1 325	1 414
其他 OA	46	58	80	86	131	159	188	134	169	212	169
所有论文	1 166	1 300	1 414	1 562	1 991	2 352	3 005	3 803	3 969	4 461	4 142

98.2 学科规范化引文影响力(CNCI)按年分布

论文类型	2012	2013	2014	2015	2016	2017	2018	2019	2020	2021	2022
混合	0.78	0.49	1.02	1.09	0.82	2.63	1.42	1.58	1.22	2.26	1.22
金色	1.28	0.73	0.76	0.87	0.97	1.00	0.88	0.74	0.83	0.78	0.81
其他 OA	1.33	1.57	0.85	1.51	1.24	2.09	1.96	1.19	1.24	1.00	1.36
所有论文	0.82	0.83	0.91	1.03	1.18	1.30	1.23	1.15	1.11	1.12	1.03

98.3 APC 费用按年分布(万元)

论文类型	2012	2013	2014	2015	2016	2017	2018	2019	2020	2021	2022
混合	19.6	34.2	38.6	58.9	29.2	45.7	35.4	72	86.7	72.9	79.5
金色	166.9	125.8	240.5	337.3	449.5	661.9	1 045.2	1 370.3	1 581.3	1 815.8	1 999.4
合计	186.5	160	279.1	396.2	478.7	707.6	1 080.6	1 442.3	1 668	1 888.7	2 078.9

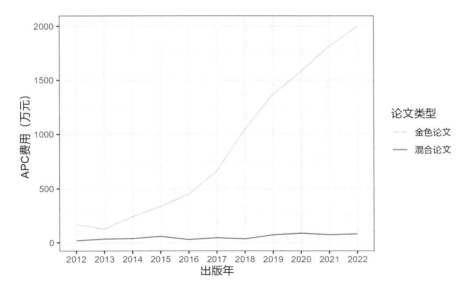

FL98-1 APC 费用逐年折线图

98.4 研究主题分布

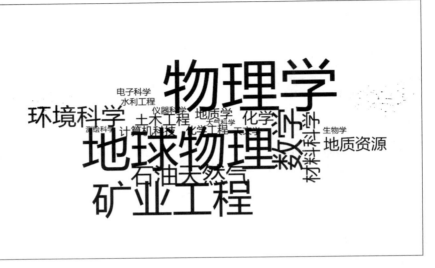

FL98-2　混合论文研究主题分布

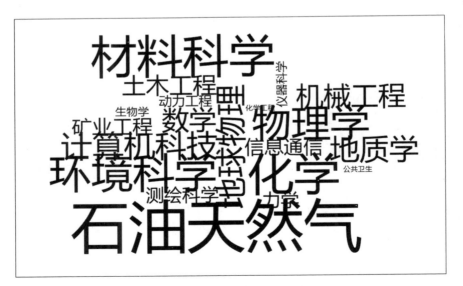

FL98-3　金色论文研究主题分布

99. 中国农业大学 China Agricultural University

99.1 发文量按年分布

论文类型	2012	2013	2014	2015	2016	2017	2018	2019	2020	2021	2022
混合	44	67	46	43	49	55	85	90	98	82	61
金色	201	213	305	395	399	545	630	879	953	1 094	1 341
其他 OA	162	193	167	202	198	189	218	244	250	280	121
所有论文	1 567	1 547	1 568	1 724	1 826	1 929	2 236	2 813	2 830	3 365	3 206

99.2 学科规范化引文影响力(CNCI)按年分布

论文类型	2012	2013	2014	2015	2016	2017	2018	2019	2020	2021	2022
混合	1.45	1.72	1.73	1.53	1.38	1.82	2.00	1.60	1.85	2.27	1.93
金色	1.26	1.43	1.58	1.21	1.09	1.40	1.11	1.13	1.45	1.15	1.15
其他 OA	1.15	1.34	1.30	1.52	1.87	1.73	1.78	1.74	1.79	1.79	1.61
所有论文	1.00	1.21	1.31	1.19	1.38	1.46	1.42	1.37	1.52	1.33	1.27

99.3 APC 费用按年分布(万元)

论文类型	2012	2013	2014	2015	2016	2017	2018	2019	2020	2021	2022
混合	74.8	132.8	88.8	81.8	91.7	97.6	166.8	172.3	211.2	200.9	126.2
金色	274.3	297.1	430.4	571	576.3	806.6	940.8	1 357.5	1 493.9	1 766.4	2 181.4
合计	349.1	429.9	519.2	652.8	668	904.2	1 107.6	1 529.8	1 705.1	1 967.3	2 307.6

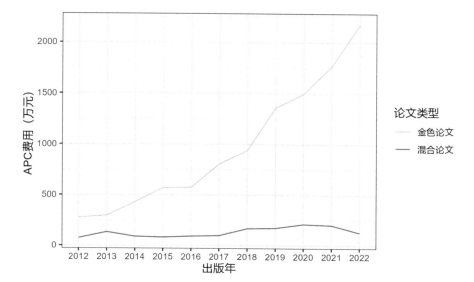

FL99-1 APC 费用逐年折线图

99.4 研究主题分布

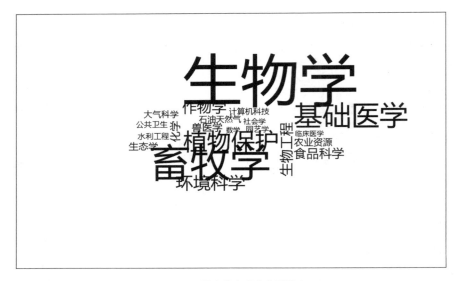

FL99-2　混合论文研究主题分布

FL99-3　金色论文研究主题分布

100. 中国人民大学 Renmin University of China

100.1 发文量按年分布

论文类型	2012	2013	2014	2015	2016	2017	2018	2019	2020	2021	2022
混合	6	3	10	10	14	12	20	30	26	29	19
金色	18	15	28	25	42	65	71	116	153	230	239
其他 OA	37	73	61	94	137	118	153	167	152	198	154
所有论文	415	493	582	635	824	785	881	1 026	1 215	1 448	1 288

100.2 学科规范化引文影响力（CNCI）按年分布

论文类型	2012	2013	2014	2015	2016	2017	2018	2019	2020	2021	2022
混合	1.38	0.31	11.40	0.39	1.11	1.44	1.18	2.07	2.40	2.15	0.85
金色	1.99	1.15	0.98	1.44	1.26	1.18	1.43	1.23	1.10	0.87	0.98
其他 OA	1.12	0.64	0.88	1.79	1.79	1.68	1.35	2.13	2.23	2.10	1.13
所有论文	1.15	1.09	1.19	1.15	1.14	1.34	1.27	1.46	1.22	1.17	0.97

100.3 APC 费用按年分布（万元）

论文类型	2012	2013	2014	2015	2016	2017	2018	2019	2020	2021	2022
混合	11.9	6	20.8	18.5	27.6	23.1	37.6	54.3	51.2	53.9	38.2
金色	32.5	23.4	41	39.2	66.2	98.8	110.6	191.3	247.1	384.4	407.7
合计	44.4	29.4	61.8	57.7	93.8	121.9	148.2	245.6	298.3	438.3	445.9

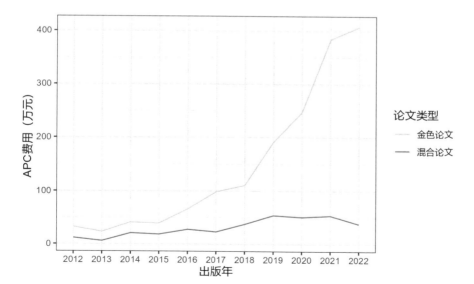

FL100-1　APC 费用逐年折线图

100.4 研究主题分布

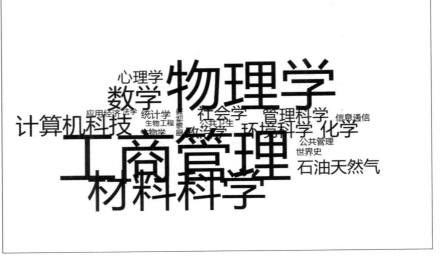

FL100-2 混合论文研究主题分布

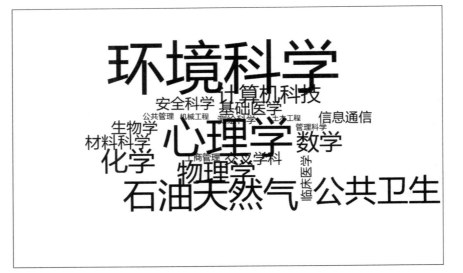

FL100-3 金色论文研究主题分布

101. 中国人民解放军国防科技大学 National University of Defense Technology — China

101.1 发文量按年分布

论文类型	2012	2013	2014	2015	2016	2017	2018	2019	2020	2021	2022
混合	43	60	60	37	37	64	27	37	50	77	64
金色	144	205	223	250	261	409	708	980	834	779	829
其他 OA	81	104	86	101	123	153	181	193	192	172	161
所有论文	1 665	1 935	1 952	1 946	2 269	2 434	2 644	2 971	2 520	2 650	2 374

101.2 学科规范化引文影响力(CNCI)按年分布

论文类型	2012	2013	2014	2015	2016	2017	2018	2019	2020	2021	2022
混合	0.72	0.59	0.86	1.08	1.63	0.75	1.06	1.31	3.04	1.40	1.80
金色	0.78	0.60	0.53	0.58	0.73	0.75	0.70	0.56	0.55	0.64	0.54
其他 OA	0.85	1.23	1.17	1.60	1.81	2.12	2.39	2.22	1.59	2.58	1.82
所有论文	0.73	0.76	0.73	0.74	0.83	0.92	0.96	0.87	0.86	0.94	0.95

101.3 APC 费用按年分布(万元)

论文类型	2012	2013	2014	2015	2016	2017	2018	2019	2020	2021	2022
混合	71.1	102.3	99.9	60.4	67.3	114.5	45.2	67.5	83.7	134.6	108.4
金色	222.7	318.9	351.5	366.8	386.5	597	1 004.6	1 327.7	1 157	1 100.8	1 216.5
合计	293.8	421.2	451.4	427.2	453.8	711.5	1 049.8	1 395.2	1 240.7	1 235.4	1 324.9

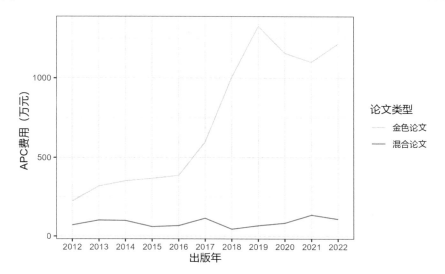

FL101-1 APC 费用逐年折线图

101.4 研究主题分布

FL101-2 混合论文研究主题分布

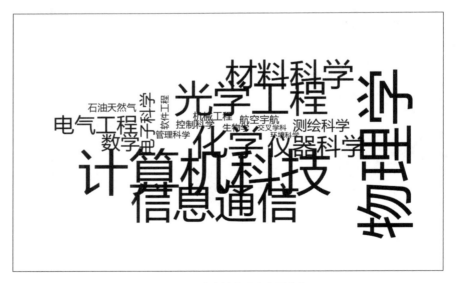

FL101-3 金色论文研究主题分布

102. 中国人民解放军海军军医大学（第二军医大学） Naval Medical University

102.1 发文量按年分布

论文类型	2012	2013	2014	2015	2016	2017	2018	2019	2020	2021	2022
混合	44	51	50	49	49	45	53	74	53	46	56
金色	168	244	241	329	394	486	389	491	565	739	836
其他 OA	161	168	183	173	192	179	192	157	172	142	90
所有论文	1 048	1 184	1 174	1 219	1 352	1 254	1 275	1 501	1 433	1 486	1 524

102.2 学科规范化引文影响力（CNCI）按年分布

论文类型	2012	2013	2014	2015	2016	2017	2018	2019	2020	2021	2022
混合	1.55	1.26	1.37	1.23	1.46	2.77	1.45	2.02	2.73	1.75	1.11
金色	1.10	1.00	0.98	0.97	1.08	1.10	1.18	1.24	1.27	1.05	0.81
其他 OA	1.19	1.43	1.43	1.11	1.65	1.29	1.12	1.92	3.05	1.90	1.39
所有论文	0.93	1.08	1.03	0.96	1.22	1.12	1.07	1.24	1.34	1.12	0.96

102.3 APC 费用按年分布（万元）

论文类型	2012	2013	2014	2015	2016	2017	2018	2019	2020	2021	2022
混合	79.5	107.2	96.1	89.5	88.5	64.5	80.5	161.3	105.3	90.6	115.6
金色	259.1	373.1	379.5	550.7	675	864.3	682.8	817.9	959.5	1 245.5	1 461.3
合计	338.6	480.3	475.6	640.2	763.5	928.8	763.3	979.2	1 064.8	1 336.1	1 576.9

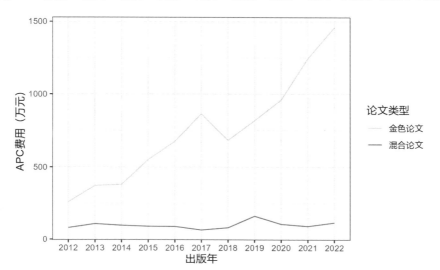

FL102-1 APC 费用逐年折线图

102.4 研究主题分布

FL102-2 混合论文研究主题分布

FL102-3 金色论文研究主题分布

103. 中国人民解放军空军军医大学（第四军医大学）Air Force Military Medical University

103.1 发文量按年分布

论文类型	2012	2013	2014	2015	2016	2017	2018	2019	2020	2021	2022
混合	19	29	56	42	40	45	52	58	77	54	60
金色	186	249	283	276	347	405	345	378	536	685	799
其他 OA	166	174	162	157	193	204	183	119	132	106	86
所有论文	1 007	1 189	1 121	1 110	1 138	1 172	1 072	1 167	1 296	1 314	1 379

103.2 学科规范化引文影响力（CNCI）按年分布

论文类型	2012	2013	2014	2015	2016	2017	2018	2019	2020	2021	2022
混合	1.11	1.10	1.12	1.21	1.32	1.47	1.60	1.45	1.23	1.01	1.84
金色	0.90	0.95	0.98	1.09	1.22	1.12	1.40	1.24	1.16	0.99	0.70
其他 OA	1.12	1.21	1.43	0.95	1.36	1.16	1.14	1.57	1.76	0.98	0.92
所有论文	0.90	0.95	1.05	0.97	1.10	1.07	1.25	1.15	1.13	0.96	0.75

103.3 APC 费用按年分布（万元）

论文类型	2012	2013	2014	2015	2016	2017	2018	2019	2020	2021	2022
混合	37.4	58.6	111.1	79.7	67.3	71.1	90.9	107.7	159.6	106	129.7
金色	281	360.5	450.5	442	604.3	726.9	602.2	652.2	925.2	1 199.7	1 408.6
合计	318.4	419.1	561.6	521.7	671.6	798	693.1	759.9	1 084.8	1 305.7	1 538.3

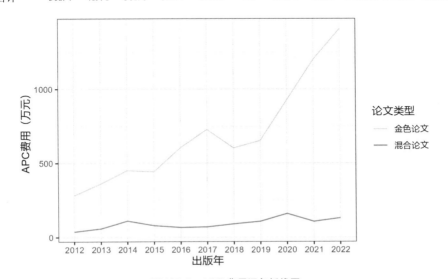

FL103-1 APC 费用逐年折线图

103.4 研究主题分布

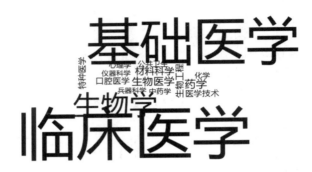

FL103-2　混合论文研究主题分布

FL103-3　金色论文研究主题分布

104. 中国石油大学 China University of Petroleum

104.1 发文量按年分布

论文类型	2012	2013	2014	2015	2016	2017	2018	2019	2020	2021	2022
混合	4	11	33	41	16	27	21	19	35	31	33
金色	80	95	134	199	232	391	409	630	684	825	969
其他 OA	75	89	104	94	174	197	201	172	186	232	161
所有论文	1 239	1 364	1 543	1 904	2 310	2 672	3 092	3 714	3 693	4 335	3 821

104.2 学科规范化引文影响力(CNCI)按年分布

论文类型	2012	2013	2014	2015	2016	2017	2018	2019	2020	2021	2022
混合	0.56	0.20	0.47	0.41	0.71	1.17	1.80	1.44	0.75	1.69	1.19
金色	0.79	0.61	0.51	0.77	0.64	0.72	0.61	0.81	0.59	0.64	0.57
其他 OA	0.35	0.76	0.93	1.10	1.19	1.22	1.42	1.43	1.69	1.71	1.51
所有论文	0.68	0.68	0.87	0.98	1.05	1.14	1.14	1.15	1.02	1.05	1.00

104.3 APC 费用按年分布(万元)

论文类型	2012	2013	2014	2015	2016	2017	2018	2019	2020	2021	2022
混合	7.1	21.4	70.6	91.4	31.6	54.5	33.1	39.2	74.7	74.7	69.2
金色	96.2	108	178.2	224.4	269.7	492.9	538.6	795.2	815.8	1 050.1	1 243.9
合计	103.3	129.4	248.8	315.8	301.3	547.4	571.7	834.4	890.5	1 124.8	1 313.1

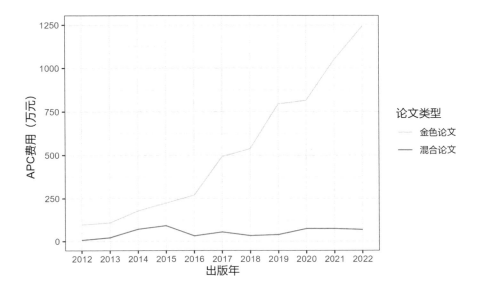

FL104-1　APC 费用逐年折线图

104.4 研究主题分布

FL104-2　混合论文研究主题分布

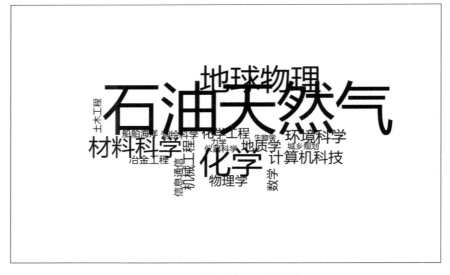

FL104-3　金色论文研究主题分布

105. 中国药科大学 China Pharmaceutical University

105.1 发文量按年分布

论文类型	2012	2013	2014	2015	2016	2017	2018	2019	2020	2021	2022
混合	1	9	9	11	8	7	17	16	21	26	25
金色	42	55	73	81	163	194	203	277	281	363	377
其他 OA	53	53	67	50	90	93	98	109	115	92	59
所有论文	593	649	732	825	990	1 118	1 171	1 253	1 285	1 342	1 167

105.2 学科规范化引文影响力(CNCI)按年分布

论文类型	2012	2013	2014	2015	2016	2017	2018	2019	2020	2021	2022
混合	0.12	0.61	2.11	1.14	1.77	0.91	1.35	0.86	3.53	1.08	3.17
金色	0.85	0.94	0.86	1.12	1.16	1.31	1.25	1.56	1.63	1.17	1.06
其他 OA	1.03	0.76	1.15	1.20	1.36	1.70	1.62	1.18	1.81	1.29	1.46
所有论文	0.90	0.92	1.06	1.14	1.13	1.45	1.22	1.26	1.39	1.20	1.19

105.3 APC费用按年分布(万元)

论文类型	2012	2013	2014	2015	2016	2017	2018	2019	2020	2021	2022
混合	1.8	18.8	22.8	19.8	15	9.8	31.6	30.1	51.2	62.6	57.8
金色	58.7	73.4	93.2	126.1	268.2	326	326.7	448.5	490.1	581.5	634.2
合计	60.5	92.2	116	145.9	283.2	335.8	358.3	478.6	541.3	644.1	692

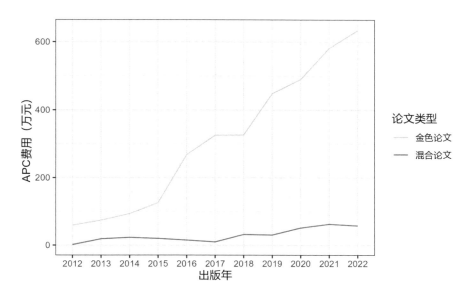

FL105-1 APC费用逐年折线图

105.4 研究主题分布

FL105-2 混合论文研究主题分布

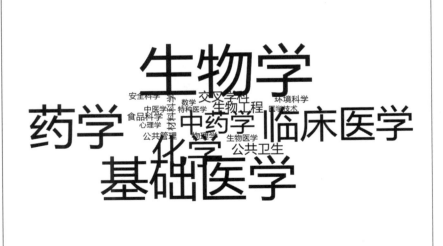

FL105-3 金色论文研究主题分布

106. 中国政法大学 China University of Political Science & Law

106.1 发文量按年分布

论文类型	2012	2013	2014	2015	2016	2017	2018	2019	2020	2021	2022
混合	0	0	0	0	1	1	2	5	1	3	4
金色	0	2	4	10	5	11	8	11	13	22	38
其他OA	0	1	0	0	1	4	6	8	6	9	6
所有论文	25	54	54	83	75	85	93	100	85	105	105

106.2 学科规范化引文影响力(CNCI)按年分布

论文类型	2012	2013	2014	2015	2016	2017	2018	2019	2020	2021	2022
混合	0.00	0.00	0.00	0.00	0.00	0.00	1.10	0.18	1.40	0.53	0.00
金色	0.00	0.13	0.78	0.66	0.84	0.60	0.43	1.15	0.73	0.80	0.42
其他OA	0.00	0.00	0.00	0.00	1.58	1.36	0.24	1.56	1.07	0.59	0.00
所有论文	0.55	0.23	0.25	0.29	0.60	0.56	0.54	0.82	0.68	0.53	0.45

106.3 APC费用按年分布(万元)

论文类型	2012	2013	2014	2015	2016	2017	2018	2019	2020	2021	2022
混合	0	0	0	0	2.3	2.3	3.6	11.3	1.6	6	7.7
金色	0	3.3	6	18.7	10.5	20.6	13.2	18.2	18	30.2	62.7
合计	0	3.3	6	18.7	12.8	22.9	16.8	29.5	19.6	36.2	70.4

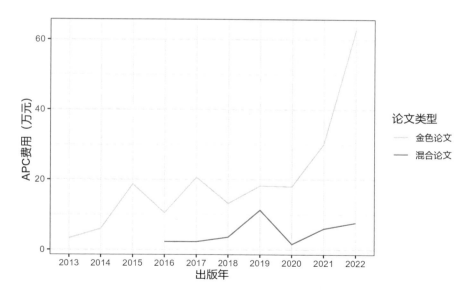

FL106-1 APC费用逐年折线图

106.4 研究主题分布

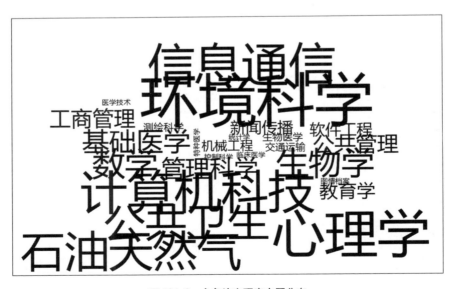

FL106-2 混合论文研究主题分布

FL106-3 金色论文研究主题分布

107. 中南财经政法大学 Zhongnan University of Economics & Law

107.1 发文量按年分布

论文类型	2012	2013	2014	2015	2016	2017	2018	2019	2020	2021	2022
混合	0	0	0	0	3	2	2	0	5	3	10
金色	6	7	10	9	21	38	68	75	93	148	207
其他OA	0	6	3	11	12	15	17	17	45	35	23
所有论文	45	46	49	76	160	193	220	315	424	544	529

107.2 学科规范化引文影响力（CNCI）按年分布

论文类型	2012	2013	2014	2015	2016	2017	2018	2019	2020	2021	2022
混合	0.00	0.00	0.00	0.00	0.58	1.00	0.78	0.00	2.29	0.34	1.86
金色	3.28	0.23	0.69	0.43	0.97	0.87	0.75	0.74	0.70	0.89	1.25
其他OA	0.00	0.88	0.11	1.17	1.91	0.98	0.86	2.91	1.77	3.01	2.04
所有论文	0.65	0.42	0.49	0.80	1.02	1.15	1.07	1.53	1.24	1.49	1.56

107.3 APC费用按年分布（万元）

论文类型	2012	2013	2014	2015	2016	2017	2018	2019	2020	2021	2022
混合	0	0	0	0	4.8	3.9	3.7	0	9	7	19.5
金色	11.3	11.5	17.5	11.8	30.8	59.5	101.4	107.2	139.9	246.6	357.4
合计	11.3	11.5	17.5	11.8	35.6	63.4	105.1	107.2	148.9	253.6	376.9

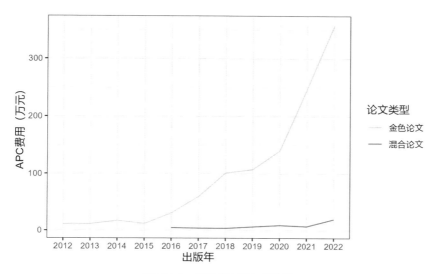

FL107-1　APC费用逐年折线图

107.4 研究主题分布

FL107-2　混合论文研究主题分布

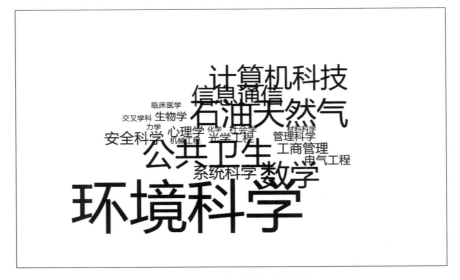

FL107-3　金色论文研究主题分布

108. 中南大学 Central South University

108.1 发文量按年分布

论文类型	2012	2013	2014	2015	2016	2017	2018	2019	2020	2021	2022
混合	34	56	98	84	100	102	141	202	240	247	253
金色	263	394	530	645	966	1 338	1 607	2 301	3 030	3 837	4 104
其他 OA	242	287	326	457	527	517	554	642	734	700	388
所有论文	2 896	3 316	3 630	4 163	4 917	5 531	6 668	8 716	9 588	10 632	10 086

108.2 学科规范化引文影响力(CNCI)按年分布

论文类型	2012	2013	2014	2015	2016	2017	2018	2019	2020	2021	2022
混合	1.13	1.42	1.14	0.98	1.20	1.53	1.44	1.96	1.48	1.62	1.73
金色	0.94	0.79	0.89	0.97	1.08	1.16	1.20	1.21	1.10	1.09	0.95
其他 OA	1.10	1.13	1.35	1.32	1.71	1.55	1.64	1.85	2.66	1.62	1.97
所有论文	0.85	0.91	0.99	1.07	1.15	1.25	1.38	1.44	1.44	1.33	1.29

108.3 APC 费用按年分布(万元)

论文类型	2012	2013	2014	2015	2016	2017	2018	2019	2020	2021	2022
混合	58.5	101.6	178.8	147.9	173	155.8	254.1	416.3	490.3	517.8	545.9
金色	408.1	631	816.5	982.9	1 542.3	2 212.1	2 594.7	3 631.4	4 936.7	6 363	6 879.1
合计	466.6	732.6	995.3	1 130.8	1 715.3	2 367.9	2 848.8	4 047.7	5 427	6 880.8	7 425

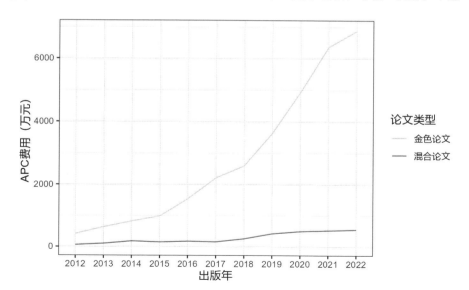

FL108-1 APC 费用逐年折线图

108.4 研究主题分布

FL108-2　混合论文研究主题分布

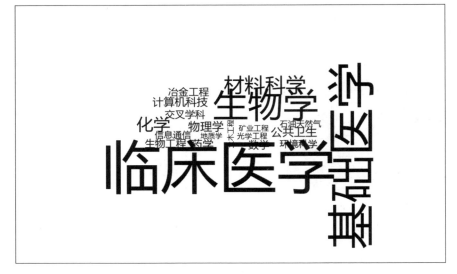

FL108-3　金色论文研究主题分布

109. 中山大学 Sun Yat Sen University

109.1 发文量按年分布

论文类型	2012	2013	2014	2015	2016	2017	2018	2019	2020	2021	2022
混合	66	104	155	152	157	195	263	344	405	416	404
金色	412	677	760	1 091	1 383	1 687	1 963	2 614	3 353	4 201	3 953
其他 OA	517	483	486	644	762	903	1 022	1 099	1 209	1 278	778
所有论文	3 563	4 194	4 542	4 966	5 636	6 527	7 730	9 413	10 367	11 667	10 027

109.2 学科规范化引文影响力(CNCI)按年分布

论文类型	2012	2013	2014	2015	2016	2017	2018	2019	2020	2021	2022
混合	1.45	1.53	1.30	1.75	1.18	1.64	1.69	1.88	1.84	1.61	1.89
金色	1.00	1.05	1.22	1.15	1.09	1.30	1.22	1.38	1.17	1.12	0.91
其他 OA	1.31	1.47	1.31	1.30	1.68	1.86	1.70	2.31	2.86	2.07	1.81
所有论文	1.14	1.08	1.12	1.16	1.25	1.44	1.36	1.49	1.41	1.33	1.15

109.3 APC 费用按年分布(万元)

论文类型	2012	2013	2014	2015	2016	2017	2018	2019	2020	2021	2022
混合	126.2	209.8	305.4	288.6	287	350.9	491	697.9	832.2	895.7	910.7
金色	643.1	989	1 186	1 810.4	2 316	2 793	3 252.2	4 306.7	5 641.8	7 188.1	6 716.5
合计	769.3	1 198.8	1 491.4	2 099	2 603	3 143.9	3 743.2	5 004.6	6 474	8 083.8	7 627.2

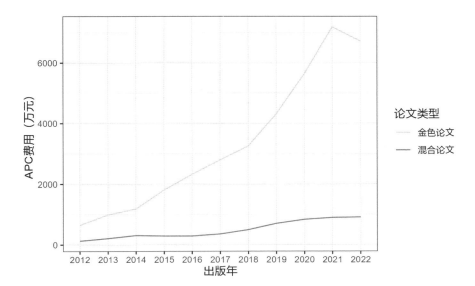

FL109-1　APC 费用逐年折线图

109.4 研究主题分布

FL109-2　混合论文研究主题分布

FL109-3　金色论文研究主题分布

110. 中央财经大学 Central University of Finance & Economics

110.1 发文量按年分布

论文类型	2012	2013	2014	2015	2016	2017	2018	2019	2020	2021	2022
混合	3	1	2	5	0	0	1	2	4	4	4
金色	5	12	18	15	28	25	41	49	59	86	131
其他 OA	20	24	23	14	31	26	38	44	44	39	19
所有论文	103	130	158	184	212	210	223	301	361	389	384

110.2 学科规范化引文影响力（CNCI）按年分布

论文类型	2012	2013	2014	2015	2016	2017	2018	2019	2020	2021	2022
混合	1.53	0.31	3.25	1.13	0.00	0.00	2.35	0.84	1.00	1.62	1.26
金色	0.94	0.72	0.48	0.51	4.77	1.72	0.49	0.74	0.85	0.96	1.21
其他 OA	0.71	0.71	0.58	0.77	1.37	1.26	1.37	1.00	1.18	2.05	1.83
所有论文	0.69	0.63	0.97	0.89	1.47	1.19	1.05	1.26	1.06	1.19	1.04

110.3 APC费用按年分布（万元）

论文类型	2012	2013	2014	2015	2016	2017	2018	2019	2020	2021	2022
混合	5	0.8	3.3	7.5	0	0	2	4	7.6	8.4	7.4
金色	8.2	18.7	24.8	25.9	47.2	36.4	66.6	78.9	96	147.2	221.1
合计	13.2	19.5	28.1	33.4	47.2	36.4	68.6	82.9	103.6	155.6	228.5

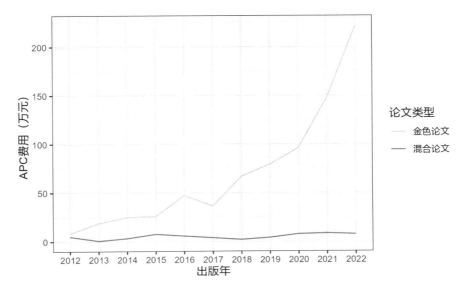

FL110-1 APC费用逐年折线图

110.4 研究主题分布

FL110-2　混合论文研究主题分布

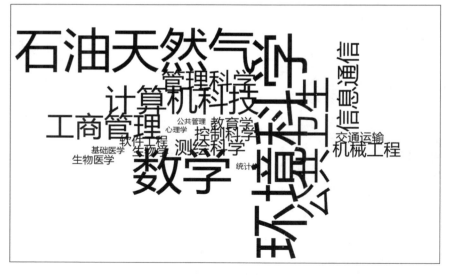

FL110-3　金色论文研究主题分布

111. 中央民族大学 Minzu University of China

111.1 发文量按年分布

论文类型	2012	2013	2014	2015	2016	2017	2018	2019	2020	2021	2022
混合	2	0	0	0	2	1	1	2	9	6	6
金色	8	11	8	12	17	24	46	86	75	62	93
其他 OA	4	4	3	8	9	10	13	9	12	13	8
所有论文	102	115	89	136	132	128	188	243	239	224	229

111.2 学科规范化引文影响力(CNCI)按年分布

论文类型	2012	2013	2014	2015	2016	2017	2018	2019	2020	2021	2022
混合	0.32	0.00	0.00	0.00	0.03	0.18	1.12	5.49	1.17	0.96	0.66
金色	1.42	1.31	1.22	0.79	0.87	1.04	0.60	0.97	0.94	1.13	0.67
其他 OA	8.96	0.15	2.96	1.25	1.64	3.21	1.01	1.04	2.01	0.86	0.64
所有论文	1.00	0.61	0.81	0.64	1.03	1.08	0.98	1.11	1.18	1.01	0.65

111.3 APC费用按年分布(万元)

论文类型	2012	2013	2014	2015	2016	2017	2018	2019	2020	2021	2022
混合	5.6	0	0	0	3.7	1.8	2.2	3.7	18.8	13.9	11.8
金色	12.9	16.7	12.6	16.8	24.3	34.5	67.6	113.2	112.1	91.1	153.1
合计	18.5	16.7	12.6	16.8	28	36.3	69.8	116.9	130.9	105	164.9

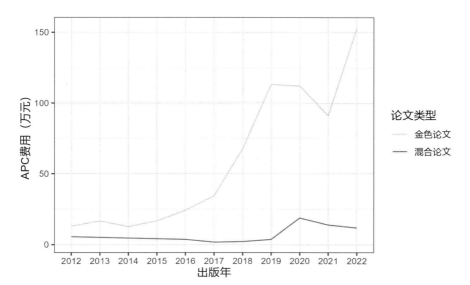

FL111-1 APC费用逐年折线图

111.4　研究主题分布

FL111-2　混合论文研究主题分布

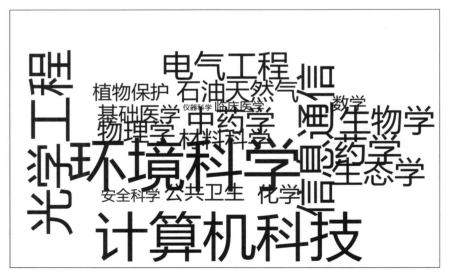

FL111-3　金色论文研究主题分布

112. 中央音乐学院 Central Conservatory of Music

112.1 发文量按年分布

论文类型	2012	2016	2017	2020	2021	2022
金色	0	0	0	1	1	1
其他 OA	0	0	0	1	0	0
所有论文	1	1	1	2	1	2

112.2 学科规范化引文影响力（CNCI）按年分布

论文类型	2012	2016	2017	2020	2021	2022
金色	0.0	0	0	1.8	0.69	0
其他 OA	0.0	0	0	0.0	0.00	0
所有论文	3.4	0	0	0.9	0.69	0

112.3 APC 费用按年分布（万元）

论文类型	2012	2016	2017	2020	2021	2022
金色	0	0	0	2.1	1.6	2
合计	0	0	0	0	0	0

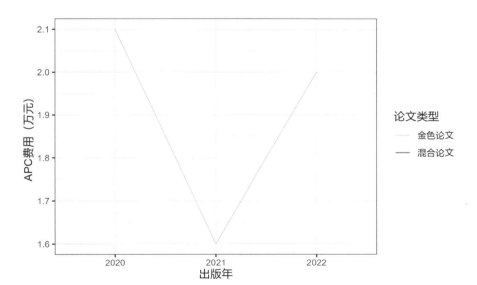

FL112-1 APC 费用逐年折线图

112.4 研究主题分布

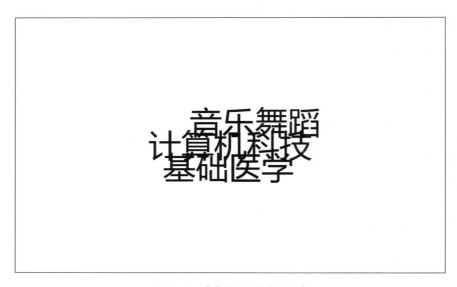

FL112-2　金色论文研究主题分布

中国台湾地区

113. 长庚大学 Chang Gung University

113.1 发文量按年分布

论文类型	2012	2013	2014	2015	2016	2017	2018	2019	2020	2021	2022
混合	29	31	28	31	37	43	50	58	51	62	57
金色	237	313	394	484	678	769	719	905	1 039	1 352	1 121
其他OA	178	145	154	158	113	134	144	125	133	126	75
所有论文	1 366	1 424	1 437	1 512	1 667	1 782	1 758	1 814	1 967	2 221	1 749

113.2 学科规范化引文影响力（CNCI）按年分布

论文类型	2012	2013	2014	2015	2016	2017	2018	2019	2020	2021	2022
混合	1.41	0.77	0.94	0.80	1.35	0.94	1.07	1.30	0.90	1.05	0.84
金色	0.83	0.74	1.61	0.85	0.82	0.84	0.80	0.92	0.75	0.64	0.67
其他OA	1.28	1.05	0.90	0.97	1.10	0.87	1.01	0.87	1.32	1.11	2.13
所有论文	0.84	0.80	0.99	0.79	0.83	0.82	0.88	0.94	0.78	0.71	0.83

113.3 研究主题分布

FL113-1 混合论文研究主题分布

FL113-2　金色论文研究主题分布

114. 高雄医学大学 Kaohsiung Medical University

114.1 发文量按年分布

论文类型	2012	2013	2014	2015	2016	2017	2018	2019	2020	2021	2022
混合	8	13	13	15	12	20	24	39	37	55	29
金色	181	246	271	266	334	455	390	521	667	962	752
其他 OA	92	85	62	78	69	76	74	73	88	83	44
所有论文	810	878	907	837	971	1 064	953	1 155	1 278	1 563	1 237

114.2 学科规范化引文影响力（CNCI）按年分布

论文类型	2012	2013	2014	2015	2016	2017	2018	2019	2020	2021	2022
混合	0.63	0.90	0.72	1.37	0.67	0.67	1.78	1.06	0.84	1.06	0.68
金色	0.56	0.71	0.72	0.67	0.86	0.84	0.83	0.95	0.73	0.80	0.86
其他 OA	0.91	0.97	1.05	0.89	0.82	0.80	0.75	1.56	1.07	1.54	1.26
所有论文	0.73	0.73	0.69	0.73	0.81	0.84	0.81	1.01	0.77	0.87	0.82

114.3 研究主题分布

FL114-1 混合论文研究主题分布

FL114-2　金色论文研究主题分布

115. 台北科技大学 National Taipei University of Technology

115.1 发文量按年分布

论文类型	2012	2013	2014	2015	2016	2017	2018	2019	2020	2021	2022
混合	6	6	10	6	2	5	5	26	36	11	22
金色	54	60	96	78	87	135	157	202	247	317	272
其他 OA	32	23	15	17	37	48	48	29	28	40	22
所有论文	535	565	616	600	620	649	757	789	885	990	768

115.2 学科规范化引文影响力（CNCI）按年分布

论文类型	2012	2013	2014	2015	2016	2017	2018	2019	2020	2021	2022
混合	1.18	1.11	0.58	0.39	1.09	0.15	0.73	1.62	1.58	1.11	0.39
金色	0.75	0.56	0.60	0.57	0.67	0.90	0.68	0.74	0.66	0.69	0.79
其他 OA	0.79	0.51	0.42	0.40	0.93	0.99	0.72	0.72	0.75	0.74	0.32
所有论文	0.70	0.83	0.73	0.68	0.90	0.93	0.85	1.02	0.98	0.99	0.96

115.3 研究主题分布

FL115-1 混合论文研究主题分布

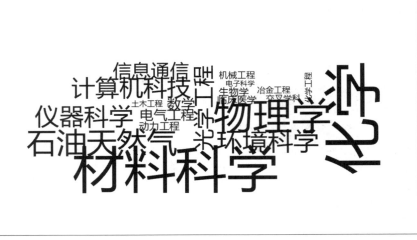

FL115-2 金色论文研究主题分布

116. 台北医学大学 Taipei Medical University

116.1 发文量按年分布

论文类型	2012	2013	2014	2015	2016	2017	2018	2019	2020	2021	2022
混合	9	8	8	13	24	23	25	34	49	42	48
金色	118	202	245	305	421	457	461	620	760	982	744
其他 OA	115	133	132	121	111	114	132	131	114	119	82
所有论文	764	898	946	963	1 112	1 113	1 203	1 401	1 480	1 667	1 269

116.2 学科规范化引文影响力(CNCI)按年分布

论文类型	2012	2013	2014	2015	2016	2017	2018	2019	2020	2021	2022
混合	0.86	1.31	0.93	1.23	0.64	0.62	0.79	0.73	0.76	0.80	1.35
金色	0.63	0.76	0.75	0.78	0.78	0.90	0.92	0.91	0.89	0.85	0.77
其他 OA	1.01	0.82	0.87	0.93	1.22	1.24	0.84	0.85	1.49	1.03	2.44
所有论文	0.76	0.73	0.77	0.83	0.85	0.92	0.86	0.93	0.90	0.89	0.98

116.3 研究主题分布

FL116-1 混合论文研究主题分布

FL116-2　金色论文研究主题分布

117. 台湾成功大学 National Cheng Kung University

117.1 发文量按年分布

论文类型	2012	2013	2014	2015	2016	2017	2018	2019	2020	2021	2022
混合	29	23	40	37	36	29	44	43	46	95	73
金色	260	277	364	386	435	494	489	577	766	1 043	927
其他 OA	220	227	189	201	154	150	164	130	146	164	111
所有论文	2 561	2 532	2 438	2 277	2 228	2 159	2 013	2 077	2 228	2 641	2 075

117.2 学科规范化引文影响力(CNCI)按年分布

论文类型	2012	2013	2014	2015	2016	2017	2018	2019	2020	2021	2022
混合	1.11	0.72	1.07	1.20	0.72	1.51	1.30	0.88	1.03	1.77	0.58
金色	0.84	0.85	0.91	0.74	0.76	0.85	0.73	0.93	0.80	0.77	0.76
其他 OA	1.08	0.92	0.74	0.87	0.96	1.15	1.03	0.90	0.96	1.21	1.65
所有论文	0.82	0.87	0.81	0.80	0.83	0.83	0.87	0.86	0.88	0.86	0.85

117.3 研究主题分布

FL117-1 混合论文研究主题分布

FL117-2　金色论文研究主题分布

118. 台湾大学 National Taiwan University

118.1 发文量按年分布

论文类型	2012	2013	2014	2015	2016	2017	2018	2019	2020	2021	2022
混合	70	102	103	98	103	94	101	133	134	192	179
金色	423	551	672	737	923	992	927	1 227	1 415	1 680	1 348
其他 OA	1 265	847	543	554	483	442	449	421	468	476	253
所有论文	4 428	4 466	4 376	4 189	4 272	4 076	4 060	4 394	4 409	4 730	3 602

118.2 学科规范化引文影响力（CNCI）按年分布

论文类型	2012	2013	2014	2015	2016	2017	2018	2019	2020	2021	2022
混合	0.95	1.32	1.29	1.39	1.31	1.72	1.28	1.22	2.16	1.10	1.86
金色	0.83	1.01	1.18	0.90	0.93	0.96	0.92	0.90	0.87	0.75	0.80
其他 OA	1.12	1.30	1.17	1.09	1.64	1.36	1.30	1.69	3.06	1.47	1.31
所有论文	1.03	0.99	0.96	0.97	0.98	1.00	0.96	1.10	1.16	0.93	0.93

118.3 研究主题分布

FL118-1 混合论文研究主题分布

FL118-2　金色论文研究主题分布

119. 台湾科技大学 National Taiwan University of Science & Technology

119.1 发文量按年分布

论文类型	2012	2013	2014	2015	2016	2017	2018	2019	2020	2021	2022
混合	3	8	7	7	10	3	3	6	9	5	14
金色	32	53	70	56	74	98	130	169	242	315	275
其他 OA	66	46	37	34	28	21	21	28	31	59	31
所有论文	926	993	936	823	826	810	751	894	944	1 139	850

119.2 学科规范化引文影响力（CNCI）按年分布

论文类型	2012	2013	2014	2015	2016	2017	2018	2019	2020	2021	2022
混合	0.71	1.11	1.03	0.79	1.97	1.06	0.33	1.41	1.52	0.48	0.39
金色	1.12	0.49	1.25	1.07	0.66	1.11	0.75	0.69	0.60	0.93	0.85
其他 OA	1.18	1.25	1.52	1.54	0.70	1.55	1.44	1.39	1.18	1.11	0.96
所有论文	1.07	0.92	0.96	1.02	1.04	0.94	1.04	1.09	0.98	1.19	1.05

119.3 研究主题分布

FL119-1 混合论文研究主题分布

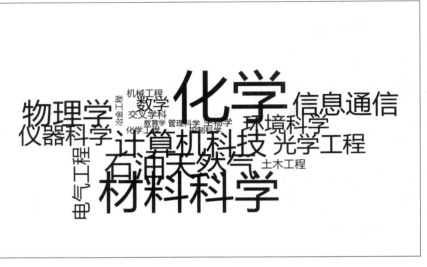

FL119-2　金色论文研究主题分布

120. 台湾清华大学 National Tsing Hua University

120.1 发文量按年分布

论文类型	2012	2013	2014	2015	2016	2017	2018	2019	2020	2021	2022
混合	13	24	25	21	32	18	30	36	61	45	37
金色	104	119	166	154	190	200	187	238	267	339	316
其他 OA	166	141	118	144	143	135	124	134	123	141	92
所有论文	1 526	1 561	1 654	1 454	1 440	1 350	1 247	1 413	1 402	1 467	1 118

120.2 学科规范化引文影响力(CNCI)按年分布

论文类型	2012	2013	2014	2015	2016	2017	2018	2019	2020	2021	2022
混合	1.99	0.86	1.19	1.47	1.09	1.82	1.04	1.16	1.13	0.91	1.02
金色	0.74	0.74	1.00	0.92	0.98	0.92	0.88	1.01	0.90	0.71	0.78
其他 OA	1.30	0.91	1.56	1.02	1.26	1.32	1.46	1.60	1.71	1.38	1.01
所有论文	1.03	1.03	0.96	0.94	1.02	1.02	1.11	1.19	1.17	0.98	0.79

120.3 研究主题分布

FL120-1 混合论文研究主题分布

FL120-2　金色论文研究主题分布

121. 台湾阳明交通大学 National Yang Ming Chiao Tung University

121.1 发文量按年分布

论文类型	2012	2013	2014	2015	2016	2017	2018	2019	2020	2021	2022
混合	44	42	70	45	93	91	96	129	178	181	146
金色	351	393	490	522	750	764	703	839	1 052	1 278	1 101
其他 OA	452	420	398	289	247	219	199	212	221	221	140
所有论文	2 949	2 905	2 811	2 618	2 829	2 705	2 562	2 821	3 047	3 217	2 474

121.2 学科规范化引文影响力(CNCI)按年分布

论文类型	2012	2013	2014	2015	2016	2017	2018	2019	2020	2021	2022
混合	1.11	0.91	0.94	1.11	0.95	0.95	1.08	0.75	0.66	1.10	1.51
金色	0.74	0.76	0.83	0.80	0.91	0.89	1.01	0.89	0.84	0.74	0.77
其他 OA	1.07	0.88	0.84	1.14	1.25	1.01	1.92	1.36	1.02	0.88	1.05
所有论文	0.87	0.83	0.83	0.81	0.91	0.81	0.98	0.92	0.88	0.80	0.79

121.3 研究主题分布

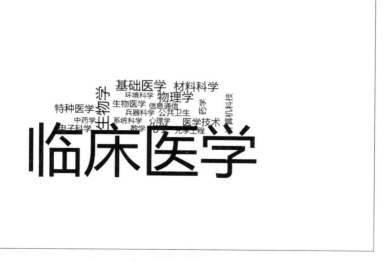

FL121-1 混合论文研究主题分布

FL121-2　金色论文研究主题分布

122. 台湾医药大学 China Medical University Taiwan

122.1 发文量按年分布

论文类型	2012	2013	2014	2015	2016	2017	2018	2019	2020	2021	2022
混合	17	14	12	21	17	20	20	26	54	76	97
金色	226	258	281	375	574	647	608	826	1 242	1 537	1 206
其他 OA	137	152	133	119	126	105	132	141	111	138	115
所有论文	1 018	1 025	1 063	1 128	1 361	1 375	1 340	1 659	2 184	2 574	2 099

122.2 学科规范化引文影响力(CNCI)按年分布

论文类型	2012	2013	2014	2015	2016	2017	2018	2019	2020	2021	2022
混合	1.07	0.90	2.18	1.11	1.21	0.82	1.47	0.93	1.45	1.68	1.16
金色	0.70	0.68	0.75	0.82	0.95	0.95	1.05	1.32	1.52	1.45	1.43
其他 OA	1.12	0.99	0.95	0.78	1.38	1.61	1.64	1.27	2.72	2.22	1.82
所有论文	0.88	0.80	0.84	0.82	0.93	1.07	1.10	1.22	1.52	1.51	1.48

122.3 研究主题分布

FL122-1 混合论文研究主题分布

FL122-2　金色论文研究主题分布

123. 台湾中山大学 National Sun Yat Sen University

123.1 发文量按年分布

论文类型	2012	2013	2014	2015	2016	2017	2018	2019	2020	2021	2022
混合	7	8	14	10	12	7	8	8	18	21	24
金色	73	104	101	89	148	200	176	209	291	355	302
其他 OA	32	59	49	42	49	39	40	35	42	63	36
所有论文	819	834	843	716	814	776	686	765	917	977	788

123.2 学科规范化引文影响力（CNCI）按年分布

论文类型	2012	2013	2014	2015	2016	2017	2018	2019	2020	2021	2022
混合	1.51	0.76	0.65	1.17	1.50	0.67	1.23	1.13	0.73	1.77	0.54
金色	0.82	0.72	0.73	0.88	0.86	0.83	0.74	0.89	0.75	0.77	0.89
其他 OA	0.61	0.90	1.20	0.82	0.95	0.50	1.36	0.95	0.97	0.99	0.21
所有论文	0.76	0.87	0.80	0.87	0.80	0.79	0.84	0.88	0.86	0.85	0.92

123.3 研究主题分布

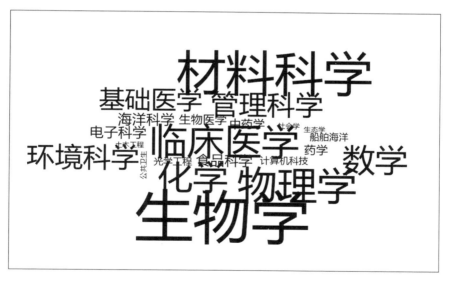

FL123-1 混合论文研究主题分布

FL123-2　金色论文研究主题分布

124. 台湾中兴大学 National Chung Hsing University

124.1 发文量按年分布

论文类型	2012	2013	2014	2015	2016	2017	2018	2019	2020	2021	2022
混合	17	13	20	13	15	8	18	19	23	36	33
金色	89	107	129	137	179	226	236	274	398	551	510
其他 OA	74	74	63	64	58	54	55	48	53	60	49
所有论文	905	896	858	815	856	783	823	896	949	1 130	982

124.2 学科规范化引文影响力（CNCI）按年分布

论文类型	2012	2013	2014	2015	2016	2017	2018	2019	2020	2021	2022
混合	0.82	0.76	1.21	0.85	0.54	1.45	1.17	1.04	1.02	0.76	0.99
金色	0.74	0.74	0.88	0.92	0.87	0.91	0.69	0.80	0.75	0.58	0.67
其他 OA	1.71	1.01	0.71	0.83	1.06	0.87	0.79	0.74	0.93	0.72	0.82
所有论文	0.88	0.73	0.81	0.84	0.84	0.80	0.88	0.94	0.81	0.70	0.78

124.3 研究主题分布

FL124-1 混合论文研究主题分布

FL124-2　金色论文研究主题分布

125. 台湾中央大学 National Central University

125.1 发文量按年分布

论文类型	2012	2013	2014	2015	2016	2017	2018	2019	2020	2021	2022
混合	21	12	28	15	24	15	17	15	28	34	20
金色	78	91	93	108	165	170	138	216	218	237	173
其他 OA	95	79	65	70	91	59	67	69	61	76	43
所有论文	957	922	896	874	934	773	747	838	796	807	577

125.2 学科规范化引文影响力(CNCI)按年分布

论文类型	2012	2013	2014	2015	2016	2017	2018	2019	2020	2021	2022
混合	0.75	2.06	0.58	0.55	1.29	1.87	1.21	0.64	0.79	0.70	0.95
金色	0.56	0.92	0.66	0.62	0.56	0.61	0.63	0.73	0.67	0.45	0.59
其他 OA	0.76	1.00	0.74	0.87	0.69	0.59	0.92	1.00	0.84	0.87	1.15
所有论文	0.73	0.79	0.83	0.70	0.77	0.86	0.77	0.83	0.76	0.61	0.91

125.3 研究主题分布

FL125-1 混合论文研究主题分布

FL125-2　金色论文研究主题分布

126. 亚洲大学（台湾） Asia University Taiwan

126.1 发文量按年分布

论文类型	2012	2013	2014	2015	2016	2017	2018	2019	2020	2021	2022
混合	2	1	1	6	4	6	1	10	14	26	14
金色	57	49	73	49	137	186	189	239	467	526	370
其他 OA	7	19	12	14	19	20	26	29	43	60	25
所有论文	228	261	266	239	380	433	414	548	801	993	660

126.2 学科规范化引文影响力（CNCI）按年分布

论文类型	2012	2013	2014	2015	2016	2017	2018	2019	2020	2021	2022
混合	1.34	0.00	0.97	0.60	0.94	0.37	0.58	1.33	2.36	2.20	3.87
金色	0.44	0.43	0.51	0.74	0.93	0.91	0.89	1.00	1.38	1.06	1.19
其他 OA	1.25	0.96	0.90	0.30	2.45	0.89	2.39	1.64	2.51	3.50	1.95
所有论文	0.75	0.68	0.81	0.78	1.00	0.99	1.06	1.08	1.49	1.39	1.54

126.3 研究主题分布

FL126-1 混合论文研究主题分布

FL126-2　金色论文研究主题分布

中国香港地区

127. 香港城市大学 City University of Hong Kong

127.1 发文量按年分布

论文类型	2012	2013	2014	2015	2016	2017	2018	2019	2020	2021	2022
混合	19	16	21	22	23	35	39	49	55	55	69
金色	64	72	99	121	158	219	265	340	389	456	446
其他 OA	108	110	135	129	166	159	191	232	300	345	255
所有论文	1 403	1 426	1 562	1 608	1 739	1 938	2 111	2 438	2 588	3 009	2 512

127.2 学科规范化引文影响力（CNCI）按年分布

论文类型	2012	2013	2014	2015	2016	2017	2018	2019	2020	2021	2022
混合	2.04	1.74	1.23	1.49	3.00	2.80	1.81	1.93	1.57	1.63	4.39
金色	1.03	1.49	1.12	1.87	2.08	1.80	1.35	1.39	1.49	1.60	1.34
其他 OA	1.75	2.54	2.44	1.62	2.00	4.98	2.06	2.77	3.09	3.68	1.82
所有论文	1.43	1.59	1.71	1.65	1.72	2.02	1.76	1.84	2.00	1.92	1.95

127.3 研究主题分布

FL127-1 混合论文研究主题分布

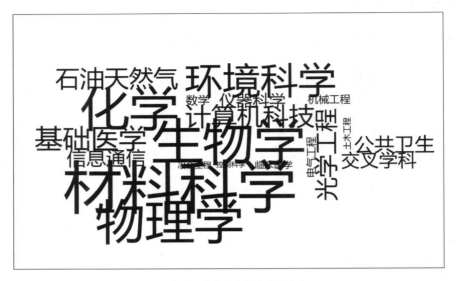

FL127-2　金色论文研究主题分布

128. 香港大学 University of Hong Kong

128.1 发文量按年分布

论文类型	2012	2013	2014	2015	2016	2017	2018	2019	2020	2021	2022
混合	167	113	74	61	91	95	114	132	178	202	202
金色	250	341	379	472	589	630	595	662	872	1 180	1 072
其他 OA	517	540	560	574	636	684	598	539	654	706	439
所有论文	2 764	2 961	3 131	3 127	3 449	3 620	3 692	3 784	4 247	4 598	3 693

128.2 学科规范化引文影响力（CNCI）按年分布

论文类型	2012	2013	2014	2015	2016	2017	2018	2019	2020	2021	2022
混合	1.60	1.58	1.71	1.91	1.65	2.25	2.41	2.15	2.13	1.77	2.63
金色	1.44	1.15	1.11	1.20	1.32	1.34	1.29	1.28	1.74	1.33	1.65
其他 OA	1.84	1.51	1.66	1.91	1.78	2.01	2.35	1.90	7.67	2.74	4.05
所有论文	1.38	1.22	1.29	1.39	1.46	1.48	1.52	1.95	2.39	1.51	1.89

128.3 研究主题分布

FL128-1　混合论文研究主题分布

FL128-2　金色论文研究主题分布

129. 香港教育大学 Education University of Hong Kong（EdUHK）

129.1 发文量按年分布

论文类型	2012	2013	2014	2015	2016	2017	2018	2019	2020	2021	2022
混合	0	6	6	0	3	3	2	4	11	31	30
金色	10	7	13	10	19	23	37	43	67	111	100
其他 OA	14	21	22	31	40	27	30	41	63	60	39
所有论文	216	290	316	260	468	399	458	511	572	592	503

129.2 学科规范化引文影响力（CNCI）按年分布

论文类型	2012	2013	2014	2015	2016	2017	2018	2019	2020	2021	2022
混合	0.00	0.52	0.91	0.00	3.90	2.09	1.04	1.57	3.41	1.70	1.74
金色	0.94	0.80	1.30	0.76	0.85	0.61	1.15	0.88	1.59	1.13	1.34
其他 OA	1.17	1.12	2.03	1.13	0.97	1.53	0.77	1.94	2.57	3.15	1.20
所有论文	1.13	1.05	1.23	1.32	1.23	1.41	1.22	1.60	1.71	1.57	1.51

129.3 研究主题分布

FL129-1 混合论文研究主题分布

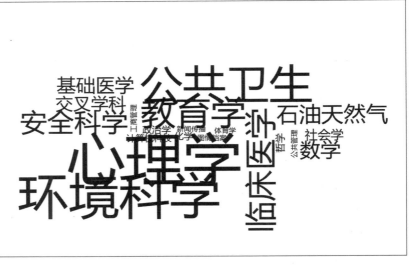

FL129-2 金色论文研究主题分布

130. 香港浸会大学 Hong Kong Baptist University

130.1 发文量按年分布

论文类型	2012	2013	2014	2015	2016	2017	2018	2019	2020	2021	2022
混合	6	7	12	9	13	11	8	10	18	34	32
金色	35	55	47	73	133	125	120	125	159	221	226
其他 OA	49	28	48	59	70	73	71	89	75	98	73
所有论文	464	537	523	577	705	681	672	779	780	910	714

130.2 学科规范化引文影响力（CNCI）按年分布

论文类型	2012	2013	2014	2015	2016	2017	2018	2019	2020	2021	2022
混合	1.54	2.11	2.06	0.56	1.21	1.53	1.63	1.48	2.03	1.96	1.13
金色	0.90	1.14	6.80	1.14	1.25	1.36	1.45	1.32	1.28	1.61	1.21
其他 OA	2.08	1.54	1.68	2.25	1.30	2.10	2.72	2.65	1.94	2.29	2.09
所有论文	1.49	1.46	1.87	1.22	1.32	1.56	1.54	1.71	1.50	1.54	1.47

130.3 研究主题分布

FL130-1 混合论文研究主题分布

FL130-2　金色论文研究主题分布

131. 香港科技大学 Hong Kong University of Science & Technology

131.1 发文量按年分布

论文类型	2012	2013	2014	2015	2016	2017	2018	2019	2020	2021	2022
混合	19	19	23	25	27	35	51	45	60	87	64
金色	53	76	85	93	137	158	174	201	243	315	249
其他 OA	200	213	196	180	272	250	244	341	390	444	240
所有论文	1 151	1 208	1 383	1 351	1 583	1 601	1 638	1 870	1 878	2 055	1 512

131.2 学科规范化引文影响力（CNCI）按年分布

论文类型	2012	2013	2014	2015	2016	2017	2018	2019	2020	2021	2022
混合	1.86	1.67	5.54	1.56	2.03	1.74	2.59	3.44	1.32	2.46	1.74
金色	1.15	0.84	1.43	1.14	1.61	1.80	1.51	2.01	1.84	1.49	1.02
其他 OA	2.07	2.28	2.48	2.82	3.12	3.37	4.00	3.25	3.46	2.36	1.74
所有论文	1.77	1.71	2.06	2.12	1.93	2.25	2.10	2.33	2.14	1.84	1.35

131.3 研究主题分布

FL131-1 混合论文研究主题分布

FL131-2　金色论文研究主题分布

132. 香港理工大学 Hong Kong Polytechnic University

132.1 发文量按年分布

论文类型	2012	2013	2014	2015	2016	2017	2018	2019	2020	2021	2022
混合	19	15	28	17	39	34	36	55	101	113	111
金色	115	105	162	220	270	344	447	540	591	661	735
其他 OA	223	239	203	248	393	483	519	524	618	599	266
所有论文	1 764	1 771	1 732	1 810	2 140	2 414	2 796	3 077	3 289	3 681	3 199

132.2 学科规范化引文影响力(CNCI)按年分布

论文类型	2012	2013	2014	2015	2016	2017	2018	2019	2020	2021	2022
混合	0.96	1.20	1.97	0.86	2.05	1.29	2.32	2.02	4.50	2.54	2.25
金色	0.87	1.11	0.99	1.38	1.25	1.42	1.06	1.39	1.70	2.00	1.05
其他 OA	3.61	2.08	3.45	2.26	1.73	2.72	2.26	2.27	2.43	2.30	1.88
所有论文	1.65	1.47	1.62	1.61	1.47	1.80	1.75	1.88	1.95	1.84	1.52

132.3 研究主题分布

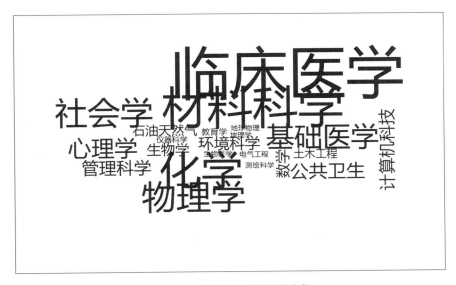

FL132-1 混合论文研究主题分布

FL132-2 金色论文研究主题分布

133. 岭南大学 Lingnan University

133.1 发文量按年分布

论文类型	2012	2013	2014	2015	2016	2017	2018	2019	2020	2021	2022
混合	0	0	0	0	0	0	0	0	3	9	13
金色	2	2	0	1	3	3	14	4	16	21	22
其他 OA	7	22	10	15	12	10	14	15	20	13	14
所有论文	80	132	99	100	145	99	125	124	167	220	156

133.2 学科规范化引文影响力（CNCI）按年分布

论文类型	2012	2013	2014	2015	2016	2017	2018	2019	2020	2021	2022
混合	0.00	0.00	0.00	0.00	0.00	0.00	0.00	0.00	6.82	2.04	1.08
金色	0.27	0.62	0.00	0.00	1.66	2.41	1.22	0.77	0.83	0.33	2.20
其他 OA	0.78	2.59	2.15	2.58	2.08	1.26	0.63	1.99	1.18	6.64	2.59
所有论文	0.93	1.22	2.07	1.46	1.33	0.93	1.49	1.47	0.97	1.09	1.05

133.3 研究主题分布

FL133-1 混合论文研究主题分布

FL133-2　金色论文研究主题分布

134. 香港中文大学 Chinese University of Hong Kong

134.1 发文量按年分布

论文类型	2012	2013	2014	2015	2016	2017	2018	2019	2020	2021	2022
混合	39	52	69	54	65	85	106	89	133	165	121
金色	156	232	269	336	403	461	499	547	766	940	869
其他OA	366	432	356	353	419	515	574	559	618	674	369
所有论文	2 293	2 530	2 412	2 396	2 834	2 915	3 210	3 278	3 569	3 827	2 860

134.2 学科规范化引文影响力(CNCI)按年分布

论文类型	2012	2013	2014	2015	2016	2017	2018	2019	2020	2021	2022
混合	2.09	1.57	1.93	2.37	1.46	2.32	2.25	2.19	3.36	4.17	2.92
金色	1.14	0.85	0.99	1.23	1.14	1.14	1.38	1.33	1.59	1.37	0.96
其他OA	2.01	5.09	6.07	7.06	4.54	5.47	4.31	5.01	2.99	3.03	2.49
所有论文	1.43	1.95	2.01	2.34	2.05	2.29	2.19	2.30	1.77	1.73	1.38

134.3 研究主题分布

FL134-1 混合论文研究主题分布

FL134-2 金色论文研究主题分布

中国澳门地区

135. 澳门大学 University of Macau

135.1 发文量按年分布

论文类型	2012	2013	2014	2015	2016	2017	2018	2019	2020	2021	2022
混合	1	7	6	13	12	13	9	16	22	30	19
金色	40	50	76	80	128	187	211	261	294	345	372
其他 OA	15	21	52	64	55	82	98	128	175	181	130
所有论文	339	416	597	716	940	997	1 096	1 322	1 490	1 611	1 417

135.2 学科规范化引文影响力（CNCI）按年分布

论文类型	2012	2013	2014	2015	2016	2017	2018	2019	2020	2021	2022
混合	0.09	1.14	1.57	1.17	1.10	0.71	2.07	1.74	1.66	8.45	4.11
金色	1.20	1.03	1.07	0.88	1.23	1.46	1.38	1.29	1.55	1.45	1.03
其他 OA	1.57	0.54	1.71	1.58	1.85	1.26	1.52	1.86	5.43	3.41	2.03
所有论文	1.25	1.58	1.46	1.61	1.35	1.55	1.54	1.50	1.97	1.87	1.38

135.3 研究主题分布

FL135-1 混合论文研究主题分布

FL135-2　金色论文研究主题分布

136. 澳门科技大学 Macau University of Science & Technology

136.1 发文量按年分布

论文类型	2012	2013	2014	2015	2016	2017	2018	2019	2020	2021	2022
混合	1	2	2	0	5	4	5	7	12	20	17
金色	5	21	18	32	68	104	112	133	150	237	367
其他OA	10	6	7	17	35	29	33	46	82	91	65
所有论文	68	118	131	165	284	381	422	478	588	832	916

136.2 学科规范化引文影响力（CNCI）按年分布

论文类型	2012	2013	2014	2015	2016	2017	2018	2019	2020	2021	2022
混合	0.35	1.32	1.81	0.00	1.62	2.10	2.39	1.53	0.69	2.01	1.45
金色	0.50	1.25	0.69	1.00	1.14	1.47	1.01	1.07	1.61	1.12	1.04
其他OA	0.81	1.33	0.39	0.99	1.01	1.21	1.10	4.48	4.85	2.44	1.45
所有论文	0.63	1.12	1.04	1.20	1.24	1.25	1.27	1.88	1.80	1.37	1.36

136.3 研究主题分布

FL136-1 混合论文研究主题分布

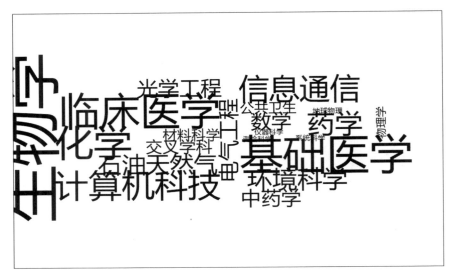

FL136-2　金色论文研究主题分布